HERA LIND

Der Mann, *der wirklich* liebte

Roman nach einer wahren Geschichte

Diana Verlag

»Für Angela«

FSC
Mix
Produktgruppe aus vorbildlich bewirtschafteten Wäldern und anderen kontrollierten Herkünften
Zert.-Nr. SGS-COC-001940
www.fsc.org

Verlagsgruppe Random House FSC-DEU-0100
Das für dieses Buch verwendete
FSC-zertifizierte Papier *Holmen Book Cream*
liefert Holmen Paper, Hallstavik, Schweden.

10. Auflage
Originalausgabe 04/2010

Umschlaggestaltung | Hauptmann & Kompanie Werbeagentur,
München – Zürich, Teresa Mutzenbach
Umschlagmotiv | © Neil Emmerson/Robert Harding
World Imagery/Corbis
Herstellung | Helga Schörnig
Satz | Leingärtner, Nabburg
Druck und Bindung | GGP Media GmbH, Pößneck
Printed in Germany 2010
978-3-453-35445-6

www.diana-verlag.de

1

Nebenan klingelte das Telefon, und kurz darauf öffnete sich die Bürotür einen Spalt weit.

»Herr Röhrdanz, Ihre Frau auf Leitung drei!«

Ein kalter Windzug streifte seinen Nacken.

»Stellen Sie durch«, sagte Michael Röhrdanz zu der wasserstoffblonden Vorzimmerdame und scheuchte sie mit einer Handbewegung hinaus. Er saß gerade angespannt über eine komplizierte Kalkulation gebeugt, aber um mit seiner Angela sprechen zu können, würde Röhrdanz den Bau eines Weltimperiums unterbrechen. Er vermisste sie immer noch in der Firma. Vor seinem inneren Auge sah er wieder vor sich, wie sie damals als Auszubildende erstmals schüchtern an seine Türe geklopft hatte. Mit ihr war nie ein eiskalter Luftzug ins Zimmer gekommen – im Gegenteil: Es war ihm immer warm ums Herz geworden, wenn Angela erschienen war.

Jetzt war sie seit acht Jahren seine Frau und die Mutter seiner zwei, ja bald drei Kinder! Er grinste unwillkürlich, als er daran dachte, wie er sie angestarrt hatte, während sie versuchte, mit den schweren Bowlingkugeln zu hantieren. Und wie er sich nachher zu ihr und ihrem Freund in das winzige Auto gequetscht hatte, um noch in eine andere Kneipe zu fahren. Wie er sie dem Grünschnabel ausgespannt hatte. Wie er bei ihren Eltern, die nur wenige Jahre älter waren als er selbst, um ihre Hand angehalten hatte. Jetzt war sie längst keine schüchterne Person mehr!

Ein erwartungsvolles Lächeln breitete sich auf seinem Gesicht aus, als er zum Hörer griff.

»Hallo, Liebes! Wie geht es meiner schönen schwangeren Frau?!«

»Nicht so toll«, kam es ziemlich bedrückt aus der Leitung. »Ich hab irgendwas am Arm.«

»Am Arm? Ich dachte, schwanger ist man im Bauch?« Röhrdanz verzog den Mund zu einem spitzbübischen Lächeln, klemmte die Sprechmuschel zwischen Kinn und Schulter und spitzte in Erwartung eines netten Plausches seinen Bleistift. Kleine rotrandige Schnitzfetzen bildeten eine Schlange auf seiner Schreibtischplatte.

»Ich kann ihn nicht mehr bewegen!«

Michael Röhrdanz nahm einen Schluck von seinem abgestandenen Kaffee und verzog ratlos das Gesicht.

»Michael, ich habe wirklich Angst!«

Moment mal. Sie weinte doch nicht?

Röhrdanz änderte sofort den Tonfall. Seine Stimme wurde ganz sanft.

»Brauchst du nicht, Liebes. Welcher Arm ist es?« Röhrdanz pustete die Bleistiftfetzen vom Schreibtischrand.

»Der linke! Ich kann ihn nicht hochheben! Er hängt an mir herunter, als gehörte er nicht zu mir!« Angela schluchzte. Sie hörte sich hilflos an. Wie ein verletzter kleiner Vogel, dachte Röhrdanz. Einer, der bis eben noch gesungen und gezwitschert hat und jetzt nicht mehr fliegen kann.

Röhrdanz sah nervös auf die Uhr. Nein, unmöglich. Um diese Zeit konnte er nicht weg.

»Hör zu, Liebes. Dann bringst du jetzt die Kinder zu deiner Mutter und gehst sofort zum Arzt!«

»Zu was für einem Arzt soll ich denn gehen?«, wimmerte Angela.

Immerhin hatte es nichts mit dem Baby zu tun, dachte Röhrdanz erleichtert.

»Zum Orthopäden, würde ich sagen.« Nachdenklich drehte er sich in seinem Schreibtischstuhl einmal im Kreis, bis er den Hörer an das andere Ohr halten musste. »Da ist doch einer direkt an der Ecke zur Hauptstraße«, fiel ihm ein. »Über der Drogerie im ersten Stock.« Er tupfte mit der Fingerkuppe die letzten Bleistiftkrümel von seiner Kalkulation und pustete sie sauber. »Der Name steht auf dem Schild an der Hauswand. Heimer heißt der oder so ähnlich. Heimhuber, Heimann. Irgendwas mit Heim.«

»Das fühlt sich total komisch an«, unterbrach Angela ihn aufgeregt. Im Hintergrund hörte Röhrdanz seinen einjährigen Sohn brabbeln, und Denise rief irgendwas dazwischen. »Ich kann Philip nicht mehr halten, mein Arm ist wie ein fremdes Anhängsel.«

»Es ist bestimmt nichts Ernstes«, versuchte Röhrdanz die Sache abzutun. »Geh jetzt zum Arzt, und danach rufst du mich an.«

Er führte erneut die Tasse zum Mund, als ihm einfiel, wie ekelhaft die abgestandene Brühe inzwischen schmeckte, und ließ sie zerstreut wieder sinken.

»Schau, Liebes, dauernd schleppst du die Kinder in

den dritten Stock und wieder runter und klappst den Kinderwagen immer mit dem linken Arm zusammen. Der ist dir bestimmt nur eingeschlafen, der Arm!« Röhrdanz putzte sich die Brille. »Ich muss mich mehr um dich kümmern. Du darfst eigentlich sowieso keine schweren Sachen mehr schleppen. Liebes, du hast dich einfach übernommen! Sag deiner Mutter, dass sie dir von nun an mehr helfen muss. Fast fünf Kinder in fünf Jahren, da muss sie doch auch mal mit zupacken!«

»Gut«, kam es dünn aus dem Hörer. »Ich geh dann mal …«

Sie ist erst neunundzwanzig, dachte Röhrdanz kopfschüttelnd, und ich habe ihr nicht nur Christian und Oliver aus meiner ersten Ehe aufgebrummt, die sie ohne mit der Wimper zu zucken aufgenommen hat, obwohl sie als Teenager nicht gerade einfach sind. Dann kamen kurz hintereinander unsere gemeinsamen Kinder Denise und Philip zur Welt, und jetzt ist sie schon wieder schwanger. Klar, dass sie irgendwann schlappmacht. Plötzlich hatte er ein richtig schlechtes Gewissen.

»Hör zu, Liebes, wenn du willst, kann ich auch mit deiner Mutter reden. Ich weiß doch, wie ungern du sie um Hilfe bittest. Sie soll mal ihre beiden jüngsten Enkel für ein paar Stunden nehmen. Oliver kann sich alleine versorgen, wenn er aus der Schule kommt. Und du kümmerst dich mal nur um dich! Okay? Ich muss jetzt hier weitermachen.«

»Ja«, schniefte Angela, klang aber getröstet.

»Ich liebe dich. Sei tapfer und mach dir keinen Kopf.«

»Ich dich auch«, hörte er Angela noch sagen, bevor er den Hörer auflegte, um seine Schwiegermutter anzurufen.

Vier Stunden später hatte er immer noch nichts von Angela gehört. Zu Hause hatte er es inzwischen drei Dutzend Mal durchklingeln lassen. Das monotone Tuten zerrte an seinen Nerven.

Wo steckte Angela nur? Vielleicht hatte sie sich im Anschluss an den Arztbesuch mit ihren Freundinnen von früher getroffen? War im Café oder im Kino?

Beunruhigt wählte er die Nummer seiner Schwiegermutter, wenn auch widerwillig. Er hatte Helga am Morgen gebeten, ihrer Tochter mit den Kindern zu helfen. Helga hatte eingewilligt, ihm aber zu verstehen gegeben, dass sie sich Sorgen um ihre Tochter machte.

»Ja, ja! Aber wenn sie doch die Richtige ist!«, hatte Röhrdanz matt geantwortet.

»Für dich vielleicht, Michael, schließlich bist du sechzehn Jahre älter als sie und hast dich nach einer gescheiterten Ehe nach einer Mutter für deine Kinder gesehnt. Aber war es für Angela auch das Richtige?«

Röhrdanz raufte sich die Haare. Na toll. Jetzt musste er auch noch zu Kreuze kriechen.

»Hallo, Helga, ich bin's. Wollte nur fragen, wo Angela steckt.«

»Das wollte ich DICH gerade fragen.« Sie klang aufgeregt. »Ich habe eure Kinder wirklich gern um mich, aber dass ihr mich so lange braucht, hätten wir vorher absprechen müssen. Die Kinder halten mich voll auf Trab … nicht, Denise! Lass das stehen! Das geht kaputt …«

»Helga!«, unterbrach Röhrdanz seine Schwiegermutter. »Willst du damit sagen, dass Angela immer noch nicht vom Arzt zurück ist?!«

»Nein, ist sie nicht! Aber du hast ihr ja selbst gesagt, sie soll sich mal nur um sich kümmern!«

»Aber sie würde doch nie einfach so bummeln gehen oder ins Kino! Du hast nicht zufällig die Nummer von dem Orthopäden?«

»Nein, leider nicht. Was mache ich nur? Was glaubst du, was Denise hier mit meiner Bastelschere alles zerschnitten hat … Denise! NICHT! Das geht kaputt!«

»Und was ist mit Dagmar? Kann deine andere Tochter sich nicht um die Kinder kümmern? Dann wärst du entlastet …«, versuchte Röhrdanz die Wogen zu glätten.

»Dagmar ackert gerade für die Nachprüfung in Englisch. Das geht leider nicht!«

»Ist ja gut, Helga, ich wollte ja bloß …«

»Ich weiß, Michael, aber seit der Papa tot ist, ist überhaupt nichts mehr gut … Ich bin manchmal etwas überfordert und …«

Nun weinte sie. Ihr Mann war erst vor wenigen Jahren völlig überraschend gestorben: Nachbarn hatten den bis dahin kerngesunden Endvierziger mit dem Gesicht nach unten tot im Garten gefunden. Im Gemüsebeet. Was für eine grässliche Art zu sterben! Und was für ein furchtbarer Schock für Helga. Vielleicht sollte er ihr die Kinder wirklich nicht zumuten?

»Helga, bitte beruhige dich! Ich hole Angela jetzt vom

Arzt ab, und dann kommen wir auf eine schöne Tasse Kaffee zu dir, ja? Bitte sei nicht wieder traurig wegen Gerd, wir sind eine Familie und halten zusammen, wir sind immer für dich da, ja,?«

»Ich dank dir, jetzt schau erst mal, wo Angela steckt …«

Röhrdanz schüttelte den Kopf und legte auf. Seine Schwiegermutter tat ihm leid, aber er hatte jetzt andere Sorgen und sah ein, dass Dagmar, Angelas kleine Schwester, ihm in dieser Situation auch nicht helfen konnte.

Mit plötzlicher Wut riss er das alte zerfledderte Telefonbuch aus dem Regal und blätterte darin, wobei er bemerkte, dass seine Finger leicht zitterten. Wo schaue ich denn jetzt nach, dachte er zerstreut, unter Ä wie Ärzte oder O wie Orthopäden oder H wie Heimann?

Verdammt. Er hätte doch etwas frühstücken sollen. Und dieser grässliche Kaffee von der Neuen war ein Granatenhagel für seine Magenwände. Er stieß einen genervten Seufzer aus. Nein, Angela war nicht zu ersetzen. Weder im Büro noch zu Hause. Er würde sie immer auf Händen tragen.

2

»*Praxis Dr. Heimwald, Sie rufen* leider außerhalb der Sprechzeiten an. In dringenden Fällen hinterlassen Sie bitte eine Nachricht auf Band …«, leierte eine unpersönliche Frauenstimme ihren Spruch herunter.

Röhrdanz knallte verärgert den Hörer auf die Gabel, schnappte sich sein Sakko und beschloss, kurzerhand mit dem Auto zur Orthopädiepraxis zu fahren. Irgendwo dort musste Angela schließlich stecken. Vielleicht saß sie wirklich im Café an der Ecke und gönnte sich mal wieder ein ruhiges Stündchen mit Kaffee und Kuchen und einer Illustrierten. Es sollte ihr von Herzen vergönnt sein. Danach könnte er gleich Denise und Philip von der Oma abholen und seiner Schwiegermutter die Tränen trocknen. Tja, Röhrdanz, dachte er, du hast das Gesamtpaket geheiratet. Schade, dass Angelas Vater Gerd schon tot ist. Jetzt bin ich der einzige Mann in der Familie, und an mir bleibt letztlich alles hängen. Oliver steckte mitten in der Pubertät, und Christian war bereits ausgezogen. Im Moment war er ohnehin nicht greifbar, er machte gerade mit seiner Freundin Urlaub in Mexiko.

Ungehalten legte er auf dem Parkplatz des Verlagsgebäudes den Rückwärtsgang ein. »Dabei hat der Tag so schön angefangen«, murmelte er, während er mit quietschenden Reifen wendete. »Ich war so gut wie fertig mit der verdammten Kalkulation. Und jetzt muss ich mich morgen wieder um den Blödsinn kümmern!«

Zum Glück hatte Richard, sein verständnisvoller Chef, nichts dagegen, dass er sich heute Nachmittag freinahm. »Stress mit der Familie, was?«, hatte er lächelnd angemerkt, und Röhrdanz hatte versprochen, die versäumten Stunden gleich morgen früh nachzuholen.

»Kein Problem, Michael, du bist einer unserer zuverlässigsten Mitarbeiter. Grüß mir die Angela, sie soll sich ein bisschen schonen.«

»Genau meine Rede«, hatte Röhrdanz noch im Weggehen gemurmelt und heimlich einen Dankesgruß zum Himmel geschickt, weil er so einen tollen Chef hatte.

Die Praxis des Orthopäden hatte gerade wieder aufgemacht, jedenfalls war die Tür nur angelehnt. Die beiden Arzthelferinnen schienen soeben mit ein paar kleinen Einkaufstüten aus der Mittagspause zurückgekehrt zu sein. »Na, das war ja ein Ding«, sagte die eine gerade, »ich bin total geschafft.« Sie ließ sich auf ihren Drehstuhl hinter der Anmeldung fallen, suchte nach ihrem Taschenspiegel und sah prüfend hinein. »So was erlebst du nicht alle Tage.«

»Aber die war ja völlig zu«, hörte Röhrdanz die andere sagen, die sich gerade ihren weißen Kittel zuknöpfte. Prüfend senkte sie ihr Kinn und öffnete dann den Knopf über dem Busen wieder. »Der eine Sani war aber ein Schnuckel, was?«

»Welcher?«, fragte die mit dem Taschenspiegel desinteressiert und schürzte die Lippen, um sie sich nachzuziehen.

»Ach komm schon, du weißt genau, welchen ich meine! Bestimmt nicht den dicken Pickeligen mit dem Stoppelbart!«

»Na ja, der andere war bestimmt ein Zivi … voll süß irgendwie. Ich glaub, den habe ich schon mal in der Disco gesehen, der hat aber eine Freundin, soviel ich weiß.«

»Aber wie der mich angeguckt hat! Der wollte doch eindeutig was von mir.«

»Da ist jemand …«, zischte die mit dem Spiegel und ordnete mit einer fahrigen Handbewegung ihre rötliche Lockenpracht. »Wir haben ab 14 Uhr wieder geöffnet«, sagte sie in geschäftsmäßigem Ton.

»Röhrdanz«, sagte Röhrdanz. »Ich will nur meine Frau abholen.«

Die Reaktion der beiden Grazien hätte ihn irritieren müssen. Beide senkten rasch den Blick und beschäftigten sich plötzlich mit irgendwelchen Unterlagen. Ihre fahrigen Handbewegungen verrieten, dass sie urplötzlich nervös geworden waren.

»Der Doktor ist noch zu Tisch«, sagte die mit dem Kittel gestelzt.

»Aber nicht mit meiner Frau, oder?«

»Nee, die ist schon vorher abgeholt worden«, platzte die Rothaarige heraus.

»Na, dann ist ja gut«, sagte Röhrdanz erleichtert und wandte sich zum Gehen. In der Tür drehte er sich noch einmal um: »Sie wissen nicht zufällig von wem? Ich meine, war es ein großer junger Mann, so eins fünfundachtzig,« Röhrdanz zeigte seine eigene Größe an, »dann war es nämlich mein Sohn Oliver …« Verwundert hielt er inne, als er den Gesichtsausdruck der beiden Arzthelferinnen sah.

»Von der Rettung«, rang sich schließlich die mit dem Kittel durch.

»Wie, von der Rettung?« Röhrdanz stand einen Moment lang da wie erstarrt, machte dann aber noch einen seiner üblichen Scherze. »Vor wem musste meine Frau denn gerettet werden?«

»Sie ist uns hier zusammengeklappt.«

»Sie ist was?« Röhrdanz raufte sich die Haare. »Zusammengeklappt?! Und das sagen Sie erst jetzt? Und lassen mich hier fröhlich mit Ihnen rumschäkern?«

»Wir wollten es Ihnen gerade mitteilen«, hob die eine an, und ihre Lippen zitterten. »Aber dazu sind wir gar nicht befugt. Dafür ist unser Chef zuständig, und der ist noch zu Tisch.«

Röhrdanz machte einen großen Schritt nach vorn und hätte das dumme Mädel am liebsten am offenen Kittelkragen gepackt.

»Der Chef ist zu Tisch, während meine schwangere Frau hier zusammenklappt?«

»Ja, er meinte, schon wieder so'n Junkie, und das ist nicht seine Baustelle …«

»Die hatte ja Schaum vor dem Mund«, piepste die andere, die sich vorsichtshalber in die hinterste Ecke des Anmeldebereichs zurückgezogen hatte. »Die hat die Augen verdreht und irgendwie gekrampft. Dann ist sie umgekippt und hat so geröchelt …«

»Ja, außerdem sind wir eine orthopädische Praxis, also für Drogenabhängige gar nicht zuständig. Und da hat der Chef gemeint, er geht jetzt zu Tisch, wir sollten die Rettung alarmieren.«

Röhrdanz sah fassungslos zwischen den beiden Mädchen hin und her, die sich gegenseitig die Bälle zuspielten wie bei einem Tennismatch:

»Und das haben wir dann auch gemacht. Aber in der Zwischenzeit ist uns die hier fast abgekackt, so hat die gezittert.«

»Und dann bin ich schnell rauf und hab den Internisten von oben geholt.«

»Ja, und der ist dann gleich mitgefahren mit der Frau … mit Ihrer Frau … also mit der Dame.«

Die Arzthelferin wischte sich ihre vor Aufregung feuchten Hände am Kittel ab und drehte dann hilfesuchend an einem der Knöpfe, als könnte sie so ein anderes Programm einstellen, eines, das sie besser beherrschte als dieses hier. »Die Dame – also Ihre Frau – konnte gar nichts mehr sagen. Wir haben ihren Ausweis aus ihrer Handtasche geholt, und der Doktor von oben ist dann wie gesagt mit ins Krankenhaus.«

Röhrdanz nickte, unfähig, ein Wort herauszubringen.

»Es tut mir leid …«, wimmerte die mit dem Kittel. Sie schwenkte ihre langen künstlichen Fingernägel, als ob sie noch nicht ganz trocken wären.

»In welches Krankenhaus?«, rang sich Röhrdanz von den ausgetrockneten Lippen. Es pochte in seinen Schläfen. Irgendwas war hier aus dem Ruder gelaufen. Er wusste nur noch nicht was. Alles, was er wusste, war, dass er gleich seine Schwiegermutter trösten musste. Wegen Gerd. Und dass er seine Kleinen abholen wollte.

»Ich weiß nicht, in welches …«, quiekte die Erste. »Bestimmt ins Maria Hilf!«

Röhrdanz wollte gerade kopflos davonstürmen, als er mit dem aus der Mittagspause zurückkehrenden Orthopäden zusammenstieß.

»Was ist denn hier los?«, fragte der blonde Hüne und sah irritiert in die Runde. Er war um die fünfzig, groß und massig, hatte einen grauen Bürstenhaarschnitt, hellgrüne Augen und nach unten hängende Mundwinkel.

»Das ist der Mann von der … ähm … Frau …« Die Arzthelferin zeigte auf den Fußboden, vermutlich auf die Stelle, wo seine Angela krampfend und röchelnd gelegen hatte. »Er wusste von nichts.«

»Er wollte sie abholen«, vervollständigte die andere den Bericht.

»Kommen Sie bitte kurz mit«, befahl Dr. Heimwald, warf seinen Damen einen warnenden Blick zu und schritt vor Röhrdanz her. »Bitte hier hinein.«

Röhrdanz betrat ein aufgeräumtes Sprechzimmer, in dem ein Skelett und mehrere Röntgenbilder davon zeugten, dass man es hier eindeutig mit einem Orthopäden zu tun hatte.

»Nehmen Sie Platz.«

»Nein danke. Was ist mit meiner Frau?«

»Das kann ich Ihnen beim besten Willen nicht sagen. Sie ist mir schon im Empfangsbereich zusammengeklappt, hatte Schaum vor dem Mund, hat die Augen verdreht und war zu keiner Auskunft mehr fähig. Ich habe sie sofort ins Krankenhaus bringen lassen.«

»Und sind dann essen gegangen.«

»Warum nicht? Eine solche Patientin fällt nicht in meinen Bereich. Ich repariere Knie und renke ausgekugelte Schultern wieder ein.« Der Arzt zuckte gleichgültig die Schultern. »Ich hatte allerdings den Verdacht, dass sie unter Drogen steht, auf Entzug ist oder so etwas. Wie gesagt, das ist nicht mein Fachgebiet. Das überlasse ich erfahrenen Kollegen.«

Er wich dem wütenden Blick von Röhrdanz aus, vergrub seine Hände in den Kitteltaschen und kehrte ihm den Rücken zu. Während er beiläufig aus dem Fenster schaute, sagte er über die Schulter hinweg: »Für mich lag der Verdacht nahe, dass sie eigentlich zum Kollegen Internisten wollte und sich entweder in der Tür geirrt oder es einfach nicht mehr in den zweiten Stock geschafft hat.«

Röhrdanz spürte ein seltsames Ziehen und Stechen in der Herzgegend und wusste nicht, ob es die nackte Wut, panische Angst, kindliche Hilflosigkeit oder die pure Fassungslosigkeit war. Wahrscheinlich eine Mischung aus allem. Weil seine Beine zitterten und sein Magen rebellierte, ließ er sich nun doch auf dem Patientenstuhl vor dem Schreibtisch des Orthopäden nieder.

»In welches Krankenhaus ...«, begann er, aber ein unkontrollierbarer Schluckreflex brach ihm die Stimme. »Ich meine, wohin ...« Er räusperte sich, wurde aber den riesigen Kloß in seiner Kehle nicht los.

»Keine Ahnung«, sagte der Arzt, wirbelte herum und griff nach dem Telefon.

»Gabi! Wohin hat man die Frau gebracht?«

Angespanntes Schweigen. Röhrdanz sah, wie es im

Gesicht des Arztes zuckte, so ungeduldig mahlten seine Kiefer.

»Dann fragen Sie! Rufen Sie oben an! Aber ein bisschen plötzlich!«, bellte er in den Hörer.

Ohne mit Röhrdanz zu sprechen, vergrub er wieder die Hände in den Kitteltaschen und starrte an die gegenüberliegende Wand. Dort hing ein Plakat, auf dem sämtliche Wirbel und Knorpel eines Rückens abgebildet waren.

Das Telefon klingelte.

»Ja? Was? Sankt Matthäus, aha. Leverkusen. Warum denn nicht gleich.«

Er legte wieder auf, sah Röhrdanz triumphierend an. »Leverkusen, Sankt Matthäus. Na bitte.« Er breitete die Arme aus, als hätte er gerade Wasser in Wein verwandelt, und wartete offensichtlich auf ein überschwängliches Lob oder einen warmen Dank.

Röhrdanz sprang auf, stürmte grußlos aus der Praxis und rannte die Treppe hinunter.

Leverkusen also. So ungefähr wusste er, wo die Klinik war.

Schätzungsweise die Gynäkologie. Bitte keine Fehlgeburt. Auch wenn das Dritte nicht geplant war. Aber es war doch ein Kind der Liebe wie die anderen auch.

»Lieber Gott, bitte lass nichts mit dem Baby sein«, flehte er, als er Sekunden später in seinem Opel Kadett saß und in Richtung Autobahn brauste. »Wir sind doch so glücklich! Bitte lass es uns auch bleiben!«

3

Die Klinik bestand aus mehreren Backsteingebäuden, umgeben von einem riesigen Parkplatz, zu dem man nur durch eine Schranke vordringen konnte. Vor lauter Aufregung schaffte er es kaum, auf den Knopf zu drücken, der die Schranke öffnete.

Röhrdanz zog ein Parkticket, steckte es in seine Jackentasche und lief auf wackeligen Beinen durch die riesige Eingangshalle. Sofort schlug ihm der typische Krankenhausgeruch entgegen, ein Gemisch aus Schweiß, Blut, Scheuerpulver und Desinfektionsmitteln. Röhrdanz kämpfte gegen den Drang an, sich zu übergeben. Bis auf den schrecklichen Kaffee hatte er heute überhaupt noch nichts im Magen, und jetzt war ihm der Appetit endgültig vergangen. Normalerweise ging er in seiner Mittagspause in eine nahe gelegene Gaststätte und bestellte dort das Tagesgericht. Dabei las er die Zeitung und entspannte sich ein halbes Stündchen.

Röhrdanz ließ seinen Blick hastig durch die Halle schweifen. Von Angela war nichts zu sehen.

Überall standen und saßen Fremde herum. Einige fuhren scheinbar ziellos mit dem Rollstuhl umher, andere schoben Infusionsständer, manche hatten Verbände im Gesicht oder am Arm, und ein alter Mann humpelte ihm auf zwei Krücken entgegen.

Ein junger Mann eilte mit wirrem Blick und einem gigantischen Blumenstrauß an ihm vorbei.

»Gynäkologie?!«, rief er noch im Rennen. »Welche Etage?«

»Gynäkologie«, murmelte Röhrdanz, wie in Trance. »Das wird wohl richtig sein.«

Zusammen mit dem seligen jungen Mann drängte er sich in den Aufzug.

»Auch Vater geworden?«, fragte der junge Mann mit glänzenden Augen. Röhrdanz war, als werfe er einen Blick in seine eigene Vergangenheit.

»Ich hab schon vier«, murmelte Röhrdanz. »Mit dem Fünften scheint was schiefgelaufen zu sein …«

Der junge Mann starrte ihn kurz an, dann platzte es aus ihm heraus: »Ein Mädchen! Ich habe eine Tochter! Vier Wochen zu früh! Aber alle wohlauf!«

»Wie schön für Sie«, rang Röhrdanz sich ab. »Alles Gute!«

Kaum öffnete sich die Fahrstuhltür, trabte der junge Mann aufgeregt davon. Röhrdanz sah sich irritiert um. An den Wänden hingen Bilder von Neugeborenen, unwillkürlich musste er lächeln. So hatten Denise und Philip auch ausgehen, so … winzig, zerknautscht … und ein bisschen beleidigt, dass man sie aus der warmen, wohligen Welt des Mutterleibs verstoßen hatte. Er schritt unsicher den langen Flur hinunter, bis eine ältere, robuste Oberschwester ihn aufhielt: »Sie wünschen?«

»Ich weiß nicht, ob ich hier richtig bin«, stammelte Röhrdanz verlegen.

»Wen suchen Sie bitte?«

»Meine Frau. Röhrdanz. Angela Röhrdanz.«

»Wievielter Monat?«

»Dritter. Sie ist erst im dritten.«

»Dann sind Sie hier total falsch, guter Mann. Wir haben hier die Wöchnerinnen und Neugeborenen.« Die robuste Schwester nahm Röhrdanz am Arm und führte ihn zurück zum Aufzug. »Wir mögen es nicht so gern, wenn hier Fremde herumstreunen, Sie müssen schon entschuldigen.«

Energisch drückte sie auf den Knopf und wartete, bis die Fahrstuhltür sich wieder öffnete. »Fragen Sie unten am Empfang, wo Sie Ihre Frau finden können«, riet ihm die Schwester. »Hier ist sie definitiv nicht!«

»Dass diese Oberschwestern aber auch immer so herrisch sein müssen«, murmelte Röhrdanz, fast ein bisschen erleichtert, dass seine Frau offenbar keine Fehlgeburt erlitten hatte. »Das Baby ist anscheinend noch drin.«

Entschlossen schritt er zu dem Glaskasten, in dem eine dunkelhaarige Rezeptionistin saß, und fragte nach seiner Frau.

»Röhrdanz?« Die fein manikürten Finger der Dame fuhren über die Liste der Neuzugänge. »Nein. Ist hier nicht eingeliefert worden.« Die Dunkelhaarige nickte ihm sachlich zu und vertiefte sich dann wieder in ihren Roman.

»Aber man hat mich hierhergeschickt«, drängte Röhrdanz sich erneut vor die Sprechscheibe, bevor andere Besucher ihn wegschubsen konnten. Er sprach wohl ein bisschen lauter als beabsichtigt, denn er hörte seine eigene

Stimme in der Empfangshalle widerhallen. Vielleicht war er wirklich einfach nur zu aufgeregt. Er musste dringend etwas essen. Oder wenigstens tief durchatmen.

»Wer hat Sie hergeschickt?«, fragte die Dame nun in einem Tonfall, als ob sie mit einem Debilen spräche.

»Sie ist heute Morgen in der Praxis eines Orthopäden zusammengebrochen. Die Rettung hat sie hergebracht.« Röhrdanz trommelte nervös mit den Fingern gegen die Glasscheibe, die ihn von seiner Gesprächspartnerin trennte.

»Dann versuchen Sie es mal bei der Notaufnahme«, riet die Empfangsdame mit gespielter Geduld. »Vielleicht sitzt sie da.«

Röhrdanz zwang sich, einmal tief ein- und auszuatmen. Bestimmt alles falscher Alarm.

Unwillig trollte er sich. Was war denn da los, verdammt noch mal? Er musste nach Hause, die Kinder holen! Und Helga bei Laune halten. Es war doch wohl nichts Ernstes?

Ein kleiner Kreislaufkollaps vielleicht, ein leichter Schwindelanfall … wenn man hier nichts von Angela wusste, war sie wahrscheinlich längst wieder zu Hause.

Von der Telefonzelle auf dem Parkplatz des Krankenhauses rief er erneut Helga an.

»Ist Angela inzwischen aufgetaucht? Ich bin nämlich im Krankenhaus, hier ist sie aber nicht zu finden!«

»Nein!« In Helgas Stimme war die Angst zu hören. »Das sieht dem Mädel doch überhaupt nicht ähnlich! Einfach so zu verschwinden! Michael! Hattet ihr Streit?«

»Aber nein!« Röhrdanz wollte lachen, aber es hörte sich eher an wie ein unterdrücktes Schluchzen. »Irgendwas stimmt hier nicht, was, werde ich noch herausfinden. Tut mir leid, dass du die Kinder erst einmal weiter hüten musst.«

»Ist schon gut«, hörte er seine Schwiegermutter seufzen.

Er kramte die restlichen Münzen aus der eisernen Muschel und steckte sie gedankenverloren in die Hosentasche.

Als er sich auf den Weg zur Notaufnahme machen wollte, hörte er, wie jemand seinen Namen rief. Irritiert drehte er sich um.

»Herr Röhrdanz?« Die Dunkelhaarige vom Empfang kam mit klappernden Schritten über den Vorplatz gelaufen. »Herr Röhrdanz, warten Sie! Wir haben Ihre Frau gefunden!«

»Na also! Was ist mit ihr?« Röhrdanz steckte die Hände in die Taschen und sah die Frau erwartungsvoll an. In ihren Augen lag so etwas wie Entsetzen, aber auch Mitleid.

»Sie ist auf der Neurologie. Im vierten Stock.«

»Aber das ist doch …« Röhrdanz folgte der eilig wieder ins Krankenhaus laufenden Frau.

»Näheres kann ich Ihnen nicht sagen, ich muss an meinen Platz zurück«, rief sie mit einer merkwürdig brüchigen Stimme und wies auffordernd auf die Fahrstuhltür, bevor sie hinter ihrer Glastür verschwand.

Erneut schob sich Röhrdanz inmitten von anderen Besuchern und Patienten in den muffig riechenden Fahrstuhl. Täuschte er sich, oder sahen ihn die anderen Leute mitleidig an, als er auf die »Vier« drückte?

Neurologie, ging es ihm durch den Kopf, und er spürte ein unangenehmes Ziehen in der Magengegend. Dann ist es also was mit den Nerven? Natürlich. Sie hat sich überanstrengt. Bestimmt schimpft der Arzt jetzt mit mir. Guter Mann, wie konnten Sie Ihre Frau dermaßen überfordern? Drei Kinder muss doch heute keine Frau mehr hintereinander bekommen …

Aber das dritte war nun mal passiert! Angela hatte sich doch so gefreut! Sie war eine robuste junge Frau, bestimmt würde sie hier bald wieder auf die Beine kommen.

Er würde sich ein paar Tage freinehmen. Und mit den Kleinen auf den Spielplatz gehen.

Oben angekommen, ging er suchend über die leeren, blank geputzten Flure. Es roch nach Bohnerwachs und Urin. Arme Angela. Hoffentlich schlief sie sich einfach nur mal aus. Schließlich hatte sie jahrelang nicht durchgeschlafen. Klar, dass sie es jetzt mit den Nerven hatte.

Nachdem er vergeblich an die Glastür des leer stehenden Schwesternzimmers geklopft hatte, stand er unschlüssig herum. Von irgendwoher durchdrang ein lang gezogener Schrei die unheimliche Stille. Sein Herz begann zu rasen.

Auf der Neurologie bin ich vollkommen falsch, dachte er, Angela kann unmöglich hier sein, sie ist weder hysterisch noch sonst irgendwie ein Fall für die Klapse. Entschlossen richtete er sich auf, als er am Ende des Ganges einen Weißkittel nahen sah, und schritt auf ihn zu.

»Hallo?! Kann ich Sie kurz sprechen?«

»Ja bitte?«, kam es ziemlich von oben herab. Der Arzt schien in Eile zu sein, offensichtlich war er gerade sehr im Stress.

Röhrdanz wappnete sich innerlich. Auf dem Kittel des Mannes prangte auf Brusthöhe ein Schild, das ihn als Oberarzt dieser Station auswies.

»Röhrdanz«, sagte Röhrdanz. »Meine Frau soll hier irgendwo sein …«

Weiter kam er nicht, denn der Gesichtsausdruck des Arztes änderte sich sofort. Irrte Röhrdanz sich, oder glomm da ein Funken plötzlicher Aufmerksamkeit in seinen grauen Augen?

»Ihre Frau ist tatsächlich hier.«

»Na Gott sei Dank. Immerhin habe ich sie endlich gefunden.«

»Doch es sieht leider nicht gut aus …«

Röhrdanz schluckte. Er hatte ja gewusst, dass der Arzt mit ihm schimpfen würde.

»Tut mir leid, ich werde darauf achten, dass sie sich in Zukunft mehr schont.«

»Das wird nicht reichen, fürchte ich.«

»Bitte? Was hat sie denn nun?«

»So wie es aussieht, handelt es sich um eine äußerst komplexe und komplizierte Geschichte, die ich Ihnen hier auf die Schnelle gar nicht erklären kann.« Der Arzt fasste sich an den Nacken und drehte den Kopf, als müsste er ihn erst wieder einrenken.

Röhrdanz sah ihn nervös an. Überarbeitung. Burnout-Syndrom. Nervenzusammenbruch.

»Soweit ich das beurteilen kann, leidet Ihre Frau unter einem sehr seltenen Krankheitsbild, das in Fachkreisen ›Apallisches Syndrom‹ genannt wird. Im Moment ist das allerdings nur ein vager Verdacht, aber alle Anzeichen sprechen dafür, dass wir es hier mit dieser unglaublich verzwickten Nervenlähmung zu tun haben.«

»Entschuldigen Sie, aber das verstehe ich nicht.« Wahrscheinlich lag eine Verwechslung vor. Der Neunmalkluge redete von einer ganz anderen Patientin. Eine, die es richtig schwer erwischt hatte und die schon nicht mehr zu retten war.

»Können Sie das einem Nicht-Mediziner in ganz einfachen Worten noch mal erklären? Ich meine, was ist denn überhaupt passiert? Der Arzt sagte, sie sei zusammengebrochen?!«

»Zu den neurologischen Ursachen kann ich nur so viel sagen, dass im Mittelhirn oder auf beiden Seiten der Capsula interna Läsionen in der Pons ...«

Mittelhirn? Was für Läsionen?

Röhrdanz versuchte in dem, was die schnarrende Männerstimme von sich gab, irgendeinen Sinn zu entdecken, doch es gelang ihm nicht.

»Es ist zu kompliziert, als dass ich Ihnen das hier auf dem Flur erklären könnte. Außerdem muss sich unser Verdacht erst erhärten. Aber wenn wir recht behalten, handelt es sich um eine schwerwiegende Lähmung mit einer hohen Mortalitätsrate«, hörte Röhrdanz den Mann sagen, ohne den Sinn seiner Worte wirklich zu erfassen.

Moment. Der sprach doch jetzt nicht allen Ernstes von SEINER Angela?

Der fröhlichen, hübschen, blonden Angela, die er heute früh zum Abschied geküsst hatte?

Plötzlich spürte er ein starkes Sausen in den Ohren, das Gesicht des Arztes verschwamm vor seinen Augen, er suchte Halt an der kahlen Wand hinter sich und versuchte, nicht zusammenzusacken.

»Da kommt ja Ihre Frau«, hörte er den Arzt sagen. In der törichten Hoffnung, sie froh und munter aus einem der Untersuchungszimmer spazieren zu sehen, atmete er tief ein und aus, um wieder einen klaren Kopf zu bekommen. Na also. Doch eine Verwechslung. Der Arzt hat von einer ganz anderen geredet. Von einer, die bald stirbt. Erleichtert wirbelte er herum und begann schon, die Arme auszubreiten, damit sie sich wie immer lachend hineinwarf.

Der Anblick, der sich ihm nun bot, traf ihn wie ein Fausthieb ins Gesicht.

Angela lag, die Augen weit aufgerissen, den eingefrorenen Blick an die Decke gerichtet, reglos in einer völlig verkrampften Haltung auf einer Bahre. Speichel rann ihr aus dem geöffneten Mund, den sie wie zu einem Verzweiflungsschrei geformt hatte. Doch kein Ton kam über ihre Lippen. Die beiden Pfleger, die sie vor sich her schoben, hatten Panik im Blick und liefen im Eiltempo zum Aufzug. Das Schmatzen ihrer grünen Gummischuhe auf dem blank gescheuerten Linoleum-Fußboden betäubte ihn.

»Notoperation«, hörte Röhrdanz eine Stimme rufen, »bitte sofort alles vorbereiten!«

»Exitus nicht ausgeschlossen!«

»Chef nicht im Haus!«, schrie jemand hinter verschlossenen Türen. »Ist schon zum Kongress!«

»Geht nicht«, rief eine andere Stimme, »Krankenwagen rufen! Sie muss ins Klinikum nach Düsseldorf!«

Röhrdanz spürte, wie sich sein Magen langsam umdrehte. Wahrscheinlich würde er ihm jeden Moment aus dem Mund fallen, mit demselben grässlichen Geräusch, das die Gummischuhe der Pfleger machten.

Sein Mund war völlig ausgetrocknet, die Zunge schien sich nie wieder vom Gaumen lösen zu wollen.

»Angela!« Röhrdanz taumelte auf die Bahre zu, stellte sich ihr regelrecht in den Weg. Fassungslos beugte er sich über seine Frau, die sich nicht rühren konnte. Sein Herz raste wie verrückt. Angela sah so Furcht erregend aus, als hätte sie jemand für einen Horrorfilm geschminkt. Oder ihr eine besonders grässliche Maske aufgesetzt.

»Was machst du denn für Sachen, Liebes?«

»Sie kann Ihnen nicht antworten«, sagte der Oberarzt. »Am besten, Sie lassen uns jetzt ungestört unsere Arbeit machen.« Er wollte mitsamt der Bahre an Röhrdanz vorbei, aber dieser ließ sie nicht passieren.

»Angela! Hörst du mich? Erkennst du mich?«, stammelte Röhrdanz und nahm die Hand seiner Frau, die sich eiskalt anfühlte. Tränen liefen über seine Wangen.

Sie versuchte, etwas zu sagen, aber aus ihrem verzerrten Mund kam nur ein lallendes Gurgeln.

»Aus dem Weg!« Im Eilschritt nahten nun zwei weitere Ärzte, den Piepser am Ohr, und drängten Röhrdanz von Angela weg. »Hier geht es um Minuten, sie muss nach Düsseldorf!«

Bevor Röhrdanz wusste, wie ihm geschah, war die Bahre mit seiner geliebten Angela bereits im Aufzug verschwunden. Fassungslos starrte er auf die sich schließenden Türen.

Vier – drei – zwei – eins – Erdgeschoss blinkten die kleinen Lämpchen an der Wand.

Was machten sie mit ihr?

Warum ließen sie ihn hier stehen?

Sie brauchte Hilfe, sie war ja völlig gelähmt, konnte nicht mal sprechen und nichts erklären! Röhrdanz war wie erschlagen von ihrem Anblick: Sie hatte ausgesehen wie ein Kind, das gerade im Begriff ist, zu ertrinken. Das den Mund öffnet, um um Hilfe zu schreien, und so nur noch mehr Wasser schluckt. Seine Lunge füllt sich unerbittlich mit Wasser, es kann nur noch mit weit aufgerissenen Augen nach oben schauen, während das Bild des helfenden Retters verschwimmt und es immer tiefer sinkt. Gleich wird es tot sein, und ich stehe hier. Warum springe ich nicht hinterher?

»Herr Röhrdanz?«

Röhrdanz fuhr herum. Seine Zunge schmeckte nach Blei.

»Ich bin der Chefarzt, Professor Leyen. Kann ich Sie einen Moment sprechen?«

Aha. War er also doch nicht auf einem Kongress.

Oder war der etwa extra wiedergekommen? Röhrdanz griff sich verlegen an den Hals.

»Natürlich«, sagte er heiser.

Der freundliche Ton des Arztes beruhigte Röhrdanz für einen Moment. Jetzt würde er endlich Klarheit bekommen. Alles halb so wild, wie es aussieht, würde dieser distinguiert wirkende Mensch zu ihm sagen. Sie ist nur hingefallen und hat sich einen Nerv im Gesicht verletzt. Deshalb sieht sie so verändert aus. Aber wir geben ihr ein paar Spritzen und lassen sie schlafen. Bald wird sie wieder ganz die Alte sein.

»Bin ich froh, dass endlich jemand mit mir spricht.« Röhrdanz räusperte sich, seine Stimme hörte sich an wie eine rostige Säge.

»Bitte kommen Sie, hier sind wir ungestört.«

Der Chefarzt wies ihm höflich den Weg in sein Sprechzimmer und bot ihm einen Stuhl an. Röhrdanz ließ sich mit zitternden Knien darauf nieder und musste sich an der Tischkante festhalten.

»Ein Glas Wasser?« Der Chefarzt füllte ein Glas mit Leitungswasser und stellte es vor Röhrdanz ab.

»Danke.« Röhrdanz' Hand zitterte so sehr, dass er das Glas kaum zum Mund führen konnte. Wie ein Verdurstender kippte er das Wasser herunter.

Ist es so schlimm?, dachte Röhrdanz, während er hastig trank. Wenn sie einem Wasser anbieten, ist es schlimm.

Der Arzt setzte sich etwas zu umständlich auf seinen Ledersessel hinter dem wuchtigen, mit Akten und Notizen überladenen Schreibtisch, und putzte sich ebenso umständlich die Brille.

Röhrdanz starrte ihn an. Sein Herz pochte so wild, dass er Angst hatte, nichts von dem zu verstehen, was der Chefarzt ihm mitteilen würde. Hauptsache, er überschüttete ihn nicht mit so einem Schwall lateinischer Ausdrücke wie vorhin der Oberarzt.

Der Chefarzt setzte seine Brille auf und sofort wieder ab, um an dem Brillenbügel zu kauen. Anscheinend suchte er nach den richtigen Worten.

»Herr Röhrdanz, es tut mir leid, dass ich im Moment keine besonders guten Nachrichten für Sie habe ...«

Röhrdanz schien in ein tiefes Loch zu fallen. Er umklammerte das Wasserglas so fest, dass es beinahe zu zerspringen drohte.

»Ich habe Ihre Frau ausführlich untersucht ...« Der Chefarzt fixierte sein nervöses Gegenüber und zupfte sich hilflos am Kittelkragen. »Das sieht leider sehr böse aus.«

»Krebs?«, kam es aus Röhrdanz' ausgedörrter Kehle, weil das das Schlimmste war, das er sich vorstellen konnte.

»Nein, nein, kein Krebs.«

»Na dann ist ja gut.«

»Nein, es ist leider etwas ...« Der Chefarzt suchte nach den passenden Worten. Konnte es etwas SCHLIMMERES als Krebs geben? Also, AIDS war es bestimmt nicht. Da war Röhrdanz ganz sicher. Und etwas NOCH Schlimmeres gab es doch nicht, oder?

»Ihre Frau ...« Der Chefarzt sah in die Akte, die in aller Eile angelegt worden war, und suchte darin nach dem Vornamen.

»Angela«, krächzte Röhrdanz.

»Angela ...«, wiederholte der Chefarzt, und seine Stimme war nicht weniger belegt, »... ist leider schwer krank.«

»Aber wieso denn, die war doch heute Morgen noch putzmunter.«

»Sie hat einen Gehirnschlag erlitten, mit noch nicht absehbaren Folgen …«

»Das kann doch gar nicht sein! Sie hat mich angerufen, dass sie ihren Arm nicht bewegen kann …«

»Ja, das ist ein typisches Symptom für einen Schlaganfall.« Der Chefarzt rieb sich die Schläfen. »Herr Röhrdanz, wir müssen sie so schnell wie möglich operieren, und das geht hier in Leverkusen nicht, denn dafür fehlen uns die nötigen Spezialisten. Ihre Frau wird gerade nach Düsseldorf gebracht, dort hat man Erfahrung mit solch seltenen neurologischen Notfällen. Ich fahre jetzt sofort hinterher, obwohl ich eigentlich zum Kongress sollte …« Der Chefarzt sah hastig auf seine Armbanduhr. »Bitte entschuldigen Sie mich jetzt.«

Das ist ja Wahnsinn, dachte Röhrdanz. Das muss etwas unfassbar Schlimmes sein.

»Ja, aber Sie können mich doch jetzt nicht einfach so …«

»Ihre Frau liegt höchstwahrscheinlich im Wachkoma, das in Fachkreisen Apallisches Syndrom genannt wird. Aber wir versuchen zu retten, was zu retten ist!« Der Chefarzt erhob sich und machte Anstalten, sich seines Kittels zu entledigen.

»Was heißt das?«, flüsterte Röhrdanz.

»Wie soll ich Ihnen das auf die Schnelle erklären? Ich würde sagen, das hat jetzt keinen Zweck. Fahren Sie nach Hause, und wir rufen Sie an.« Der Kittel flog in die Ecke. Der Chefarzt riss seinen Mantel vom Haken und eilte zur Tür.

»Meine Frau ist schwanger«, sagte Röhrdanz. Er wunderte sich, wie sachlich ihm diese Feststellung über die Lippen gekommen war.

Ein ungläubiges Stöhnen war die Antwort. Der Chefarzt drehte sich um und strich sich fahrig über die grauen Haare.

»Heißt das, sie könnte das Baby … verlieren?«

Der Chefarzt trat auf Röhrdanz zu und legte ihm die Hand auf die Schulter: »Das wird unsere kleinste Sorge sein, Herr Röhrdanz. So grausam das auch für Sie klingen mag: unsere allerkleinste.«

4

Wie in Trance fuhr Röhrdanz Minuten später hinter dem Krankenwagen her, der mit Sirene und Blaulicht über die Autobahn raste. Der Chefarzt war noch in letzter Sekunde in den Krankenwagen gesprungen, als dieser auch schon mit quietschenden Reifen die Auffahrt zur Notaufnahme verließ.

Tausend Gedanken schossen Röhrdanz durch den Kopf, aber nicht ein einziger wurde zu Ende gedacht. Das war doch alles nur ein böser Traum? Das konnte doch nicht wahr sein, dass er hier hinter seiner … sterbenden Frau herraste, mit über hundertfünfzig Sachen auf der Überholspur? Wie in Trance nahm er wahr, dass die anderen Autos alle Platz machten, sich hastig rechts einordneten, damit er, Röhrdanz, und ihm voran Angela, an ihnen vorbeisausen konnte.

Das war doch derselbe Donnerstag, an dem er ganz normal das Haus verlassen hatte, in das er abends wieder zurückkehren würde. In seine Vierzimmerwohnung, zu seiner geliebten Frau, seinen süßen kleinen Mäusen und Oliver? Wann würde dieser grässliche Albtraum endlich vorbei sein? Er versuchte aufzuwachen, wusste aber, dass dies die nackte Wahrheit war.

Angela.

Da vorn.

Röchelnd, um ihr Leben ringend.

Von Sauerstoffgeräten und anderen Furcht einflößenden Apparaten umgeben.

Drei Notärzte und Pfleger in wehenden Kitteln.

Panik. Eile. Notfall. Blaulicht.

Das Martinshorn jaulte in seinen Ohren und zerrte an seinen Nerven. Automatisch warf er einen Blick auf die Uhr im Armaturenbrett. Kurz nach vier. Oliver wunderte sich bestimmt schon, wo er blieb.

Die Leute fuhren ungerührt von der Arbeit nach Hause!

Er warf einen hastigen Seitenblick auf die Fahrzeugkolonne neben ihm: Hier kaute jemand ein Butterbrot, da rauchte einer, und da drüben stritt sich ein Ehepaar.

Ja wussten die denn nicht, dass es UM LEBEN UND TOD ging?«

Warum taten denn alle so, als wenn nichts wäre?

Angela. Um vier Uhr ging sie sonst mit Philip und Denise auf den Spielplatz. Und auf dem Rückweg schob sie die beiden noch am Supermarkt vorbei. Um diese Zeit überlegte sie sich immer, was sie kochen sollte.

Seine Angela.

Anfangs hatte sie überhaupt nicht kochen können. Kein Wunder, schließlich war sie bei der Hochzeit erst einundzwanzig Jahre alt gewesen. Die ersten Schnitzel, die sie aus der Pfanne geholt hatte, waren schwarz gewesen. Völlig verkohlt und verbrannt. Angela hatte sie trotzdem auf die Teller getan und mit einem verschmitzten Schulterzucken serviert.

Röhrdanz musste wider Willen lächeln. Für eine Sekunde gelang es ihm, die unfassbare Gegenwart zu verdrängen, sich seinen Erinnerungen hinzugeben.

Röhrdanz sah sich lachend fragen, ob er die Dinger essen oder unter seine Schuhsohlen nageln solle. Danach waren sie gegenüber beim Griechen essen gegangen, hatten Ouzo getrunken und gelacht. Auch dieser Abend war wie so viele mit einer wunderbaren Liebesnacht zu Ende gegangen. Sie hatten sich in den Armen gelegen und leidenschaftlich geküsst …

Röhrdanz zwang sich, wieder in die Gegenwart zurückzukehren. Da vorne lag seine Frau, ein Häuflein Elend, sprachlos, reglos, vollkommen hilflos, und von ihrem alten Leben war nichts mehr übrig. Röhrdanz spürte, wie sich sein Magen vor lauter Angst zusammenzog. Und das hier war erst der Anfang. Vielleicht der Anfang vom Ende.

Nein, lieber Gott, bitte nicht. Bitte alles, nur das nicht.

Lass sie krank sein, lass sie einen Nervenzusammenbruch haben, lass sie irgendetwas haben, aber lass sie nicht sterben.

Röhrdanz schüttelte energisch den Kopf, um diesen furchtbaren Gedanken zu verscheuchen. Nein. Seine Angela würde nicht sterben. Sie war Mutter. Sie war schwanger. Sie war seine Frau. Das Schicksal hatte sie zusammengeführt.

Ausgeschlossen.

So etwas würde Gott niemals zulassen.

Der Krankenwagen vor ihm setzte den Blinker und nahm die Ausfahrt.

Röhrdanz riss das Lenkrad herum und raste hinterher.

Das wütende Hupen der Autofahrer, denen er die Vorfahrt genommen hatte, nahm er kaum noch wahr.

Plötzlich drängte ihn jemand, der sich wohl offensichtlich mit ihm anlegen wollte, von der Spur. Das aggressive Warnblinken des schwarzen Mercedes, der sich ihm von hinten mit hoher Geschwindigkeit näherte, ließ ihn reflexartig wieder nach links ziehen. Ehe er sich's versah, war Röhrdanz an der Ausfahrt vorbeigeschossen.

Der Krankenwagen mit dem Blaulicht verschwand innerhalb von Sekundenbruchteilen aus seinem Blickfeld.

»Verdammt!« Röhrdanz schlug mit der flachen Hand auf das Lenkrad. Der Fahrer des Mercedes, der ihn im letzten Moment abgedrängt hatte, überholte von rechts und zeigte ihm mit verächtlicher Geste, was er von seiner Fahrweise hielt.

Röhrdanz stand der kalte Schweiß auf der Stirn, als er versuchte, die nächste Ausfahrt zu erwischen. Er musste heftig abbremsen, um nicht in die Fahrzeuge hineinzurasen, die sich davor bereits blinkend stauten.

»Ruhig, Röhrdanz, ganz ruhig«, hörte er sich sagen. »Du darfst jetzt keinen Unfall bauen. Behalt die Nerven, Mann.«

Seine Finger zitterten seit Stunden vor sich hin, und seine Beine schienen ihm kaum noch zu gehorchen.

Im Schneckentempo schob sich die Autoschlange der großen Kreuzung entgegen. Pro Ampelschaltung kamen immer nur höchstens zwei Wagen durch. Die Uhr am Armaturenbrett zeigte unbarmherzige zwanzig Minuten vor fünf – eine halbe Stunde hatte er nun schon verloren, weil er die Ausfahrt verpasst hatte.

Die Kinder. Bei Helga. Oliver. Längst zu Hause. Hatte er einen Schlüssel dabei? Würde er zur Nachbarin gehen? Die Firma. Abmelden. Chef. Morgen.

Arbeit? Wohin mit den Kindern? Würde er heute Abend überhaupt zu Hause sein? In seinem Bett schlafen? Und Angela? Wo würde sie schlafen? In welchem Zustand? Warum war er nicht längst bei ihr?

Nicht durchdrehen, Röhrdanz. Schalten, kuppeln, drei Meter rollen, wieder auskuppeln, stehen bleiben. Einen klaren Kopf behalten, Röhrdanz. Du bist Vater. Wenn Angela ausfällt, bleibt alles an dir hängen. Jetzt nicht in Panik geraten. Angela spürt das, wenn du durchdrehst. Einfach nur weiteratmen. Röhrdanz kurbelte das Fenster herunter, sog die abgasverseuchte Luft ein und atmete heftig aus.

Endlich. Die nächste Ampel würde er schaffen. Er setzte den Blinker, drückte aufs Gas und hängte sich so dicht an die Stoßstange des ächzenden Lasters vor ihm, dass er sie fast berührt hätte. Quälend langsam knatterte er im zweiten Gang hinter dem Laster her, bis er rechts eine Tankstelle sah.

Er musste tanken.

Röhrdanz zwang sich, die nötigen Handgriffe zu tun. Als er an der Kasse zahlte, fragte er betont höflich nach der Klinik.

»Oh«, sagte der Tankwart, der sein Geld in die Kasse zählte, »da hamse sich verfahren.«

Röhrdanz schluckte. »Ich weiß. Ausfahrt verpasst.«

»Dann wenden Sie mal und fahren zurück bis zur großen Kreuzung …« Der Tankwart bediente schon den nächsten Kunden, während er wild gestikulierend erklärte: »Und dann kommen Sie an einen Kreisverkehr, nehmen die zweite … nee, die dritte Ausfahrt. Oder warten Sie mal, wenn Sie ortsfremd sind, fahren Sie am besten ganz anders …«

Es war zum Wahnsinnigwerden. Am liebsten hätte Röhrdanz geschrien: »Meine Frau ist mit Blaulicht in diese Klinik gefahren worden, und ich will jetzt auf der Stelle zu ihr!« Aber wen hätte das interessiert?

Hände blätterten desinteressiert in Zeitungen, Leute kamen und gingen, drängten sich hinter ihm an der Kasse. Bis ihm schließlich irgendjemand anbot, vor ihm her zu fahren, er müsse grob in seine Richtung. Röhrdanz folgte ihm dankbar, unfähig, irgendeine Entscheidung zu treffen. Irgendwann bedeutete ihm der Fahrer, links abzubiegen. Nach zwei weiteren Wendemanövern hatte er sich durch ganz Düsseldorf gekämpft.

Als Röhrdanz schließlich vor der Klinik stand, war er am Ende seiner Kräfte. Das Klinikum war groß und imposant, ein riesiger gläserner Kasten, der eher an einen Flughafen oder ein Regierungsgebäude erinnerte als an ein Krankenhaus. Das musste eine ganz besondere Spezialklinik sein. Mit bleiernen Beinen schleppte er sich aus dem Auto und betrat, fast schwindelig vor Übelkeit und Hunger, den luxuriösen Eingangsbereich. Er kam sich vor wie im Foyer eines Fünf-Sterne-Hotels. Das Personal, das emsig hin und her huschte, trug ähnliche blaue Uniformen wie Flughafenpersonal.

Röhrdanz rieb sich die Augen. War das vielleicht doch alles nur ein schlimmer Traum? Der Empfangsbereich war ganz in dunklem Holz gehalten, nur der Geruch nach Desinfektionsmitteln wollte nicht so recht dazu passen.

»Hallo? Kann mir jemand helfen?« Seine Stimme klang, als gehörte sie nicht zu ihm. Röhrdanz drehte sich hilflos um die eigene Achse.

»Ja bitte?« Eine streng aussehende Dame in Uniform sah ihn prüfend an.

»Meine Frau? Angela Röhrdanz? Wurde vor einer Stunde eingeliefert!«

»Welche Abteilung?«

»Keine Ahnung! Das will ich von Ihnen wissen!«

»Warten Sie hier.« Die Frau verschwand. Röhrdanz versuchte, seinen Magen zu ignorieren, der nun lauter knurrte, als er die Dame in Uniform soeben angeknurrt hatte.

Erschöpft sank er auf eine lederne Couchgarnitur. Alle liefen wie aufgezogene Marionetten an ihm vorbei.

War er unsichtbar?

Ein Weißkittel schwebte lautlos über den grauen Teppichboden auf ihn zu. War er aus Fleisch und Blut? Konnte Röhrdanz es wagen, ihn anzusprechen?

Natürlich! Das schuldete er Angela! Er war doch ihr Mann!

Mechanisch sprang er auf, lief dem Arzt entgegen. In seinem Kopf hämmerte es.

»Hallo, Herr Doktor! Nicht weglaufen! Bitte!« Röhrdanz keuchte. »Ich suche meine Frau.«

»Wer soll das sein?«, fragte er Arzt erstaunt.

»Röhrdanz«, sprach er seinen und ihren Namen nun schon zum hundertsten Male aus.

»Sie ist vor einer Stunde hier eingeliefert worden.«

Seine Zunge klebte ihm im Mund, er konnte nur mit Mühe schlucken.

»Mit welcher Diagnose?«

»Keine Ahnung! Der Chefarzt vom Leverkusener Krankenhaus hat was von einer sehr seltenen Nervenkrankheit gesagt.« Röhrdanz fasste sich an den Kopf, versuchte sich zu erinnern. »Irgendein Fachbegriff, den ich vorher noch nie gehört hatte …«

»Oh.« Der Arzt sah Röhrdanz plötzlich mit einem ganz neuen Interesse an. »Sie sind das.«

»Ja, ich bin das. Was soll das bedeuten?«

»Röhrdanz«, sagte der Arzt, als hätte er eine schwierige mathematische Gleichung gelöst.

»Hab ich doch gesagt«, erwiderte Röhrdanz. Sein Kopf drohte zu zerspringen.

»Sie müssen sich gedulden«, sagte der Arzt. »Sie ist gerade im OP.«

»Kann ich da hin …?«

»Nein. Ausgeschlossen. Warten Sie hier.« Der Arzt wandte sich zum Gehen, aber Röhrdanz hielt ihn am Kitteläarmel fest.

»Aber was hat sie denn? Ich meine, was wird gerade operiert?«

Der Arzt schüttelte ihn ab wie ein lästiges Insekt. »Das kann ich Ihnen nicht sagen.«

»Aber WER kann es mir sagen?«

Röhrdanz wischte sich die schweißnassen Hände

an den Hosenbeinen ab. Es tat ihm leid, dass er dem Arzt offensichtlich zu nahe getreten war, aber es musste doch endlich einen Menschen geben, der ihm Auskunft gab!

»Im Moment sind alle betreffenden Kollegen im Einsatz. Setzen Sie sich.«

»Aber ich kann doch hier nicht rumsitzen, und keiner sagt mir Bescheid!!«

»Alles, was ich Ihnen sagen kann ist, dass Sie warten müssen.« Der Arzt strich seinen Kittelärmel glatt, als wollte er die letzten Spuren von Röhrdanz beseitigen, und schritt energisch davon.

Röhrdanz setzte sich.

Und wartete.

Irgendwann kam die uniformierte Dame in Dunkelblau zurück. Sie hatte ein Klemmbrett bei sich und reichte es Röhrdanz. »Wenn Sie das bitte ausfüllen würden.«

»Ja, aber was HAT meine Frau? WORAN wird sie operiert?«

Die Frau reichte ihm mit unbewegter Miene einen Kugelschreiber.

»Das kann ich Ihnen leider nicht sagen. – Also bitte: Name, Alter, Krankenkasse, Allergien und so weiter. Sie müssen auch unterschreiben, dass Sie über die Folgen einer Vollnarkose vom Anästhesisten hinreichend aufgeklärt wurden.«

»Aber das bin ich nicht! Hier war kein Anästhesist!« Röhrdanz drehte sich suchend um.

»Weil es sich um einen Notfall handelt«, sagte die Frau in einer schwer nachvollziehbaren Logik. »Der Anästhesist ist im OP.« Sie kehrte ihm bereits wieder den Rücken zu.

»Könnte ich bitte ein Glas Wasser haben?«, stieß Röhrdanz hervor. Seine Zunge wollte ihm schon nicht mehr gehorchen.

»Bitte.« Eine junge Krankenhaussekretärin reichte ihm eines, und Röhrdanz schüttete es in durstigen Zügen hinunter.

Als die Sekretärin das leere Glas wieder entgegennahm, strich sie ihm kurz über die Hand. Überrascht starrte er sie an. In ihren Augen stand aufrichtiges Bedauern.

Röhrdanz zuckte zusammen. Was war denn das? Sie wusste etwas. Sie hatte Mitleid mit ihm!

Erneut überfiel ihn eine Panikattacke. Er versuchte, ruhig weiterzuatmen. Seine Finger gruben sich schmerzhaft in die Schreibunterlage, als er sich zwang, das Formular auszufüllen. Die Buchstaben der vielen Fragen und Belehrungen verschwommen vor seinen Augen.

Schlaganfall, neurologische Intensivstation, Gehirnschlag, Gesichtslähmung, Verlust des Sprachzentrums, völlige Lähmung, Wachkoma …

Lieber Gott, dachte er, ich bete zwar nicht regelmäßig und war auch seit meiner Hochzeit nicht mehr in der Kirche, aber könntest du bitte verhindern, dass ich hier vor Angst durchdrehe und anfange zu schreien?

Wie in Zeitlupe näherte sich wieder eine Gestalt, es war eine grauhaarige Ärztin, die ihm das Klemmbrett mit den ausgefüllten Fragen wieder abnehmen wollte.

Zu seiner Überraschung setzte sie sich kurz neben ihn auf die braune Ledercouch.

»Sie müssen jetzt ganz stark sein«, sagte sie mit rauer Stimme. Sie roch nach Rauch.

Ihre Augen waren von roten Äderchen durchzogen, sie sah müde und überarbeitet aus.

»Was ist mit meiner Frau?«, krächzte Röhrdanz.

»Die Kollegen versuchen zu retten, was zu retten ist«, antwortete die Ärztin mit der Reibeisenstimme.

»Was bedeutet das?«

»Können Sie irgendjemanden anrufen, der Ihnen hier Beistand leistet?«

»Beistand? Wird sie … sterben?«

»Wen können Sie anrufen?«

»Ich … ich weiß nicht. Meine Schwiegermutter hat die Kinder …«

»Sie sollten hier nicht alleine warten.«

»Ich könnte einen Freund anrufen, der wohnt nicht weit von hier …«

Die Ärztin drückte seine Hand, während sie sich eilig wieder erhob. »Tun Sie das.« Sie zeigte auf einen Münzautomaten hinten an der Wand. »Rufen Sie ihn an. Er soll Zeit mitbringen.«

Mit diesen Worten verließ sie ihn. Bereits im Weggehen griff sie in die Kitteltasche, suchte nach Zigaretten und Feuerzeug. Sie schien den Glimmstängel jetzt ganz dringend zu brauchen.

Röhrdanz stützte sich schwer auf die Sofalehne, um seinen Beinen das Aufstehen zu ermöglichen.

Bedrückt schlich er sich zum Telefon. Es ist was passiert, es ist was passiert, es ist was passiert. Das muss ich jetzt irgendwie sagen. Und sonst nichts.

Die Münzen wollten nicht in den Schlitz fallen, so sehr zitterten seine Finger. Als sie endlich doch hineinrutschten, tat ihm das klirrende Geräusch so furchtbar in den Ohren weh, dass er zusammenzuckte. Einen Kloß von der Größe eines Tennisballs hinunterschluckend, erklärte er seinem ahnungslosen Freund Thomas: »Es ist was passiert. Du musst sofort kommen. Es geht um Angela. Sie ist … krank. Sehr krank. Mehr weiß ich nicht.«

Welche Worte er wählte, hatte er schon vergessen, kaum dass sie ausgesprochen waren.

Danach schleppte er sich zurück zur Sitzgruppe. Die Zeitungen, die dort auslagen, ignorierte er, genauso gut hätten es chinesische Bedienungsanleitungen sein können. Sie überstiegen sein Fassungsvermögen, und so starrte er einfach nur Löcher in die Luft.

Er wusste nicht, wie lange er dort gesessen, wie oft er sich zur Eingangstür umgedreht hatte, die sich immer wieder mit einem kalten Luftzug automatisch öffnete. Doch irgendwann war das vertraute Gesicht seines Freundes aufgetaucht.

Röhrdanz schloss dankbar die Augen. Sofort kamen ihm die Tränen. Er spürte, wie Thomas sich neben ihm niederließ, spürte seine Hand auf der Schulter.

Jetzt war er nicht mehr mutterseelenallein.

5

Es mussten wohl einige Stunden vergangen sein. Röhrdanz hatte seinen dritten oder vierten schwarzen Kaffee aus dem Pappbecher in sich hineingeschlürft, den Thomas ihm vom Automaten geholt hatte – kein Wunder, dass ihm mittlerweile speiübel war. Aber wenigstens war Röhrdanz jetzt hellwach. Der Zustand des Vorsichhindämmerns war vorüber, bestimmt schon zum zehnten Mal schilderte er Thomas, wie sich alles zugetragen hatte.

Auch Thomas' Bemühungen, von vorbeieilenden Ärzten oder Schwestern eine Auskunft über Angelas Zustand zu erhalten, waren allesamt gescheitert. Man hatte seine Fragen kurz und bestimmt abgeblockt. Doch die unsicheren Blicke der Angesprochenen sprachen Bände. In ihren Augen stand die nackte Panik.

Es war eine Katastrophe.

»Mein Gott, wenn sie stirbt! Wenn meine Angela stirbt! Bitte tu mir das nicht an!«

Manchmal schrie er es, manchmal flüsterte er es nur. Er drohte wahnsinnig zu werden. Röhrdanz wiegte seinen Oberkörper hin und her.

»Michael! Du musst die Nerven behalten. Sie stirbt nicht.« Thomas legte seine Hand auf Röhrdanz' Schulter und zwang ihn, mit dem Geschaukel aufzuhören. »Sie ist jung und robust, sie werden ihr helfen, so gut sie können! Wir leben nicht mehr in der Steinzeit, als die Leute an einer kleinen Infektion gestorben sind wie die Fliegen!«

»Es ist etwas ganz Schlimmes, etwas Entsetzliches, schau doch nur, wie sie alle gucken«, wimmerte er.

Röhrdanz verschränkte die Arme vor der Brust und fing wieder an, sich hin und her zu wiegen, wie ein Kind, das vor Angst nicht mehr aus noch ein weiß.

»Reiß dich zusammen, Mann! Was hilft das Angela, wenn du hier durchdrehst?«

»Keiner traut sich, mir etwas zu sagen, Thomas!«

»Da! Es tut sich was!« Sein Freund sprang auf und sah der jungen Ärztin gespannt entgegen, die nun mit besorgtem Gesicht auf die beiden zukam. Sie trug einen grünen OP-Kittel mit V-Ausschnitt, ihre Haube hielt sie zusammengeknüllt in der Hand. Die Haare klebten ihr feucht am Kopf, und an ihrem Hals erkannte man hektische rote Flecken. Sie öffnete den Mund und fragte:

»Wer von Ihnen beiden ist Herr Röhrdanz?«

Thomas zeigte auf ihn, während Röhrdanz vergeblich versuchte, aufzustehen.

Die junge Ärztin ließ sich erschöpft neben ihn fallen.

»Sie müssen jetzt sehr tapfer sein«, stieß sie hervor, und plötzlich mischte sich ein unterdrücktes Schluchzen in ihre Worte.

Röhrdanz hob seine bleischweren Augenlider. Zu seinem Entsetzen sah er, dass ihr Tränen über die Wangen liefen.

Wenn selbst die Ärztin heult, dachte er …

Er versuchte etwas zu sagen, doch außer einem heiseren Krächzen brachte er keinen Laut hervor.

»Sie müssen stark sein, sehr stark! Ihre Frau ist krank, sehr krank!«, wiederholte die junge Ärztin gebetsmühlenartig, so als spräche sie mit einem Kind, das sowieso nichts begreift. Es war fast eine Art Singsang, und Röhrdanz konnte sich des Eindrucks nicht erwehren, dass sie sich damit selbst trösten wollte.

»Ja, aber was hat sie denn, mein Gott noch mal?«, schrie Thomas dazwischen. »Darf er zu ihr?«

»Nein, das geht jetzt nicht, sie wird immer noch operiert.« Die Ärztin zog die Nase hoch und kramte in ihrer Kitteltasche nach einem Taschentuch.

»Wann kann ich sie sehen?«, stieß Röhrdanz schließlich hervor.

»Sie müssen Geduld haben und stark sein, Ihre Frau kämpft um ihr Leben.«

»Aber meine Frau ist schwanger! Das hab ich dem Arzt in Leverkusen schon gesagt!« Röhrdanz hörte, wie seine Stimme von den Wänden widerhallte. »Wir bekommen ein drittes Kind!«

Die junge Frau weinte wieder und schüttelte nur den Kopf.

»Was ist mit dem Baby?«, drängte nun Thomas. »Sie haben doch gehört, was er gesagt hat!«

»Ich muss jetzt wieder rauf. Es dauert noch.« Sie wies mit dem Kopf in eine unbestimmte Richtung, die außerhalb von Röhrdanz' Vorstellungsvermögen lag. Entschlossen sprang sie auf und verschwand wieder in eine bedrohliche Welt aus Tupfern, Zangen, Scheren und Skalpellen, die Röhrdanz nur aus dem Fernsehen kannte.

Dorthin, wo seine Angela, schwanger, neunundzwanzig Jahre alt, lauter Fremden ausgeliefert war! Warum durfte er nicht wenigstens ihre Hand halten?

Röhrdanz blieb mit Thomas und der furchtbaren Ungewissheit zurück. Er verbarg das Gesicht in seinen Händen, damit sein Freund nicht sehen konnte, dass er weinte.

*L*ängst hatte sich die Dämmerung draußen vor den Fenstern in Dunkelheit verwandelt, zäh wie flüssiger Teer lag nun die Nacht vor ihm.

Noch immer hatte er keine Auskunft erhalten, noch immer stand er einfach nur unter Schock.

Thomas hatte Röhrdanz' Schwiegermutter angerufen und darum gebeten, dass die Kleinen bei ihr übernachten konnten.

Oliver war erwartungsgemäß bei der Nachbarin aufgetaucht, die den Wohnungsschlüssel hatte, und saß nun allein vor dem Fernseher. Er wusste nur, dass seine Stiefmutter im Krankenhaus lag und sein Vater bei ihr war.

Helga hatte die Kleinen zu Bett gebracht und wartete ihrerseits höchst angespannt auf einen Anruf ihres Schwiegersohns.

Was sollte Röhrdanz ihr sagen? Dass ihre Tochter seit nunmehr sieben Stunden im OP war? Dass die junge Assistenzärztin geweint hatte, es also etwas unfassbar Schlimmes sein musste? Röhrdanz zog es vor, Helga nicht in das Ausmaß der Katastrophe einzuweihen, bevor er Näheres wusste.

Thomas hatte inzwischen etwas Essbares aus der Kantine besorgt, Röhrdanz konnte sich allerdings nicht erinnern, was es gewesen war. Er bemerkte nur die Plastikbecher und Pappteller, die sich in dem Papierkorb neben dem Sessel türmten, auf dem Thomas versuchte, in einer Zeitschrift zu lesen. Doch das laute Rascheln verriet, dass sein Freund sich auf keinen Artikel konzentrieren konnte. Immer wieder wanderten seine Augen suchend zur Eingangstür des Wartebereiches.

Nach endlosen Stunden tauchte die Assistenzärztin wieder auf.

Sie sah noch mitgenommener aus als am Nachmittag, ihr Gesicht war wächsern und blass.

»Sie sollten nicht länger hier warten«, begann sie stockend.

»Ist sie … tot?« Röhrdanz wusste nicht, ob er oder Thomas diese Frage gestellt hatte.

»Nein, sie hat die OP … überstanden.«

»Überstanden. Was heißt das?«

Die Ärztin zuckte mit den Schultern und wandte sich verlegen ab.

»Dann kann ich sie jetzt sehen?«

»Nein.« Die junge Frau hob den Blick und sah Röhrdanz unsicher in die Augen: »Ihre Frau befindet sich in einem sehr kritischen Zustand …«

»Wo ist der Chirurg, der sie operiert hat?«, unterbrach Thomas sie. »Es muss doch möglich sein, hier endlich mal eine vernünftige Auskunft zu bekommen.«

»Die Kollegen sind alle noch oben.«

»Der Chefarzt aus Leverkusen, dieser Doktor …«

»Professor Leyen ist gerade zu seinem Kongress aufgebrochen. Er hätte heute Nachmittag schon einen Vortrag halten müssen. Den hat er ausfallen lassen.« Sie machte eine Handbewegung wie jemand, dessen Flugzeug gerade ohne ihn abgeflogen ist. »Ich soll Ihnen ausrichten, dass Sie nach Hause gehen sollen.«

»Nach Hause?«, wiederholte Röhrdanz fassungslos. »Ich warte hier seit sieben Stunden, und Sie sagen mir nur, dass ich nach Hause fahren soll?«

»Das ist das Beste für Sie.«

»Ja meinen Sie denn, ich hole mir jetzt ein Bier aus dem Kühlschrank und setze mich in aller Ruhe vor den Fernseher?« Er musste sich sehr beherrschen, nicht zu schreien.

»Sie können hier im Moment nichts für Ihre Frau tun«, flüsterte die Ärztin beschämt.

»Ich will sie sehen!«, beharrte Röhrdanz.

Die junge Ärztin schüttelte den Kopf. Ihre Augen hatten jeden Glanz verloren. »Sie darf keinen Besuch bekommen.«

»Was soll das heißen?«, polterte Thomas los, aber ihr Blick ließ ihn verstummen.

»Hat es was mit der Schwangerschaft zu tun? Ist was mit dem Baby?!«, fragte Röhrdanz, und die Angst um das kleine Wesen legte sich wie eine Klammer um sein Herz.

»Es handelt sich um eine neurologische Erkrankung, die nichts mit der Schwangerschaft zu tun hat.«

»Also wird sie das Baby behalten …?« Röhrdanz' Stimme zitterte bedenklich.

»Sie müssen jetzt an sich denken«, versuchte die Ärztin einen ruhigeren Ton anzuschlagen. »Sie haben doch kleine Kinder. Fahren Sie nach Hause, und schlafen Sie etwas. Bitte.«

Röhrdanz schluckte. »Wann kann ich Angela sehen?«

»Morgen. Kommen Sie morgen früh wieder. Dann werden auch die Ärzte mit Ihnen sprechen.«

»Wird sie es überleben?« Röhrdanz' Stimme flatterte wie ein angeschossener Vogel.

Ein einziges ratloses Kopfschütteln war die Antwort. Die leeren Augen der jungen Frau sagten alles. »Morgen«, wiederholte sie kraftlos, »morgen werden wir mehr wissen. Es tut mir leid, dass ich im Moment nicht mehr für Sie tun kann. Bitte kümmern Sie sich um ihn«, sagte sie zu Thomas. »Lassen Sie ihn nicht mehr Auto fahren, ja?«

Ihr winziges Lächeln wirkte gequält, als sie sich eine Haarsträhne aus dem Gesicht strich und zum Gehen wandte. Die zierliche Gestalt verschwand so geräuschlos, als hätte der Wind sie fortgeweht.

Nachdem die gläserne Tür zum Treppenhaus hinter ihr zugefallen war, ging im Wartebereich das Licht aus.

*H*elgas Schultern zuckten wie unter Elektrostößen, als Röhrdanz um Mitternacht eng umschlungen mit ihr im Hausflur stand. Sie klammerten sich aneinander fest wie zwei Ertrinkende, und keiner war fähig, einen klaren Gedanken zu fassen.

Thomas hatte Röhrdanz im Vorgarten der Schwiegermutter abgesetzt und versprochen, ihn am nächsten Morgen um acht genau hier wieder abzuholen. Dann war er mit heulendem Motor davongedüst. Noch mehr Elend konnte er einfach nicht ertragen.

Helga hatte bereits viel zu früh ihren Mann verloren, und jetzt sollte ihre Tochter Angela plötzlich irgendeine heimtückische Krankheit haben? Von einer Sekunde auf die andere?

Helga hatte fassungslos am Gartenzaun gestanden, angelockt von den aufgeregten Rufen ihrer Nachbarn, und auf ihren reglosen Mann gestarrt. Bis sie das Entsetzliche begreifen konnte, hatte es Wochen, Monate, wenn nicht Jahre gedauert. Und wenn Helga nicht ihre fröhliche Tochter Angela und deren quirligen Nachwuchs um sich gehabt hätte, wäre sie wohl an dem tragischen Verlust ihres Mannes zerbrochen. Die junge fröhliche Familie hatte sie auf andere Gedanken gebracht. Aber jetzt war alle Lebensfreude wie ausgelöscht. Als hätte Gott eine zweite, viel robustere, heller leuchtende Kerze auch noch ausgeblasen.

Ihre junge, strahlende Tochter, dem Tod näher als dem Leben?

Bewegungslos, sprachlos, hilflos?

Es fiel ihr sichtlich schwer, die Worte ihres Schwiegersohns in einen logischen Zusammenhang bringen.

Angela war stark und selbstbewusst. Seit sie mit dem sechzehn Jahre älteren Röhrdanz zusammen war, war sie richtig aufgeblüht. Aus dem schüchternen Mädchen, das sich damals kaum getraut hatte, seinen Eltern den zukünftigen Mann vorzustellen, war eine gestandene Ehefrau und Mutter geworden.

Erst vorgestern hatte Angela sie mit dem Auto besucht, und Helga hatte mit Respekt festgestellt, wie leicht ihrer Tochter all die Handgriffe mit den Kindersitzen, Anschnallgurten und Buggys von der Hand gingen, ja wie liebevoll und unkompliziert sie mit ihren beiden Kleinen umging. An ihrem dreißigsten Geburtstag sollte sie ihr drittes Kind in den Armen halten, so stand es im Protokoll! Doch ein unsichtbarer Regisseur schien das schöne Drehbuch zerrissen zu haben.

Müde schleppte sich Röhrdanz hinter seiner Schwiegermutter in die Küche, sank auf einen Küchenstuhl und griff gedankenlos nach einem liegengelassenen Babyspielzeug.

»Junge, du musst was essen, sonst klappst du mir auch noch zusammen.«

Helga fing an, ihrem Schwiegersohn ein Brot zu machen. Wenn sie irgendeine hausfrauliche Tätigkeit verrichtete, würde sich der Alltag vielleicht wieder einstellen.

Röhrdanz starrte nur auf ihren Rücken. Vor seinem inneren Auge sah er immer wieder Angela vor sich, so fremd und entstellt, als hätte ihr jemand die Seele aus dem Leib gerissen. Still und dämmrig war es in der Küche, Helga hatte das große Licht nicht angemacht. Röhrdanz war dankbar dafür. Mechanisch griff er nach der Tasse Tee, die Helga ihm mit zitternden Fingern servierte. Der Löffel, mit dem er versuchte, Zucker hineinzurühren, klirrte an der Tasse. Er trank in winzigen Schlucken und starrte wie blind ins Leere. Der Tee verbrannte ihm die Zunge, doch der Schmerz war ihm willkommen, er gab ihm das Gefühl, noch am Leben zu sein.

Leise klopfte es an die Tür, aber Röhrdanz blickte kaum auf.

»Was ist denn hier los?« Dagmar stand im hellblauen Schlafanzug in der Küche. Ihre blonden Haare waren vom Schlafen ganz zerzaust, sie schien noch gar nicht richtig wach zu sein.

»Es ist was Schreckliches passiert«, begann Helga, doch ihr versagte die Stimme. »Angela ...«

Dagmar machte ein betretenes Gesicht. »Was ist mit ihr?«

Röhrdanz musste eine Träne wegblinzeln, bevor er antworten konnte: »Deine Schwester ist sehr krank.«

Dagmar kniff die Augen zusammen: »Du weinst ja! Ist es was Schlimmes?«

Sie starrte einen Moment lang zwischen ihrer Mutter und ihrem Schwager hin und her, plötzlich wurde sie blass. »Ist was mit dem Baby?«

»Das wissen wir nicht«, gab Röhrdanz schließlich krächzend von sich. »Sie ist heute operiert worden.«

»Operiert? Woran denn?«

»Vermutlich am Kopf.«

»Am Kopf? Ja wieso denn das?«

»Auch das wissen wir nicht«, flüsterte Röhrdanz kraftlos. »Sie sagen mir einfach nichts ...«

»Ja, und das Baby ...?«

»Selbst das wissen wir nicht ...«, wiederholte Röhrdanz.

Dagmar richtete sich langsam auf. »Ist es so schlimm?«

»Deine Schwester lag wie gelähmt auf einer Bahre und starrte mich ausdruckslos an«, berichtete Röhrdanz tonlos. »Ihr lief der Speichel aus dem Mund, und sie konnte nicht sprechen.«

»Sie hat eine Nervenkrankheit«, ließ Helga sich von der Anrichte her vernehmen. »Vielleicht ist sie gelähmt.« Sie verstummte.

Dagmar traten Tränen in die Augen. »Aber wieso denn? Die war doch gestern noch topfit?!«

Ihr Blick flackerte zwischen Mutter und Schwager hin und her, dann fing sie leise an zu weinen.

Röhrdanz nickte stumm. Was sollte aus den kleinen Kindern werden, die rund um die Uhr versorgt werden mussten und denen auf einmal die Mutter genommen worden war?

Plötzlich wurde es Röhrdanz abwechselnd heiß und kalt. Er begriff, dass er auf seine Schwiegermutter und seine junge Schwägerin angewiesen war.

6

»Herr Röhrdanz?«

»Ja. Das bin ich.«

»Warten Sie schon lange?«

»Ja.«

»Es tut mir leid, aber unser Chefarzt ist heute nicht im Haus.«

Die Sekretärin der Neurologischen Abteilung hatte eine Tasse Kaffee in der Hand, als sie mit klappernden Schritten auf ihn zueilte. Umständlich schloss sie ihre Bürotür auf, wobei sie fast den Kaffee verschüttete. Sie trug eine weiße Bluse, einen grauen Rock und ziemlich hochhackige schwarze Pumps.

»Und morgen auch nicht, und übermorgen auch nicht, und dann ist Wochenende.«

Ihre Stimme klang so beiläufig, als würde die Frau über Tennisstunden reden.

Röhrdanz erstarrte. Vor seinen Augen begann sich alles zu drehen.

»Ja, aber er sollte mir doch heute alles erklären.« Seine Stimme erstickte. »Dieser Professor Leyen war als Einziger nett zu mir und hat richtig mit mir geredet!«

»Unser Chef ist leider zusammen mit Professor Leyen auf einem mehrtägigen Kongress.« Die Sekretärin stellte die Kaffeetasse auf ihren Schreibtisch und machte keinerlei Anstalten, Röhrdanz in ihr Reich zu bitten. »Wegen Ihrer Frau haben beide ihre Vorträge verpasst. Die müssen sie heute oder morgen nachholen.« Ihr Tonfall hatte etwas Vorwurfsvolles, so als wäre Angela mit Absicht krank geworden, nur um die Professoren von ihrem Kongress abzuhalten.

Röhrdanz war fassungslos.

»Warten Sie bitte draußen«, sagte die Sekretärin, während sie ein paar Unterlagen auf dem Schreibtisch umsortierte. »Ich versuche den diensthabenden Oberarzt zu erwischen.«

Ihr Gesichtsausdruck machte Röhrdanz unmissverständlich klar, dass er für sie nichts weiter war als ein lästiges Insekt.

Sie griff zum Telefon, wählte eine Nummer und kickte die Tür mit dem Fuß zu.

Röhrdanz stand wieder allein im Wartebereich. Thomas hatte ihn hergefahren, war dann aber wieder verschwunden, als er merkte, dass sich nichts tat. Thomas musste schließlich zur Arbeit, wie Röhrdanz eigentlich auch. Aber die Firma schien auf einem anderen Planeten zu sein.

Röhrdanz wartete. Die Beine waren wie Pudding. Er griff nach dem Garderobenständer, um irgendwo Halt zu finden. Der Garderobenständer schwankte bedenklich. Ein vergessener Hut fiel zu Boden.

Röhrdanz musste sich setzen.

»Ich begreife das nicht«, murmelte er fassungslos. »Ist denn hier kein Mensch zuständig?«

Das penetrante Ticken der Uhr war das einzige Geräusch, das ihm antwortete.

Röhrdanz betete. Lieber Gott, bitte lass diesen Albtraum vorübergehen. Bitte lass meine Angela gleich froh und munter vor mir sitzen und sagen: »Ich hab gestern nur ein bisschen geschwächelt. Sie päppeln mich hier wieder auf. Ich fühle mich schon viel besser. Morgen darf ich heim.«

Die Tür des Sekretariats wurde abrupt wieder aufgerissen.

»Sie haben Glück.« Die Sekretärin nahm einen Schluck Kaffee und hinterließ einen dunkelroten Lippenstiftabdruck auf ihrer Kaffeetasse.

»Wie bitte? Ich habe Glück?!« Röhrdanz sprang so heftig auf, dass der Stuhl hinter ihm fast umkippte. Seine Nervosität war kaum noch zu steigern. Sollte sein Gebet erhört worden sein?

»Ja. Der diensthabende Oberarzt ist schon im Haus. Er dürfte jeden Moment bei Ihnen sein.«

Röhrdanz spürte, wie sein Herz hämmerte. Er schloss die Augen und zwang sich, ganz tief ein- und auszuatmen.

Jetzt. Endlich würde jemand mit ihm sprechen. Endlich würde er Auskunft über Angelas Zustand bekommen.

Auf dem Flur hörte er polternde Schritte, die Tür wurde aufgerissen.

Ein schlanker Mann, noch im Mantel und mit einer ledernen braunen Arzttasche bewaffnet, kam herein.

»Sind Sie der Ehemann der Komapatientin?«

O Gott. Koma. Also doch. Röhrdanz durchfuhr es eiskalt. Seine Antwort war mehr ein Wimmern als ein Ja.

»Kommen Sie.« Der diensthabende Oberarzt streckte die Hand aus und zog Röhrdanz, der völlig überfordert und verwirrt hinter ihm her taumelte, in sein Sprechzimmer.

»Setzen Sie sich«, forderte der Oberarzt Röhrdanz auf. »Das, was ich Ihnen jetzt sage, ist nämlich ziemlich starker Tobak.«

Er zog sich seufzend den Mantel aus, beugte sich zur Sprechanlage hinunter und schnaubte: »Mach mir mal einen starken Kaffee! Wollen Sie auch einen?«

»Nein …«

»Mach gleich zwei!« Der Arzt richtete sich wieder auf. »Sie sehen auch so aus, als könnten Sie gut einen gebrauchen.«

Röhrdanz schüttelte heftig den Kopf »Ich bin doch nicht zum Kaffeetrinken hier! Ich will endlich zu meiner Frau!«

»Das können Sie fürs Erste vergessen.« Der Oberarzt setzte sich in seinen Ledersessel. »Ich heiße Dr. Hiller und bin der leitende Oberarzt der Neurologischen Intensivstation.«

»Ich will zu meiner Frau.«

»Die Sache ist die …« Dr. Hiller beugte sich vor, und seine Finger trommelten ungeduldig auf die Schreibtischplatte, während er wie mit einem begriffsstutzigen Kind sprach: »Ihre Frau ist nicht mehr unter uns. Sie ist zwar noch am Leben, bekommt aber höchstwahrscheinlich nichts mehr mit. Sie hängt an Schläuchen und wird künstlich beatmet, wir werden sie auch über kurz oder lang künstlich ernähren müssen, und zwar durch die Nase. Kein schöner Anblick, das können Sie mir glauben.«

Röhrdanz fühlte sein Herz unter der Zunge schlagen. Er war sich nicht sicher, ob er überhaupt die Worte formen konnte, die er sagen wollte: »Was hat sie denn genau?«

Der Oberarzt seufzte, als wäre Röhrdanz verantwortlich für den Schlamassel, in den er nun hineingeraten war. »Wenn das so einfach zu erklären wäre.«

Die Sekretärin reichte nach kurzem Anklopfen zwei Tassen Kaffee herein und unterbrach die gespannte Stille durch mehrmaliges Fragen: »Zucker, Herr Röhrdanz? – Milch? – Nehmen Sie ihn ganz schwarz? Nein? Überhaupt keinen Kaffee? Um diese frühe Morgenstunde? Was dann? Vielleicht Tee? Beruhigungstee hätten wir unten in der Teeküche, den kann ich bestellen, wenn die Schwestern Zeit haben ...«

Bitte gehen Sie einfach raus, dachte Röhrdanz, war aber zu höflich, um es auszusprechen.

Als sie endlich wieder verschwunden war, hinterließ sie einen penetranten Maiglöckchenduft, der Röhrdanz schon im Wartebereich in die Nase gestiegen war.

»Was hat meine Frau?« Starr sah Röhrdanz den selbstherrlichen Kerl an, für den er nichts als Abscheu empfand.

»Also wir Mediziner sind da auch erst mal ratlos«, sagte der Oberarzt schließlich, nachdem er ein paarmal an seiner Krawatte gezerrt hatte. »Solche Fälle haben wir nämlich auf der Neurologie äußerst selten.« Er räusperte sich. »Besser gesagt: So etwas Interessantes hatten wir hier überhaupt noch nie.«

Röhrdanz starrte den Mann sprachlos an. War der etwa stolz darauf, dass er hier medizinisch gesehen einen seltenen Fisch an der Angel hatte?

»Ihre Frau … wie soll ich Ihnen das erklären, Sie sind ja völlig überfordert mit der ganzen Situation.« Der Mann knetete seine Finger und ließ sie einzeln knacken. »Ihre Frau hatte einen Schlaganfall. Kennen Sie ja, das Wort. Einen Gehirnschlag oder …«, er spitzte die Lippen, um das schwierige Wort genüsslich auszusprechen, »… Hirninfarkt.«

»Ja, aber … warum? Wodurch?« Röhrdanz' Haut war grau wie Pergament, das Herz schlug ihm bis zum Hals.

»Das kann man nicht sagen. Das passiert ganz plötzlich. Und bei Ihrer Frau …« Er schaute hilfesuchend in seine Unterlagen.

»Angela«, stieß Röhrdanz hervor.

»Genau. Angela. Die ist ja noch so jung … noch keine dreißig, das ist wirklich tragisch …« Der Oberarzt sah Röhrdanz bedauernd an und presste die Lippen zusammen. »Bei Ihrer Angela hat dieser Infarkt besonders heftig zugeschlagen. So was kann kein Mensch überleben. Noch nicht mal ein Elefant.« Er zog die Schultern hoch, nahm hastig einen Schluck Kaffee und beendete seinen Satz mit: »So leid es mir tut.«

»Was heißt das? Wird sie …«

Erneutes Kaffeetrinken. Das Wort »sterben« ging in einem Schlürfen und Schlucken unter: »Ja. Höchstwahrscheinlich schon.«

»Aber wir brauchen sie doch! Wir haben zwei Kinder und erwarten gerade das dritte!«

Dr. Hiller räusperte sich. »Seien Sie ein Mann. Sehen Sie den Tatsachen ins Auge.« Die stahlgrauen Augen des Mannes bohrten sich in Röhrdanz' Seele: »Sie wird sterben. Bald.« Wieder ein geräuschvoller Schluck Kaffee. Das Klirren der Tasse hallte in Röhrdanz' Ohren wider, als hätte jemand eine Fensterscheibe eingeworfen. Der Arzt schluckte. »Und das ist auch besser so. Auch für Ihre Kinder.« Er schnäuzte sich umständlich in ein Taschentuch. »Letztendlich. Ich meine, langfristig gesehen. Eine Mutter, die jahrelang im Koma liegt, bevor sie stirbt, nützt den Kindern nichts. Machen Sie dem Elend ein Ende. Je eher, desto besser.«

Röhrdanz starrte ihn an und wusste nicht, wo er den Schmerz lokalisieren sollte, der ihn fast auffraß.

»Aber sie ist schwanger«, stammelte er, als ob das auch nur das Geringste an der Aussage des Arztes ändern würde.

Dr. Hiller schob seine Tasse mit dem Ellbogen beiseite, fixierte Röhrdanz mit zusammengekniffenen Augen und sagte: »Sie haben mich wohl nicht richtig verstanden: Ihre Frau wird die nächsten zwei Wochen aller Wahrscheinlichkeit nach nicht überleben! Und der Embryo folgerichtig auch nicht!«

Eine neue Welle der Verzweiflung überrollte Röhrdanz. Er versuchte, die Worte zu begreifen – vergeblich. »Aber es … ist noch drin, ja? Ich meine, es ist noch nicht tot?!«

»Wenn Sie so wollen. Es ist NOCH nicht tot. Erstaunlicherweise hat dieses zähe kleine Wesen die achtstündige Operation überlebt. Aber was heißt hier leben. Wenn die Mutter stirbt, stirbt das Kind mit ihr. So ist das in der Natur.«

Röhrdanz fühlte sich von einer Riesenlast zu Boden gedrückt. »Ich will Ihren Chefarzt sprechen!« Vergeblich versuchte er aufzustehen, doch es gelang ihm nicht.

»Guter Mann, ich glaube Ihnen gerne, dass Sie unter Schock stehen, aber erstens ist der Chefarzt auf einem Kongress, und zweitens ist der Chefarzt nicht Gott. Er würde Ihnen an dieser Stelle genau dasselbe sagen.«

Nein, dachte Röhrdanz. Das würde er nicht. Er würde nicht so zynisch und grausam mit mir reden. Er würde mich zu Angela lassen und nicht über das Baby sprechen wie über einen halb zertretenen Wurm.

»Ich will zu meiner Frau.«

»Bitte sehr.« Der Oberarzt schien fast persönlich beleidigt zu sein ob dieser Forderung. »Schauen Sie sich in Ruhe alles an. Und danach reden wir weiter.«

*M*it wackeligen Knien betrat Röhrdanz die Intensivstation. Eine mitleidig blickende Schwester namens Gisela führte ihn in einen kleinen Vorraum, zeigte ihm das Fach mit den sterilen grünen Kitteln und half ihm dabei, sich umzuziehen. Er war so fahrig, dass er es nicht schaffte, den Mundschutz am Hinterkopf zusammenzubinden. Die Schwester schien mit geschockten Angehörigen Erfahrung zu haben, sie redete freundlich auf ihn ein, als wäre er ein Kind, das seine Eltern verloren hat.

Nach dem Anlegen von grünen Füßlingen und dem Desinfizieren der Hände kam Röhrdanz sich vor wie eine verkleidete Marionette. Willenlos schlurfte er hinter Schwester Gisela her, die eine Zahlenkombination eingab und eine weitere schwere Tür öffnete.

Ein merkwürdig süßlich-scharfer Geruch nach Blut und Desinfektionsmitteln stieg ihm in die Nase. Zu hören war nur das dumpfe Ächzen der Beatmungsmaschinen hinter den einzelnen Vorhängen. Überall kämpften Schwerkranke um ihr Leben. Er erhaschte einen Blick auf einen alten, eingefallenen Mann. Diese Maschine würde morgen sicher nicht mehr pumpen. Hinter einem anderen Vorhang, der nur zur Hälfte zugezogen war, lag ein kleines Mädchen, leblos und wachsbleich. An ihrem Bett saßen die Eltern, in grünen Kitteln, mit Mundschutz wie er. In ihren Augen stand stumme Verzweiflung. Mit flackerndem Blick versuchte Röhrdanz die neuen Eindrücke aufzunehmen. Die Schwester schob ihn fast liebevoll in Richtung des hintersten Krankenzimmers.

»Das wird ein schlimmer Anblick für Sie sein.«

Röhrdanz nickte stumm. Automatisch tastete er nach der Hand der Schwester und fühlte dankbar, wie sie ihn tröstend berührte.

»Seien Sie tapfer.«

Der Vorhang wurde beiseitegeschoben.

Da lag sie. Seine Angela. Mit verzerrtem Gesicht, der ganze Körper verkrampft. Überall Schläuche und Maschinen, die unheimliche Geräusche von sich gaben. Augen und Mund waren weit aufgerissen, der Kopf bandagiert.

»Hallo, Angela!« Röhrdanz schluckte schwer. »Ich bin bei dir! Ich bin hier!«

Ihr Blick war starr an die Decke gerichtet. Die nackte

Panik stand darin. So als hätte jemand bei einem Horrorfilm die Pause-Taste gedrückt. Alles in ihm schrie nach »Play!«

»Kannst du mich hören, Angela?«, flüsterte er fragend.

Mit zitternden Fingern strich Röhrdanz ihr über die Wange.

Jemand kam von hinten mit einem dünnen Schlauch und saugte Schleim aus ihrem Rachen ab. Ein widerliches Geräusch wie beim Zahnarzt.

»Sie würde sonst ersticken«, sagte die Person. »Wir machen das alle zwei Minuten, damit ihr kein Schleim in die Luftröhre läuft.«

»Aha«, hörte Röhrdanz sich selbst antworten. Sie würde ersticken? An ihrer eigenen Spucke? Wie furchtbar!

Angela reagierte nicht. Ihr Mund stand so weit offen, dass er ihr Gaumenzäpfchen sehen konnte.

Röhrdanz versuchte, sich seine Panik nicht anmerken zu lassen. Er erinnerte sich, wie er als Kind versucht hatte, einen halbtoten Schmetterling zu retten. Flieg doch wieder, Schmetterling. Flieg doch weiter! Er sah seine Tränen, mit denen er den Schmetterling endgültig ertränkt hatte. Sofort riss er sich zusammen. Er wandte den Kopf ab und zog ein Papiertuch aus dem Spender, der neben dem Bett hing. Verlegen und beschämt wischte er sich die Augen.

»Ich heule nicht, Angela. Ich hab mich nur erschrocken. Entschuldigung.«

Schweigen. Das Sauerstoffgerät zischte heimtückisch.

Ein Ungeheuer, das seine Angela zu verschlingen drohte.

»Wir kriegen das wieder hin.« Röhrdanz fixierte seine Frau fest entschlossen. »Du kannst dich gar nicht bewegen, was?«

Angelas blaue Augen sahen weiterhin starr an die Decke. Lacht doch wieder, ihr blauen Augen. Flieg doch wieder, kleiner Schmetterling! »Kannst du mich hören, Angela?«

Keine Antwort. Natürlich..

»Du, was ich dir sagen wollte …« Röhrdanz räusperte sich erneut. »Dem Baby in deinem Bauch geht es gut.« Er wischte sich über die Stirn, weil ein Schweißtropfen daran herunterperlte. »Ja. Das ist doch mal eine gute Nachricht, was?«

Aus Angelas rechtem Auge löste sich eine Träne. Sie rann die Wange hinab und versickerte in dem weißen Verband, der um ihren Kopf geschlungen war.

Röhrdanz starrte fasziniert darauf, sein Herz begann wieder zu rasen. »Du kannst mich hören, Liebes … du verstehst mich. Du bist bei mir!«

Eine zweite Träne suchte sich ihren Weg in den Mull.

»He! Nicht weinen! Wird ja alles gut …« Röhrdanz tupfte ihr mit unendlicher Vorsicht die Wange ab.

»Herr Röhrdanz, ich glaube, fürs Erste ist es genug …« Schwester Gisela war fast lautlos hinter dem Vorhang erschienen und nahm ihn sanft am Arm. »Ihre Frau muss sich ausruhen.«

Schon wieder erschien die Person mit dem dünnen Schlauch, saugte Schleim aus Angelas Mund.

»Sie hört mich!«

»Ausschließen kann man das nie …« Schwester Giselas Stimme war sanft und tröstlich.

»Ja, aber … Dann ist sie doch … Ich meine, dann wird sie doch …«

»Pssst, Herr Röhrdanz. Ihre Frau braucht Ruhe!«

»Nein. Meine Frau braucht MICH!«

»Bitte, nicht vor der Patientin!«

Die Schwester zog ihn mit sanfter Gewalt aus dem winzigen Raum. »Nehmen Sie doch Rücksicht! Bitte, Herr Röhrdanz. Gönnen Sie ihr Ruhe.«

»Aber sie hört mich! Sie ist am Leben! Sie braucht mich …«

Röhrdanz wurde weitergezogen. Am Ende des langen Ganges standen ein paar Stühle.

»Setzen Sie sich. Sie sind ja ganz durcheinander …« Schwester Gisela reichte ihm ein Glas Wasser, das er mechanisch trank.

»Sie hört mich.«

»Darüber gehen die Meinungen auseinander.«

»Sie ist noch lange nicht tot!«, sagte er schroff und umklammerte das Glas so fest, dass es beinahe zersprang.

»Sie wird zurzeit künstlich am Leben erhalten«, sagte die Schwester höflich.« Zeigte sie eine Spur von Mitgefühl? Oder war das hier alles nur Routine?

Röhrdanz starrte sie an. »Schwester Gisela. Bitte. Helfen Sie mir. Ist das gut für sie? Ich meine, tut ihr das weh?«

»Das müssen Sie mit dem Oberarzt besprechen.«

»Aber der Mann ist … ein Unmensch!«, flüsterte

Röhrdanz aufgebracht, und Schwester Gisela wurde rot. Ihre Lippen zuckten unmerklich.

»Sagen Sie es mir!«, drängte Röhrdanz. »Leidet sie?«

Die Schwester senkte den Blick. »Ich darf Ihnen solche Fragen nicht beantworten. Ich kann es auch gar nicht. Meine Aufgabe besteht darin, die Maschinen zu überwachen. Die Menschen hier auf der Intensivstation schweben alle zwischen Leben und Tod.« Sie wies mit dem Kinn zum Vorhang, hinter dem das kleine Mädchen mit dem Tod kämpfte: »Und für manche ist es besser, wenn man sie gehen lässt.«

7

»*Eines mit Wurst und eines* mit Käse. So wie es die kleine Prinzessin wünscht.«

Röhrdanz saß mit den Kleinen am Küchentisch, in seiner Vierzimmerwohnung im dritten Stock. Draußen heulte der Herbstwind und rüttelte an den Altbaufensterscheiben. Das nasse braune Blatt einer Kastanie blieb kurz am Fenster kleben, wie eine Hand, die noch ein letztes Mal Lebewohl sagen will, bevor sie von der nächsten Sturmbö weggerissen wird.

»Wann kommt Mama?«, fragte Denise. Sie drückte mit ihren Händchen auf das Butterbrot, das Röhrdanz irgendwie für sie geschmiert haben musste. Er erinnerte sich nicht daran. Philip saß in seinem Kinderhochstuhl und versuchte, nach dem Brot zu greifen.

»Ich will, dass Mama mir ein Butterbrot macht!«

»Mama kommt bald wieder«, sagte Röhrdanz mechanisch. Die Milch auf dem Herd stieg blubbernd über den Topfrand, es zischte auf der Herdplatte.

»Bäh. Das stinkt«, sagte Denise. »Mama soll das machen.«

»Mama ist verreist«, sagte Röhrdanz, fuhr mit einem Küchenlappen über die Herdplatte und riss die Hand weg, weil er sich verbrannt hatte.

»Scheiße«, entfuhr es ihm.

»Sagt man nicht«, belehrte ihn Denise und ließ kokett die Beine baumeln.

»Stimmt. Sagt man nicht. Nur manchmal.«

Mit zitternden Händen goss er die kochend heiße Milch in einen tiefen Teller, in dem ein Klumpen Brei zu dampfen begann.

»Wann, manchmal?«

»Wenn es wirklich Scheiße ist. Dann.«

»Scheiße, Scheiße, Scheiße«, sagte Denise genüsslich. Sie bohrte mit den Fingern Löcher in das Butterbrot. »Das Butterbrot ist scheiße.«

Das Baby gluckste und zappelte.

»Ich kann das halt nicht so gut wie Mama.« Röhrdanz verrührte den klumpigen Brei, so gut er konnte. Er benutzte eine Gabel, weil er keine Ahnung hatte, was man dafür sonst verwendet.

»Du musst den Schneebesen nehmen«, sagte Denise.

»Oh. Und wo ist der Schneebesen?«

»In der Schublade.«

»Aha. Und in welcher Schublade?«

»Das sage ich dir nicht.« Denise spielte weiterhin provokativ mit dem Butterbrot. Sie sah ihren Vater prüfend an, in ihrem trotzigen Gesicht spiegelte sich Neugier. Wann würde er wohl reagieren und ihr Grenzen setzen? »Rate mal!«

»In dieser vielleicht?«, ging Röhrdanz mit äußerster Selbstbeherrschung auf das Spiel der fast Vierjährigen ein.

»Nein. Kalt.«

Röhrdanz zog die nächste Schublade auf. »In dieser?«

»Du darfst sie nicht aufmachen! Du musst raten!«

Währenddessen hatte das einjährige Baby eine Brotkruste zu fassen gekriegt. Quietschend versuchte Philip, sie sich in den hungrigen Mund zu schieben.

»Warte, Philip, dein Brei ist gleich fertig.«

»Rate!«, forderte ihn Denise auf. Die ungeteilte Aufmerksamkeit ihres Vaters wollte sie so schnell nicht hergeben. Die Kleine spürte genau, dass dieser sich in einem Ausnahmezustand befand. Und mit weiblichem Instinkt versuchte sie, das für sich auszunutzen.

Röhrdanz nahm dem Baby die Brotkruste aus der Hand. »Das schaffst du noch nicht. Du hast ja noch keine Zähne.«

»Hat er wohl!«

»Aber noch keine für so eine Kruste!«

Philip begann wütend zu kreischen. Tränen und Rotz quollen ihm aus Augen und Nase. Röhrdanz eilte mit dem Breiteller herbei und setzte sich zu dem brüllenden Kerl. Erschöpft schob er dem Kleinen sofort einen Löffel in den weit aufgerissenen Mund und verbrannte Philip mit dem kochend heißen Brei das Mäulchen.

Er spuckte, rang nach Luft, lief dunkelrot an und brüllte umso lauter. Tränen der Wut und des Schmerzes schossen ihm aus den Augen.

»Oh, Scheiße!« Röhrdanz riss den Teller weg, die Hälfte des Breis landete auf dem Küchentisch.

»Verdammt!«

»Sagt man nicht!«, triumphierte Denise.

Philips Brüllen wurde verzweifelter.

»Musst du erst rühren. Mit dem Schneebesen.«

»Und wo ist der?«

»Du sollst raten!«

Von unten klopften bereits die Nachbarn an die Decke.

Röhrdanz fuhr sich verzweifelt durch die Haare.

»Angela«, stöhnte er leise. »Ich schaff das nicht!«

Denise kletterte plötzlich von ihrem Stuhl, lief zielstrebig zur Schublade rechts neben der Spüle, angelte den Schneebesen heraus und rührte ebenso hilfsbereit wie ungeschickt in dem Brei herum.

»Da. Ist doch ganz einfach.«

Sie schob sich dicht neben ihren schreienden kleinen Bruder, drückte ihm kindlich grob einen Löffel Brei in den Mund, und plötzlich war Philip still.

Das Klopfen der Nachbarn verstummte. Auf einmal war es so still in der Küche, dass sich Röhrdanz wie erlöst fühlte. Nur der Sturm heulte noch, aber kein Blatt blieb mehr am Küchenfenster kleben.

Röhrdanz blinzelte verlegen eine Träne weg, während er die Schweinerei auf dem Tisch beseitigte. »Tut mir leid. Ich wollte nicht Scheiße sagen. Und dir wollte ich auch nicht wehtun, Kleiner.« Er strich seinem Söhnchen verlegen über den Kopf. »Der Papa ist halt noch nicht so geübt im Haushalt.«

»Wohin ist die Mama verreist?«, fragte Denise plötzlich und streichelte zärtlich die unrasierte Stoppelwange ihres Vaters.

Röhrdanz setzte sich, den triefenden Lappen in der Hand.

»Ins Land der Träume«, sagte er schließlich. Der zweiten Träne konnte er nicht mehr Herr werden. Sie tropfte aus rot umrandeten, völlig übermüdeten Augen in den Küchenlappen.

»Hat sie das Baby im Bauch mitgenommen?«

»Hm-hm.« Röhrdanz nickte stumm. Ein Schluchzer schüttelte ihn. »Aber das schläft auch nur. Babys müssen ja viel schlafen.«

»Warum heulst du dann, Papa? Wenn sie nur schläft?«

»Vielleicht schläft sie ziemlich lange.« Röhrdanz sah seine aufgeweckte Dreijährige prüfend an. »Ich will gar nicht weinen, Denise. Aber wir müssen zusammenhalten, ja? Du musst mir hier mit dem Baby helfen.«

»Wo schläft sie denn? Im Bett ist sie nicht.«

»In einem Schlafparadies. Da passen Ärzte und Schwestern auf, dass sie nicht gestört wird.«

»Sie kann doch hier schlafen. Ich bin auch ganz leise, und Philip auch …« Denise legte den Finger auf den Mund ihres kleinen Bruders.

»Nein, Denise. Sie schläft noch viel tiefer. Und viel länger.« Röhrdanz blinzelte erneut eine Träne weg und sah hilfesuchend an die Decke.

»So lange wie Dornröschen?« Denise stopfte nun ganz fasziniert ein Stück ihres malträtierten Brots in den Mund. Sie schien ihr grausames Spiel von eben vergessen zu haben.

»Kann schon sein.«

»Hundert Jahre?« Das Stimmchen von Denise war dünn und hoch geworden.

Röhrdanz biss sich auf die Unterlippe. »Vielleicht nicht ganz so lange …«

»Aber bis zu meinem Geburtstag?«

Röhrdanz zwang sich, stark zu bleiben. »Ach, stimmt, da hat ja bald jemand Geburtstag. Was wünschst du dir denn?«

»Das Barbie-Puppenhaus. Mit Barbie und Ken.«

»Hm«, meinte Röhrdanz. »Da muss ich die Mama fra…« Er verstummte.

»Das hab ich mit Mama im Werbefernsehen gesehen.« Denise schenkte ihrem Vater ein zuckersüßes Lächeln. Ihre Milchzähnchen strahlten.

»Na, dann muss ich wohl auch mal Werbefernsehen schauen. Damit ich weiß, welches du meinst.«

»Und dann musst du die Mama wachküssen.« Denise sah ihren Vater erwartungsvoll an.

»Mach ich. Ich gebe mir alle Mühe.«

Das Baby bediente sich inzwischen selbst, sein ganzes Gesicht war breiverschmiert. Selbst in den Augenbrauen hing das Zeug, aber wenigstens war der Kleine ruhig.

»Da hast du recht«, sagte Röhrdanz, als wäre ihm plötzlich etwas aufgegangen. »Ich muss sie bald wachküssen.« Er beugte sich zu seinem Töchterchen hinüber und gab ihr einen zärtlichen Kuss auf die Wange. »Du bist schlau, weißt du das?«

»Aber erst Zähne putzen«, sagte Denise. »Sonst will die Mama lieber weiterschlafen. Kannst du mir glauben.«

»So, Herr Röhrdanz. Ich werde Ihnen jetzt mal in aller Ruhe erklären, was mit Ihrer Frau los ist. Nur, damit Sie sich keine falschen Hoffnungen machen.«

Der Oberarzt zog Röhrdanz von Angela weg. Seit Stunden hatte er an ihrem Bett gesessen und leise auf sie eingeredet. Er hatte ihr von den Kindern erzählt, von Denises viertem Geburtstag, der in sechs Tagen bevorstand, dass er ihr das Puppenhaus gekauft hatte, das sie sich so sehnlich wünschte.

»Ich wusste nicht, ob ich nicht doch lieber das aus Holz nehmen soll. Das ist ja pädagogisch wertvoller. Aber sie will unbedingt dieses Plastikzeug.«

Röhrdanz hatte natürlich keine Antwort erhalten, nur das Beatmungsgerät war zu hören.

»Du musst wieder zu uns zurückkommen, Angela. Die Kleine braucht dich. Philip ist bei deiner Mutter. Seit ich versucht habe, ihm die Windeln zu wechseln, und er mir dabei auf meine Bürokrawatte gepinkelt hat, halte ich das für die bessere Idee. Helga macht das gern. Sie hat den alten Laufstall von dir und Dagmar vom Dachboden geholt …«

»Herr Röhrdanz. Was Sie da tun, hat keinen Zweck.«

Röhrdanz versuchte, sich nicht anmerken zu lassen, dass er jeden Moment die Fassung verlieren würde.

»Aber wieso, sie kann mich doch hören«, flüsterte er, denn seine Frau lag ja nur durch einen Vorhang getrennt nebenan.

»Wenn, dann höchstens rein akustisch. Aber den Sinn Ihrer Worte bekommt sie bestimmt nicht mit.« Der Arzt gab sich nicht die geringste Mühe, seine Stimme zu senken.

»Das sehe ich anders. Die versteht alles, sie weint, wenn ich von den Kindern spreche.«

Dr. Hiller sah ihm nicht die Augen. »Guter Mann, Sie überschätzen Ihre Frau. Ihr Gehirn hat massive Schäden erlitten. Sie nimmt Sie nicht mehr als ihren Ehemann wahr. Noch nicht mal mehr als bekannte Stimme. Allenfalls als Geräusch.«

Alle möglichen Gedanken gingen Röhrdanz durch den Kopf. Angela, nichts weiter als eine leere Hülle?

Alles Leben, alles Lachen, alle Liebe sollte für immer aus ihrem Herzen verschwunden sein?

Röhrdanz suchte Halt an der Fensterbank, sonst wäre er umgekippt.

»Meinen Sie, ich lasse sie einfach so da liegen? Sie braucht mich jetzt, und ich rede mit ihr, so viel ich will.« Sein Ton war schärfer als beabsichtigt.

»Es scheint mir eher umgekehrt zu sein, mein Lieber. Sie brauchen Ihre Frau. Und das ist ja auch verständlich, bei den kleinen Kindern zu Hause.«

»Nein. Angela braucht mich. Ich erzähle ihr alles, damit sie die Kraft findet, wieder aufzuwachen.« Flehend blickte Röhrdanz den Oberarzt an. Wenigstens das musste er ihm doch gestatten!

»Es ist aber besser für sie, wenn sie nicht mehr aufwacht. Sie würde schwerstbehindert sein. Ihr Erinnerungsvermögen ist dahin. Selbst wenn sie wieder aufwachen würde, wären Sie für sie ein völlig Fremder.«

»Das glaube ich nicht«, stammelte Röhrdanz unter Tränen. »Wir sind füreinander bestimmt. Wir haben uns gesucht und gefunden.«

Er verstummte, suchte nach seinem Taschentuch, schnäuzte sich hinein.

Schwester Gisela kam hinter einem der Vorhänge hervor und drückte Röhrdanz nur stumm die Hand.

Röhrdanz konnte die Gedankenblasen, die zwischen ihnen hin und her schwebten, förmlich sehen. Dann verschwand sie hinter ihrem Tresen und füllte irgendwelche Listen aus.

»Sie sollten mir aber glauben. Schon in Ihrem eigenen Interesse. Ich sehe ja, was für naive Vorstellungen Sie sich hier machen. Sie hocken stundenlang an ihrem Bett und reden auf die arme Frau ein«, sagte der Arzt.

»Ja! Damit sie sich erinnert und zurückkommt!«

»Vergessen Sie's! Das ist verlorene Liebesmüh!«

»Sie muss doch unser Kind zur Welt bringen!«

»Das können Sie sich erst recht aus dem Kopf schlagen! Das Kind stirbt mit Ihrer Frau! Was muss ich noch tun, damit Sie mir endlich glauben?« Der Oberarzt setzte sich nun mit einer Pobacke auf die Fensterbank. »So gut wie kein Patient, der länger als vierundzwanzig Stunden im Wachkoma liegt«, er zeichnete Gänsefüßchen in die Luft, »kehrt wieder zurück. Und die Vorstellung, Ihre Frau könnte in diesem Zustand noch ein Kind zur Welt bringen, ist geradezu absurd.« Er sah kopfschüttelnd aus dem Fenster. »Ausgeschlossen. Ganz ausgeschlossen.«

Schwester Gisela schaute zu ihm herüber, widmete sich dann aber wieder ihren Listen.

»Sprechen Sie bitte etwas leiser! Sie kann uns doch hören!«, flehte Röhrdanz.

»Sie dämmert vor sich hin, wir haben ihr die höchste Dosis Valium gegeben, die wir verantworten können.

Denn noch ist sie ja tatsächlich schwanger«, belehrte ihn der Arzt, ohne auch nur ein bisschen die Stimme zu senken. »Was ja eigentlich schon ein Wunder ist.«

Schwester Gisela huschte an ihnen vorbei, um nach Angela zu sehen. Der Blick, den sie dem Oberarzt dabei zuwarf, enthielt nichts als Abscheu.

»Ich werde die Bild-Zeitung anrufen«, sagte Röhrdanz plötzlich. Sein Herz hämmerte, aber er versuchte, ruhig zu bleiben.

»Sie werden … was?!«

»Vielleicht helfen die mir, einen Arzt zu finden, der Angela heilen kann.«

Der Oberarzt sprang beleidigt auf. »Sie sind wohl nicht ganz bei Trost!«, polterte er los. »Jetzt hängen Sie das Ganze auch noch an die große Glocke! Wollen Sie damit berühmt werden, oder was? Wollen Sie die Journalisten vielleicht noch ans Krankenbett Ihrer Frau bitten? Sollen die alle noch ein schönes Foto von ihr machen? Dann ist sie morgen auf dem Titelblatt!« Seine Stimme triefte nur so vor Sarkasmus.

Röhrdanz schoss die Schamesröte ins Gesicht. Ihm blieb die Luft weg. »Quatsch, Mann!«, entfuhr es ihm zutiefst verletzt. »Ich will nur einen Arzt finden, der Angela wenigstens eine Chance gibt!« Aufgebracht und wütend, wie er war, vergaß er selbst zu flüstern.

»Was sind Sie nur für ein Idiot!« Der Oberarzt wischte sich mit dem Kittelärmel den Schweiß von der Stirn. »Jetzt will ich Ihnen mal was sagen. Wenn Sie auf der ganzen weiten Welt«, er bohrte Röhrdanz seinen Zeigefinger in die Brust, »einen einzigen Arzt finden, der mit dem Apallischen Syndrom mehr Erfahrung hat als wir hier in Düsseldorf, und wenn dieser Arzt Ihnen berechtigte Hoffnungen macht, dass er Ihre Frau ins Leben zurückholen wird, fliege ich mit Ihnen beiden auf eigene Kosten dorthin! Von mir aus sogar bis nach Timbuktu!« Der Arzt breitete mit theatralischer Geste die Arme aus. »Mexiko! New York! Hongkong! – Finden Sie einen!«

Röhrdanz konnte sich nur noch mit Mühe beherrschen. »Ich finde ihn«, murmelte er trotzig. »Verlassen Sie sich drauf.«

»So«, schnaubte der Oberarzt. »Also bitte, es bleibt dabei. Geben Sie mir eine Adresse, wo Ihrer Frau geholfen wird, und ich packe Sie eigenhändig in den Nothubschrauber und fliege mit Ihnen dahin.«

Röhrdanz steckte seine Hände in die Hosentaschen und schwieg. Seine Wangen brannten, als hätte der Oberarzt ihm ins Gesicht geschlagen.

»Sie glauben wohl, dass ich Ihrer Frau nicht helfen WILL«, dröhnte der Oberarzt. »KEINER kann Ihrer Frau helfen. Sie brauchen gar nicht erst versuchen, irgendeinen Arzt zu finden, der das besser kann als ich. Den gibt es nämlich nicht.«

Tränen brannten in Röhrdanz' Augen, aber er wollte vor diesem Mann nicht weinen.

»Man darf die Hoffnung niemals aufgeben«, stammelte er. »Die Hoffnung stirbt zuletzt.«

»Und jetzt setze ich Ihnen eine Frist von sechs Tagen«, schnitt der Mann ihm das Wort ab. »Wenn Ihre Frau die nächsten sechs Tage überlebt, wovon ich nicht ausgehe, wird man sie zum Sterben zurück nach Leverkusen verlegen. Selbst wenn Sie das Locked-in-Syndrom hätte, also bei vollem Bewusstsein in ihren Körper eingeschlossen wäre, wird sie voraussichtlich bald tot sein. Die meisten Patienten sterben noch in der Akutphase. Der Tod ist für sie eine Erlösung.«

»Für Angela nicht!«

»Für Angela auch. Lassen Sie sie gehen.«

»Ich will sie nicht gehen lassen! Ich habe sie gerade erst gefunden!«

»Seien Sie doch nicht so egoistisch!«

Mit diesen Worten ließ er Röhrdanz an der Fensterbank stehen.

Sechs Tage, dachte Röhrdanz. In sechs Tagen hat Denise Geburtstag.

8

»*Papa, du kannst mir ruhig* sagen, was mit Angela los ist. Ich bin siebzehn.« Oliver lehnte in der Tür zum Schlafzimmer, wo Röhrdanz reglos im Dunkeln auf dem Bett saß.

»Komm her, mein Junge.« Röhrdanz klopfte mit der Hand auf die Bettdecke, und der Bursche fiel neben ihm auf das ungemachte Bett. Er steckte in einem schmutzigen Fußballtrikot, und sein Gesicht war schweißbedeckt. Im Halbdunkel sah Röhrdanz seinem Sohn in die Augen. Ratlosigkeit und Angst spiegelten sich darin. »Ich weiß nicht, wie ich es dir sagen soll …« Röhrdanz versuchte, seine Stimme nicht schon wieder kippen zu lassen.

»Papa, sag es einfach.« Olivers tiefe Stimme wurde vor Angst wieder ganz kindlich hoch. Unsicher starrte er seinen Vater an.

»Also, Angela ist …« Röhrdanz verstummte, weil er schon wieder heulen musste.

»Tot?«, fragte Oliver entsetzt. Seine ernsten braunen Augen waren schreckgeweitet.

»Nein, nein.« Röhrdanz suchte mit der Hand die Schulter seines Sohnes. »Lass mal die Kirche im Dorf.«

»Was dann? Hat sie das Baby verloren?«

»Auch das nicht.« Röhrdanz gab sich Mühe, ganz beiläufig zu klingen.

»Papa! Jetzt sag schon! Die Oma heult nur rum, und Dagmar meint, Angela liege im Koma. Kann einem denn keiner in dieser Familie die Wahrheit sagen?«

»Sie liegt tatsächlich im Koma. Da hat Dagmar recht.«

Schweigen. Anscheinend hatte es Oliver ausnahmsweise einmal die Sprache verschlagen. Schließlich kratzte er sich am Kopf: »Ja wie? Und wann wacht sie wieder auf?«

»Ich weiß es nicht, Oliver. Kein Mensch in diesem verdammten Krankenhaus will mir die Wahrheit sagen. Sie reden was von einem Apallischen Syndrom, ein Koma, bei dem man wach scheint, aber nicht bei Bewusstsein ist. Vielleicht ist es auch ein Locked-in-Syndrom. Das bedeutet gewissermaßen, im eigenen Körper eingeschlossen zu sein. So als wäre man in einem winzigen Verlies eingemauert und könnte sich nicht bewegen – nichts, nicht einmal eine Hand oder einen Fuß. Aber man bekommt alles mit, was um einen herum passiert.«

Röhrdanz' Stimme erstarb, er versuchte, sich seine Verzweiflung nicht anmerken zu lassen.

»Aber Papa … Hast du sie gesehen? Ich meine, wie sieht sie aus?«

Röhrdanz schluckte. Sein Oliver war zwar schon siebzehn, aber konnte er ihm die Wahrheit zumuten?

Ohne dass er es merkte, fing Röhrdanz wieder an, mit dem Oberkörper hin und her zu wippen.

»Papa?«

»Sie hat die Augen offen. Und den Mund weit aufgerissen.«

»Also schläft sie gar nicht?«

»Wahrscheinlich nicht.«

»Und was hat sie gesagt?«

»Nichts. Sie kann nichts sagen.«

»Hat sie … Schmerzen?« Angsterfüllt starrte Oliver seinen Vater an.

»Hoffentlich nicht.«

»Wie meinst du das, eingeschlossen?«, fragte Oliver mit erstickter Stimme.

Röhrdanz war wie in Trance und versuchte, sich wieder zusammenzureißen. Stumm schüttelte er den Kopf.

»Papa? Heulst du?« Das klang benommen, schockiert.

»Nein.« Scharf atmete Röhrdanz aus, nahm einen Zipfel der Bettdecke und wischte sich mit fahrigen Bewegungen über das Gesicht. Der Junge rüttelte ihn am Arm.

»Wie schlimm ist es wirklich? Papa, sag schon! Wann kommt Angela wieder?«

Röhrdanz presste die Lippen zusammen, aber ein leises Wimmern ertönte.

»Papa! Sag doch!«

»Sie steht vermutlich noch unter Schock von der Operation«, startete Röhrdanz einen abgemilderten Erklärungsversuch. »Das musst du verstehen, Junge. Sie ist umgekippt, irgendwo beim Arzt, und kam dann ins Krankenhaus, mit Tatütata, das volle Programm, und anschließend gleich unters Messer. Natürlich hatten sie auch Angst um das Baby, aber dem ist wohl nichts passiert. Jedenfalls liegt sie jetzt auf der Intensivstation im Koma, starrt mit aufgerissenem Mund an die Decke und hat die Hände ganz verkrampft …« Röhrdanz verstummte.

»Kann man ihr denn nicht irgendwas spritzen, zur Beruhigung oder so? Oder ein Aufputschmittel?«

»Bestimmt. Sie wird schon wieder.«

»Und wenn nicht?« Die forschenden Augen des Jungen bohrten sich in seine.

»Daran darfst du gar nicht denken! Sie schafft das!«

»Ja. Wenn nicht Angela, wer dann? Hat ja schon so viel geschafft: uns, die Kleinen und jetzt auch noch das Baby …« Oliver sah seinen Vater von der Seite an: »Und dich. Das ist echt 'ne Meisterleistung. Wenn du bedenkst, dass sie vierundzwanzig war, als sie uns alle übernommen hat …«

»Siehste. Das ist mal ein Wort. Und jetzt gehst du duschen, und mach nicht wieder so eine Schweinerei im Badezimmer, verstanden?«

Oliver erhob sich, stolperte dabei über seine Fußballtasche und machte leise fluchend Licht im Flur. »Wieso steht hier der ganze Babyscheiß?«

»Lass das aus, Mensch! Die Kleinen schlafen!«

Das Licht ging wieder aus. Olivers Kopf erschien erneut in der Tür.

»Angela ist doch unser Volltreffer! Die kannst du nicht einfach sterben lassen.«

Röhrdanz zuckte zusammen, schockiert über die Direktheit seines Sohnes. Wusste Oliver mehr, als er zugab?

»Papa? Machst du mir was zu essen? Ich hab Hunger wie ein Wolf.«

»Klar. Gib mir zehn Minuten.«

Röhrdanz sackte förmlich in sich zusammen. Er wollte vom Bett aufstehen und zur Tagesordnung übergehen, aber er schaffte es nicht. Seine Hand tastete nach Angelas

Nachthemd unter dem Kopfkissen. Er presste es an seine Nase. Es roch vertraut. Nach ihrer weichen Umarmung. Nach ihrer letzten Liebesnacht. Nach dem wunderbaren Leben, das er wiederhaben wollte.

»Angela! Komm zurück!«, murmelte er mit erstickter Stimme. »Angela! Du darfst nicht gehen!«

Verzweifelt vergrub er sein Gesicht in dem Stück Stoff. »Ich brauche dich, Mädchen! Und die Kinder brauchen dich auch!« Endlich durfte er weinen. Er weinte und weinte, wiegte sich mit dem Nachthemd hin und her.

Röhrdanz hörte, wie nebenan die Dusche rauschte. Es war ein tröstliches Geräusch.

Das Leben ging weiter.

Er war nicht allein. Er hatte Oliver. Mit ihm konnte er reden. Von Mann zu Mann.

Als das Rauschen im Bad aufhörte, riss Röhrdanz sich zusammen. Er wischte sich mit dem Nachthemd die Tränen ab und schleppte sich tapfer in die Küche. Mechanisch machte er den Kühlschrank auf. Da war eine Flasche Bier. Und die Wurst. Die Butter und der Rest von den Frikadellen, die Angela gemacht hatte. Ja, das Leben ging weiter.

*I*n den kommenden Tagen fuhr Röhrdanz jeden Morgen um acht in die Klinik, saß am Bett seiner Frau, nahm ihre Hand und erzählte ihr von den Kindern, bis man ihn nach spätestens einer Stunde wieder wegschickte. »Sie braucht Ruhe.«

»Belasten Sie sie nicht.«

»Seien Sie nicht egoistisch.«

»Bitte, Herr Röhrdanz, gehen Sie. Sie halten hier nur den Betrieb auf.«

Dann schlich er wie ein geprügelter Hund zum Auto und fuhr in die Firma. Dort saß er an seinem Schreibtisch und starrte Löcher in die Luft. Sein Versuch, Hilfe von der Bild-Zeitung zu bekommen, war auch gescheitert. Zwar nannte ein engagierter Journalist ihm die besten Neurologen Deutschlands, doch keiner der Ärzte konnte Röhrdanz Hoffnung machen.

Es klopfte, und sein Chef Richard schlüpfte zur Tür herein. Er trug sein karamellfarbenes Tweedjackett mit den Lederflicken am Ellbogen und roch nach einem Sandelholz-Aftershave. Mit einer vertrauten Geste ließ er sich auf Röhrdanz' Schreibtischkante nieder.

»Du siehst schlecht aus, Mann. Wie geht es Angela?«

Röhrdanz konnte nicht antworten. Er drehte seinen Bleistift sinnlos im Anspitzer hin und her.

»Unsere Angela«, sagte Richard lächelnd. »So jung und schüchtern war sie am Anfang. Aber du hast gleich gesagt: Passt auf, die macht sich noch! Und dann hast du sie uns weggeheiratet …«

Er schüttelte amüsiert den Kopf und sah dann Röhrdanz' verstörtes Gesicht: »Du musst mit mir reden, Michael. Nur so kann ich dir helfen.«

Röhrdanz blinzelte, Tränen liefen über seine Wangen.

Richard zog die Augenbrauen hoch. »So schlimm?«

Röhrdanz entfuhr ein abgrundtiefer Seufzer, bevor er mit heiserer Stimme sagte:

»Sie ist in ihrem eigenen Körper eingeschlossen. Sie kann sich nicht bewegen, nicht sprechen, nicht schlucken, sich nicht kratzen und nicht protestieren gegen das dumme Zeug, das in ihrer Anwesenheit gesprochen wird. Sie kann sich nicht wehren gegen das Schleimabsaugen, die künstliche Ernährung und Beatmung. Sie kann sich nicht umdrehen in ihrem Bett, nicht schreien …«

In diesem Moment merkte er, dass er selbst schrie.

Richard kam um den Schreibtisch herum und legte ihm freundschaftlich die Hand auf die Schulter: »Michael, du bist einer meiner besten Leute. Aber du musst jetzt so viel wie möglich bei Angela sein. Von mir aus hast du erst mal frei.«

»Die lassen mich gar nicht«, sagte Röhrdanz mit brüchiger Stimme. »Nach spätestens einer Stunde werde ich hinauskomplimentiert.«

Richard lief mit großen Schritten in seinem Büro auf und ab. »Dann ist es besser, du kommst doch. Du musst unter Menschen, Michael. Vergiss nicht: Wir sind hier alle für dich da. Wir werden alles tun, um dir und Angela zu helfen.«

Röhrdanz sank in seinen Bürostuhl zurück, ganz überwältigt davon, was für einen tollen Chef er hatte. Er wandte sich eilig ab, denn Angst schnürte ihm die Kehle zu. Wenn Richard ihm von sich aus freigab, wenn seine Kollegen ihn schon wie ein rohes Ei behandelten, dann war er … ein Wrack.

»Ich mach meinen Job wie immer, nur dass das klar ist«, beeilte er sich zu sagen.

»In Ordnung«, sagte Richard und strich ihm im Hinausgehen über den Oberarm: »Wir wissen das alle sehr zu schätzen.«

9

An Denises Geburtstag hatte er die Kleine schon um sechs geweckt. Mit einem krummen und schiefen Kuchen, auf dem vier Kerzen recht wackelig vor sich hin brannten, war er singend in ihr Zimmer gekommen, doch dann versagte ihm die Stimme.

Denise hatte sich sofort auf das Barbie-Puppenhaus gestürzt, das er nachts noch aufgebaut hatte. Anschließend hatte er eine Stunde lang mit Barbie und Ken »Mama und Papa« gespielt. Ken überschüttete die schlafende Barbie mit Küssen, und daraufhin wachte Barbie aus ihrem Dornröschenschlaf auf.

»Papa! Da bin ich wieder! Ich habe gut geschlafen«, sagte Denise mit ihrem hohen Kinderstimmchen, und dann brummte sie: »Na endlich, Mama! Ich habe mich schon gelangweilt ohne dich!«

Das hatte ihm fast das Herz gebrochen.

Um sieben war Helga mit einem wesentlich besser gelungenen Kuchen aufgetaucht. Auch sie weinte, als sie sah, was Denise spielte. Sie hatte das Geburtstagskind in den Kindergarten gebracht und das Baby wie immer mit zu sich nach Hause genommen.

Wie in Trance betrat Röhrdanz an diesem Morgen um acht Uhr die Klinik in Düsseldorf, fuhr völlig in Gedanken versunken mit dem Fahrstuhl in den vierten

Stock, klingelte an der Intensivstation, zog sich Kittel und Mundschutz an und eilte in die ihm nun schon so vertraute Zelle. In Erwartung des üblichen Anblicks einer starr und reglos daliegenden Angela legte er sich schon mal die Worte zurecht, mit denen er beschreiben wollte, wie sehr Denise sich über das Puppenhaus gefreut hatte. »Hallo, Liebes, ich bin heute spät dran, weil …«

Er schlüpfte hinter den Vorhang. Als er das leere Bett sah, wurde er starr vor Schreck. Einen Moment lang stand er nur sprachlos da. Dann fing es in seinem Kopf an zu wummern. Sein Herz zog sich zusammen, als hätte jemand eine eiserne Kette darumgezurrt. Die Apparate waren abgestellt, die Schläuche entfernt. Das Bett war mit steifen weißen Laken frisch überzogen. Es roch nach Desinfektionsmitteln. Das Mobile, das er an der Decke angebracht hatte, war weg. Es war, als wäre er nie hier gewesen. Und Angela auch nicht.

Angela war … tot. Er rang nach Luft. Seine Beine gaben unter ihm nach, und er griff Halt suchend nach seinem Stuhl. Mit zitternden Knien sank er darauf.

Ungläubig starrte er auf das leere Bett. Auf die kahlen Wände.

Sie war heute Nacht gestorben. Man hatte sie bereits weggebracht. Seine Angela.

Sie lag irgendwo da unten in den Katakomben, mit einem Zettel am Zeh … Er würde runtergehen, sich von seiner toten Frau verabschieden müssen.

O Gott. Wie sollte er das bloß den Kindern beibringen?

Denise. An ihrem Geburtstag. Angelas Mutter. Christian. Oliver.

Röhrdanz' Magen krampfte sich zusammen, und er fühlte, wie ihm die Galle hochkam.

Er beugte sich vor, um sich zu übergeben, und griff reflexartig zu einem Spucknapf.

In dieser Sekunde spürte er die Hand von Schwester Gisela auf seiner Schulter.

»Mein Gott, Herr Röhrdanz! Wie sind Sie denn hier reingekommen?« Ihre warme Stimme war voller Mitgefühl. »Sie müssen sich ja furchtbar erschrocken haben!«

Röhrdanz reagierte nicht. Er würgte und würgte. Er wollte sterben. Er wollte mit Angela sterben.

»Herr Röhrdanz, Ihre Frau ist nach Leverkusen zurückverlegt worden«, hörte er Schwester Gisela wie aus weiter Ferne sagen. »Bitte beruhigen Sie sich …«

Sie tätschelte ihm mütterlich die Schulter, und durch diese Berührung kam Röhrdanz irgendwie wieder zu sich. Dankbar nahm er das Glas Wasser, das Schwester Gisela ihm reichte. Seine Hand zitterte so, dass ihm das Wasser ins Gesicht spritzte. Es gelang ihm nur mit Mühe, das Glas an die Lippen zu führen. Er schlürfte laut, während er hastig trank.

»Guten Morgen, Herr Röhrdanz«, sagte der Oberarzt und kam mit einem kalten Windhauch herein. »Da sind Sie mir ja doch zuvorgekommen. Ich wollte es Ihnen ja in aller Ruhe sagen, aber …

»Ich habe gedacht, sie ist …«

»Sechs Tage, nicht? Das hatten wir doch so vereinbart. Ich gebe Ihnen sechs Tage, habe ich gesagt. Wenn

Sie dann einen Arzt finden, der es besser kann als ich, fliege ich auf eigene Kosten mit Ihnen da hin. Sonst wird sie zum Sterben nach Leverkusen verlegt.«

Die Kälte und Hartherzigkeit des Oberarztes trafen Röhrdanz wie Peitschenhiebe.

»Warum lassen Sie sie zum Sterben nach Leverkusen bringen?«, schrie er auf wie ein gequältes Tier. »Warum konnten Sie sie nicht hier sterben lassen? Wenn sie doch sowieso stirbt?«

»Weil es sinnlos ist! Wir können ihr nicht helfen!«, verteidigte sich der Oberarzt aggressiv. Auf seiner Halbglatze standen Schweißperlen. »Niemand kann ihr helfen!«

Plötzlich brach seine Stimme, und er kämpfte selbst mit den Tränen.

»So ein Bett auf der Intensivstation kostet Unsummen! Haben Sie eine Ahnung, was ich mit den Kassen schon für Stress hatte?! Ich muss jede einzelne Spritze rechtfertigen … geschweige denn diesen Wahnsinnsaufwand an Apparaten.« Der Oberarzt schien sich selbst leidzutun. »Ich bin auch nur ein Rädchen im Getriebe …«

Röhrdanz schwieg und schmiegte seine Hände um das kühle Wasserglas.

Plötzlich hatte er Tränen der Erleichterung in den Augen und fächerte sich Luft zu.

»Tut mir leid«, sagte der Oberarzt und schluckte. »Mir ist gerade klar geworden, wie beängstigend das alles für Sie sein muss.« Er griff sich an den Kopf und drehte sich weg. Dann holte er tief Luft, riss sich zusammen und drückte Röhrdanz' Hand: »Ich wünsche Ihnen alles Gute.«

»Angela! Hallo, Liebes! Ich bin's! Bist du umgezogen? Hab dich aber gefunden.«

Wieder stand Röhrdanz mit Mundschutz, Häubchen und Zellophan-Pantoffeln über seinen Schuhen am Bett seiner Frau. Ihr Zustand war unverändert. Sie sah genauso aus wie in Düsseldorf, trotzdem spürte Röhrdanz bei ihrem Anblick eine unglaubliche Erleichterung.

»Leverkusen ist ja viel günstiger. Da brauche ich mit dem Auto nur noch zwanzig Minuten.«

Angela schwieg und starrte an die Decke.

»Ich habe mich total erschrocken, als du plötzlich weg warst. Das kannst du doch nicht machen, einfach abhauen.«

Aus Angelas Augenwinkel kullerte eine Träne. Er nahm versöhnlich ihre Hand.

»Na ja. Du kannst ja nichts dafür. Die haben dich einfach zurückgekarrt, was mir nur recht ist.«

Röhrdanz schaute sich in dem neuen Krankenzimmer um. Es war ein größerer Raum als in Düsseldorf, und es standen zwei Betten darin. Das andere Bett war leer. »Irgendwie bin ich froh, dass wir diesen unsensiblen Oberarzt los sind. Was meinst du? Oder fandest du den etwa nett?« Er tupfte Angela die Träne von der Wange. »Pass mal auf, Liebes, hier wird alles besser. Wir schaffen das.«

Röhrdanz ging zum Fenster, peilte die Lage. Unten befand sich ein kleiner trostloser Park. Dunkle Äste ragten in den Himmel, nur ein einziges Blatt klammerte sich noch daran. Es war braun.

»Du hast sogar eine schöne Aussicht! Netter Park da draußen. Da komm ich mal mit den Kindern. Die können da spielen. – Hast du die Fahrt gut überstanden, Liebes?«

Er ging zurück zu ihrem Bett, tupfte ihr die Stirn.

Totenstille, nur das Beatmungsgerät war zu hören.

Röhrdanz hatte das Gefühl, sich schon gut auszukennen. Er fixierte die Apparate, die ähnlich aussahen wie die in Dortmund.

»Die hätten mir wenigstens Bescheid sagen können, die Blödmänner. Dann hätte ich dir auf der Fahrt Gesellschaft geleistet. Du musst dich ja schrecklich gefürchtet haben.«

Angela reagierte nicht.

Röhrdanz sah sich erneut um. »Die nette Gisela fehlt dir bestimmt, hoffentlich …«

Die Tür öffnete sich.

»Herr Röhrdanz?«

Ein langer, dünner Mensch im weißen Kittel schob sich herein. Er hatte schütteres blassblondes Haar, eine Nickelbrille und sehr schmale Lippen. Um seinen langen dürren Hals hing ein Stethoskop. Er machte einen arroganten Eindruck, und Röhrdanz hatte sofort das Gefühl, erneut auf einen Oberarzt zu treffen, der bestimmt nicht sein Freund werden würde.

»Ich bin Dr. Zielcke, der Oberarzt der Neurologischen Station. Kann ich Sie einen Moment sprechen?« Er drückte Röhrdanz schlaff die Hand.

»Natürlich.« Röhrdanz glitt zur Tür hinaus, nicht ohne Angela eine Kusshand zuzuwerfen: »Bin gleich wieder bei dir.«

»Herr Röhrdanz, ich habe schon gehört, wie rührend Sie sich um Ihre Frau kümmern«, sagte der Oberarzt mit einer hellen Fistelstimme, doch es klang gönnerhaft, ja vielleicht schwang sogar so etwas wie leiser Spott darin mit. »Wir haben Ihnen und Ihrer Frau extra ein Zweibettzimmer gegeben.«

»Wieso das?«, fragte Röhrdanz arglos. »Zum Schmusen sind wir nicht aufgelegt.«

»Wir gehen davon aus, dass Sie die letzten Tage im Leben Ihrer Frau an ihrer Seite sein wollen.« Dr. Zielcke schenkte ihm ein warmes Lächeln. »Und die Nächte natürlich auch. Viele werden es nicht mehr sein. Zwei, drei ... höchstens vier. Am Wochenende wird Ihre Frau ... Sie wird es hinter sich haben. Und Sie auch.«

Röhrdanz schluckte. Er stand komplett unter Schock. Sein Gesicht brannte, und die Beine drohten nachzugeben. Irgendwie hatte er gedacht, hier in Leverkusen würde alles besser. »Sie können bei ihr schlafen und sie auf ihren Tod vorbereiten.«

»Tja, also ... danke«, stotterte er schließlich.

»O bitte, gerne, keine Ursache. Die Kassen übernehmen das sogar.«

Der Oberarzt deutete auf einen leeren Sessel im Besucherbereich. »Das ist sehr hart für Sie, nicht wahr? Wo Sie doch kleine Kinder daheim haben.«

»Meine Schwiegermutter kümmert sich um sie.«

»Immerhin.« Der Oberarzt schlug seine langen Beine

übereinander. So etwas wie Selbstzufriedenheit spiegelte sich in seinem Gesicht. Er wirkte wie jemand in einem Werbespot, der seinen Zahnarztbesuch glimpflich hinter sich gebracht hat und sich erleichtert das Lätzchen vom Hals reißt.

»Ich verstehe nicht …« Röhrdanz konnte gar nicht glauben, welches Gespräch er hier führte.

Diskret beugte Dr. Zielcke sich vor. »Ich möchte, dass Sie es Ihrer Frau ins Ohr sagen. Ganz freundlich. So wie Sie immer mit ihr sprechen.«

»Dass ich meiner Frau was sage?«

»Dass sie stirbt.« Dr. Zielcke wirkte plötzlich angespannt. »Das ist es doch, worüber wir hier reden?«

»Ich soll ihr sagen … Ich meine, Sie wollen, dass ich ihr SAGE … Schatz, du krepierst, wir stellen jetzt die Apparate ab, du erstickst und verhungerst, aber mach dir nichts draus, ist alles nicht so schlimm?«

»Ja. Sie spürt es sowieso. Und sie will sterben, glauben Sie mir!«

»Das will sie nicht! Sie ist Mutter! Sie ist schwanger! Sie will leben!«

»Wir sind uns alle einig, dass Sie es ihr in aller Liebe sagen sollen. Normalerweise macht das einer von uns Ärzten, aber nachdem Sie sich so rührend um Ihre Frau kümmern …«

Eine Weile saß Röhrdanz bewegungslos da und starrte den Oberarzt an.

»Herr Doktor«, sagte er schließlich und beäugte sein Gegenüber wie ein unheimliches Insekt. »Erst hieß es, sie kann mich gar nicht verstehen, und jetzt soll ich sie plötzlich auf den Tod vorbereiten. Sie stirbt nicht! Sie wird das schaffen! Sie kriegt ein Kind!« Die Worte quollen nur so aus seinem Mund. »Sie ist jung, hat schon zwei Kinder bekommen und meine zwei Großen übernommen, sie hat unheimlich viel Kraft – die packt das, glauben Sie mir!«

Der Oberarzt versteifte sich. »Sie scheinen wirklich nicht zu begreifen …« Er starrte Röhrdanz ein paar Sekunden lang an, als wäre er nicht ganz bei Trost. Er spielte an seinem Stethoskop herum, und seine langen, dünnen Fingern wollten gar nicht mehr zur Ruhe kommen. »Sie ist dem Tod schon näher als dem Leben, und das hat mein Kollege in Düsseldorf Ihnen auch schon in aller Deutlichkeit gesagt! Vergessen Sie das Baby, vergessen Sie Ihre törichten Hoffnungen. Es ist rührend, wie sehr Sie Ihre Frau lieben, aber wir Mediziner haben die Aufgabe …«

»Hören Sie«, unterbrach Röhrdanz den arroganten Schnösel. »Wann kann ich den Chefarzt sprechen?«

»Der Chefarzt wird Ihnen auch nichts anderes sagen.« Herablassend lächelte der Oberarzt Röhrdanz an. »Wenn Professor Leyen wieder hier ist, wird es bereits vorbei sein. Wir werden die Apparate abstellen, um ihr den Übergang zu erleichtern. Der Kollege aus Düsseldorf hat mich schon unterrichtet, welches Medikament wir verabreichen können, damit sie ganz sanft hinübergleitet.«

Röhrdanz hielt seinem Blick eisern stand.

»Sie gleitet nirgendwohin.«

Der Oberarzt starrte zurück.

»Bevor der Chefarzt mir nicht selbst ins Gesicht sagt, dass sie keine Chance hat, glaube ich Ihnen kein Wort.«

»Ich habe schon gehört, dass Sie schwierig sind«, sagte der Oberarzt säuerlich, während er sich aus der Sitzgruppe quälte. »Ich will nur helfen.« Mit einer Geste der Bescheidenheit breitete er die Arme aus. »Schlafen Sie im Bett neben ihr, bis Ihre Frau eingeschlafen ist. Halten Sie ihre Hand und flüstern Sie ihr liebe Dinge ins Ohr. Dann haben Sie gute Sterbebegleitung geleistet. Das ist doch sehr human.«

10

»*Heute ist Mittwoch, der elfte* November. Du weißt doch, was das für ein Tag ist?!«

Keine Antwort. Starres Zur-Decke-Blicken. Auch hier kam alle zwei Minuten jemand, um Angela den Schleim abzusaugen.

In den Blicken, die Röhrdanz auffing, standen Mitleid, Befremden, Neugier.

Röhrdanz ignorierte sie, so gut es ging.

»Heute ist St. Martin.« Er setzte sich auf das Bett, in dem er inzwischen ein paarmal geschlafen hatte. »Denise und ich haben eine Laterne gebastelt. Frag mich nicht, wie.«

Lähmende Stille.

»Du brauchst mich nicht auszulachen. Irgendwie hat das Ding am Ende gebrannt.«

Panisches Starren an die Decke.

»Ich meine, geleuchtet, nicht gebrannt. Mach dir keine Sorgen. Denise ist im Martinszug vom Kindergarten mitgegangen.«

Keine Antwort. Stattdessen machte sich eine Schwester unnötigerweise an seinem Bett zu schaffen und schüttelte das Kissen auf. »Darf ich mal?«

Röhrdanz hob eine Pobacke, während die eifrige Schwester das Laken emsig glattzurrte.

»Das hättest du erleben müssen. Ein echtes Pferd haben sie diesmal vorweggehen lassen. So einen Kaltblüter. Die Kindergärtnerin meinte noch, das gibt bestimmt Ärger mit dem Tierschutzverein.« Röhrdanz suchte nach irgendeiner Reaktion im Gesicht seiner Frau. Nichts. Der gleiche weit aufgerissene Mund, der gleiche verkrampfte Körper wie direkt nach ihrer Einlieferung.

»Dann fragte dieses Fräulein … Dings, du weißt schon, diese alte Jungfer aus dem Kirchenchor, sag schon, wie heißt die gleich …«

Immer wieder die unerträglich monotonen Geräusche der Apparate. Der rote Strich auf dem Monitor bewegte sich gleichförmig auf und ab.

Röhrdanz dachte kurz an das kleine Mädchen, das in Düsseldorf am Ende des Ganges gelegen hatte. Es war inzwischen gestorben. In ihrem Zimmer lag schon wieder jemand anders. Ein uralter Patient auf dem Weg in den Tod, den man noch ein bisschen aufhalten wollte, weil das einen besseren Eindruck macht. Wieder saß ein stummer blasser Angehöriger am Bett, hielt die Hand des Sterbenden und wartete darauf, endlich wieder gehen zu können.

»Ach, ist ja auch egal. Die meinte, einer von den Vätern, die im Zug mitgehen, müsste die Pferdeäpfel aufsammeln. Also dachte ich, wo ich sowieso nicht gerade am Hurraschreien bin, sammle ich die Scheiße auf. Soll ja Glück bringen, Pferdedreck.«

Nichts. Kein Lachen.

»Jetzt denkst du bestimmt, ich hätte mir die Hände nicht gewaschen. Hab ich aber. Sogar sterilisiert!«

Röhrdanz strich mit zwei Fingern sanft über ihren Unterarm. »Findste nicht lustig, was?«

Keine Antwort.

»Auf jeden Fall hat die Denise dann mit den anderen noch an den Haustüren geklingelt und was gesungen … haste ihr ja alle noch beigebracht, die Lieder.« Röhrdanz wollte sich am Kopf kratzen, merkte dann aber, dass er eine grüne Haube aufhatte. »Voll blöd, die Kampfmontur hier. Das hab ich wohl dir zu verdanken, dass ich aussehe wie 'ne grüne Wurst in der Pelle …«

Er beugte sich über Angela, die zur Decke starrte: »Jetzt sing ich dir mal vor, was die Denise da bei den Nachbarn zum Besten gegeben hat: Laterne, Laterne, Sonne Mond und Sterne, brenne aus mein Licht, brenne aus mein Licht, aber nur meine liebe Laterne nicht …«

Röhrdanz verstummte, weil ihm die Tränen in die Augen schossen.

»Das gilt auch für dich, Liebes. Du bist meine liebe Laterne. Ohne dich ist alles ganz dunkel.«

Er schwieg.

Angela lag da wie eine Schaufensterpuppe, die jemand vergessen hatte aufzustellen. Aber bei genauem Hinsehen sah er jetzt wieder eine Träne aus ihrem Auge kullern.

»Ach, nicht weinen! Zum Lachen wollte ich dich bringen. Komm schon, Angela. Die Kleine ist überglücklich mit ihrer Laterne. Eine Riesentüte mit Süßigkeiten hat die zusammengehamstert.«

Er strich Angela liebevoll über die Wange: »Das ist überhaupt 'ne Marke, unsere Kleine. Das raffinierte Biest hat mich doch seelenruhig nach dem Rührbesen suchen lassen, weil ich das mit dem Brei nicht hingekriegt hab. Und der kleine Philip hat gebrüllt, dass die Nachbarn von unten an die Decke geklopft haben …«

Keine Reaktion. Bis auf die Tränen, die unaufhörlich aus ihren toten Augen liefen.

»Aber ansonsten kommen wir großartig zurecht. Ich hab den Kindern erzählt, dass du dich nur ein bisschen ausruhst. Und das machst du auch.«

Röhrdanz beugte sich über Angelas unbewegliches Gesicht und hauchte ihr einen Kuss auf den weit geöffneten Mund. »Eines verspreche ich dir: Ich lass dich nicht im Stich. Wir packen das.«

Während er noch nach weiteren Worten suchte, mit denen er seine Frau beruhigen konnte, hörte er eilige Schritte und Stimmen im Flur:

»Sie müssen das unterschreiben, denn Herr Röhrdanz weigert sich.«

Der arrogante Oberarzt. Verdammt.

»Ich weiß doch gar nicht, ob das richtig ist …«, hörte er nun Helga wimmern. »Wenn mein Schwiegersohn nicht will, kann ich doch nicht gegen seinen Willen …«

»Hörst du, Liebes. Jetzt bekommst du schon wieder Besuch …«

»Der Mann klammert sich an den aberwitzigen Gedanken, sie könnte ins Leben zurückkehren. Aber das tut sie nicht. Es steht nicht einmal fest, ob sie ihn überhaupt verstehen kann.«

»Aber das Baby …« Die Stimmen wurden leiser, man stand direkt vor der Tür.

»Also bitte, gute Frau, Sie haben doch selbst mal Kinder geboren. Sie glauben doch nicht im Ernst, dass Ihre Tochter in diesem Zustand noch ein Kind bekommen kann?«

»Ich weiß nicht …« Helga schluchzte auf.

»Und wenn es – was ein Ding der Unmöglichkeit ist – rein biologisch weiterreifen würde, nur mal so, gesetzt den Fall …«

Jetzt waren die Stimmen direkt vor dem Zimmer angekommen. Röhrdanz drückte Angelas Hand so fest, dass seine Fingernägel sich in ihre Haut bohrten. »Dann würde das Baby für immer schwerbehindert sein. Wollen Sie das verantworten? Können Sie das Ihrer Tochter gegenüber verantworten?«

»Nein!«, jammerte Helga. »Mein Mann ist erst vor wenigen Jahren gestorben, ich weiß wirklich nicht, womit ich das alles verdient habe!«

»Bringen Sie der Frau doch einen Stuhl! Und ein Glas Wasser! Und wenn sie sich beruhigt hat, soll sie das hier durchlesen und in Gottes Namen unterschreiben!«

Der Oberarzt entfernte sich. »Ich habe auch noch andere schwere Fälle hier, und wenn der Chefarzt nicht da ist, weiß ich vor Arbeit nicht mehr wohin …«

Röhrdanz hörte seine Schwiegermutter schluchzen, hörte, wie jemand ihr einen Stuhl brachte und beruhigend auf sie einredete. »Bitte hören Sie auf Ihr Herz«, sagte eine Frauenstimme leise. »Tun Sie, was eine Mutter tun muss.«

»Ich muss da auf meinen Schwiegersohn hören«, weinte Helga hilflos. »Der will das nicht!«

»Beruhigen Sie sich erst mal«, sagte die Frauenstimme. »Trinken Sie ein Glas Wasser. Niemand will Sie hier zu etwas zwingen.«

»Und wenn sie doch wieder aufwacht? Ich kann doch nicht das Todesurteil meiner Tochter unterschreiben! Und das meines ungeborenen Enkels!«

Aus Angelas Augen strömten unablässig Tränen. Sie hörte jedes Wort, da war sich Röhrdanz sicher. Ihn erfasste unbändige Wut.

»Ich muss da mal eben für Ordnung sorgen«, zischte Röhrdanz und sprang auf. »Die drehen hier ja alle durch. Keiner stellt hier irgendetwas ab. Verlass dich auf mich. Hab ich dich je hängenlassen, Liebes?«

Mit einem letzten Blick auf seine gelähmte Frau begab sich Röhrdanz in den Krankenhausflur.

11

»*Es ist ein schweres, schweres* Los, das Gott Ihnen da auferlegt hat.« Der Pfarrer ging mit bedächtigen Schritten in der kleinen Küche hin und her. Er sah das Kruzifix etwas schief über der Tür hängen, versicherte sich kurz, dass Röhrdanz gerade nicht hinsah, und schob es mit zwei Fingern gerade: »Die Wege des Herrn sind oft unergründlich.«

»Herr Pfarrer, ich kann das nicht«, schluchzte Röhrdanz. Ihm war das ganze schreckliche Ausmaß erst bewusst geworden, als der Geistliche an der Tür geklingelt hatte.

Die Kleinen schliefen, und Oliver saß mit Kopfhörern, aus denen laute Musik dröhnte, in seinem winzigen Zimmer. Der dreiundzwanzigjährige Christian rief regelmäßig aus Mexiko an. Jetzt wollte er den nächsten Rückflug nehmen.

»Das ist gewiss ein schwerer Weg.«

»Aber wieso wir? Wieso Angela? Sie hat doch keiner Menschenseele irgendwas getan!«

»Unergründlich. Der Herr will uns mit seiner vermeintlichen Härte prüfen …«

»Angela ist der gutmütigste Mensch, den man sich nur denken …«

»Er nimmt uns oft das Liebste, und wir Menschen können darin keinen Sinn erkennen.«

Röhrdanz hob den Kopf. »Haben Sie überhaupt eine Ahnung, wovon ich rede, Mann? Sie haben doch keine Frau und keine Kinder!«

»Nein, das stimmt, das Zölibat gebietet mir …«

»Herr Pfarrer, ich bin so verzweifelt!«, unterbrach Röhrdanz ihn, der von Panik erfasst wurde. »Was soll denn aus den kleinen Würmern werden, die da nebenan schlafen? Womit haben die das nur verdient?«

»Ich weiß, wie schwer es Ihnen jetzt fällt, über den Rand des Gefäßes zu schauen, das Gott vor Ihnen ausgeschüttet hat. Auch Hiob hatte alles verloren, was ihm lieb und teuer war, seine Frau, seine Kinder. Er hatte eitrige Geschwüre am ganzen Körper und kratzte sich mit einer Scherbe!«

»Ich bin aber nicht Hiob! Ich bin ein ganz normaler Mann, der einfach nur leben will!«

»Das wollte Hiob auch. Sein Hab und Gut war Flammen zum Opfer gefallen, seine Familie der Pest, und doch hat er noch ein Fünkchen Gottvertrauen gehabt, auf das er bauen konnte. Das ihm Kraft gab, nicht am Leben zu verzweifeln …«

»Hiob soll zum Teufel gehen! Ich! Ich verzweifle am Leben!« Röhrdanz krümmte sich auf seinem Stuhl.

»Deswegen bin ich gekommen, Herr Röhrdanz. Weil ich Ihnen Beistand leisten will. Als Pfarrer Ihrer Gemeinde. Sie brauchen Rat. Sie brauchen einen Freund. Sie brauchen Gottes Hilfe.«

»Was soll ich tun, Herr Pfarrer? Ich kann doch nicht die Geräte abstellen lassen! Sie lebt doch noch! Meine geliebte Angela … sie lebt doch noch! Erst hieß es, sie stirbt von selbst – und jetzt sollen auf einmal die Geräte abgestellt werden?« Röhrdanz wurde von einer neuen Panikwelle erfasst und bekam kaum noch Luft.

»Genau darüber möchte ich mit Ihnen reden. Der Oberarzt hat mich gebeten, von Mann zu Mann mit Ihnen zu sprechen.«

Röhrdanz hob sein verweintes Gesicht und starrte den Pfarrer an. »Von Mann zu Mann?«

»Manchmal muss ein Mann Dinge tun, die keiner erklären kann. – Sehen Sie, lieber Herr Röhrdanz, Ihre Frau hat keine Chance. So hat es mir der Oberarzt erklärt.«

»Das glaube ich nicht! Sie hört mich! Sie weint, wenn ich ihr von den Kindern erzähle!«

»Ihr Zustand wird sich niemals bessern.«

»Sie kriegt ein Baby! Das war doch Gottes Wille! Er kann doch jetzt nicht zerstören, was er uns geschenkt hat!« Röhrdanz schob brüsk seine Teetasse beiseite und schüttelte heftig den Kopf: »Wir haben das gar nicht bestellt, verstehen Sie, wir haben … Wir wollten gar nicht … Aber es ist doch passiert. Und da haben wir gedacht, wenn Gott es will, dann wollen wir es auch …« Er stammelte wie ein Kind, und ihm lief die Nase. Röhrdanz war am Ende seiner Kräfte.

»Was Gott kann oder will, liegt nicht in unserem Ermessen. Hier. Nehmen Sie.« Diskret ging ein Taschentuch über den Tisch.

Röhrdanz schnäuzte sich geräuschvoll, dann legte er seinen Kopf auf die Tischplatte.

»Was soll ich tun, Herr Pfarrer? Ich will sie doch nicht leiden lassen?!«

»Sehen Sie dem Tod ins Auge, denn der Tod ist nicht unser Feind.«

Röhrdanz blickte auf. Seine Haut war wächsern, tiefe Falten hatten sich in sein Gesicht gegraben.

»Wir alle müssen sterben. Wir alle werden zu Gott gehen. Für manche von uns ist es eine Erlösung.« Der Pfarrer tätschelte Röhrdanz' eiskalte Hand, die wie ein lebloses Etwas auf der Tischplatte lag: »Erlösen Sie Ihre Frau. Auch das ist Liebe.«

»Ich soll sie … erlösen? Aber ist das denn mein Recht? Ich dachte, nur Gott darf ein Leben auslöschen?«

Der Pfarrer nickte stumm. »Der Oberarzt braucht Ihre Unterschrift. Rein rechtlich gesehen. Sonst kann er nichts machen.«

»Machen?«

»Die Geräte abstellen.«

»Ich kann das nicht, Herr Pfarrer. Ich bin nicht Gott. Ich bin nur der kleine Röhrdanz.«

»Deshalb bin ich gekommen. Um Ihnen zu helfen. Wir beide können das zusammen schaffen.«

»Aber dürfen wir das? Dürfen Sie das? Nur weil Sie Pfarrer sind? Ein Leben auslöschen? Ich meine, ihr seid doch so gegen Abtreibung, und jetzt wollt ihr genau das! Und die Mutter gleich mit erledigen!«

Der Pfarrer zuckte unsicher mit den Schultern.

»Und wenn nun doch ein Fünkchen Hoffnung besteht …?«

»Der Doktor sagt Nein.«

»Und was sagt Gott?«

Der Pfarrer ging wieder mit großen Schritten in der

Küche auf und ab. Zwei Schritte bis zur Wand, zwei Schritte bis zum Fenster. Der spätherbstliche Regen prasselte an die Fensterscheiben.

Die Kürbisgesichter, die Angela noch gebastelt hatte, lachten ihn aus. Ohne darüber nachzudenken, schob der Pfarrer das Kreuz über der Küchentür wieder in seine ursprüngliche schiefe Position zurück.

»Ich weiß nicht«, sagte der Geistliche. »Glauben Sie mir. Ich bin auch nur ein Mensch.«

Röhrdanz packte seinen Arm. »Würden Sie die Apparate abstellen lassen, Herr Pfarrer? Denn dann gibt es nämlich kein Zurück mehr. Und Sie fragen sich Tag und Nacht, ob Sie das Richtige getan haben.«

»Ich habe keine Frau. Und dies ist einer der Momente, in denen ich Gott dafür danke.«

»Wenn Sie eine hätten? Eine, die Sie über alles lieben?«

»Lassen Sie uns einen Weg beschreiten, den wir nicht unbedingt zu Ende gehen müssen.«

»Das verstehe ich nicht …«

»Wenn wir ihn nicht gehen müssen, sind wir froh. Und wenn wir ihn doch gehen müssen, haben wir schon den ersten Schritt getan. Und dann ist alles nicht mehr so schlimm.«

»Was meinen Sie?«

»Lassen Sie uns über die Beerdigung sprechen. Wen wollen Sie einladen? Wer stand Angela nahe?«

»Nein!«, schrie Röhrdanz, halb wahnsinnig vor Schmerz. »Sie lebt! Sie lebt doch noch! Und das Baby auch! Wir können doch nicht …« Röhrdanz schluchzte hemmungslos. »Das können Sie mir doch nicht antun!«

»Gehen Sie diesen Schritt mit mir. Wir nehmen jetzt einen Stift und beschriften Umschläge mit Namen und Adressen. Ich helfe Ihnen.«

»Das ist ja ... vollkommen verrückt ist das ...«

»Es ist ein erster Schritt, den Willen Gottes anzunehmen. Ein erster Schritt zum Gehorsam. Abraham hat seinen Sohn auch opfern wollen. Und Gott hat ihn im letzten Moment erlöst.«

»Was?«, schnaubte Röhrdanz fassungslos.

»Wenn wir die Umschläge nicht brauchen, werfen wir sie einfach weg, einverstanden?«

Röhrdanz hob den Kopf. Jetzt sah er, dass der Pfarrer auch weinte.

Vielleicht wollte Gott wirklich ein Zeichen des Gehorsams. Vielleicht musste er aufhören, sich dagegen aufzubäumen. Vielleicht würde Gott dann ein Einsehen haben.

Ja. Das war vielleicht ein Weg. Der Pfarrer musste es ja wissen.

Röhrdanz nickte stumm. Er ging leise ins Arbeitszimmer hinüber, kramte in seinem Schreibtisch, auf dem ein Bild von der lachenden Angela stand, strich liebevoll und fragend darüber und holte die Umschläge hervor. »Du machst Sachen«, sagte er zu dem Bild.

Dann setzte er sich mit dem Pfarrer an den Tisch.

*R*öhrdanz lag im Krankenhausbett neben Angela. An Schlaf war nicht zu denken. Alle paar Minuten glitt die

Nachtschwester zur Tür herein und mit ihr der Lichtschein vom Flur. Sie schaute nach Angela, saugte ihr den Schleim ab, prüfte die Apparate und huschte wieder hinaus. Röhrdanz warf sich unruhig hin und her. Schlief Angela? War sie wach? Lebte sie noch? So konnte es doch nicht weitergehen! Er selbst war am Ende seiner Kräfte.

Seit einer Woche hatte er nicht mehr als eine Stunde am Stück geschlafen. Zu Hause warteten die Kleinen, die nach ihrer Mama weinten und die er trösten musste. Ein paar Häuser weiter wohnte die Schwiegermutter, die ebenfalls Trost brauchte. In der Firma saß er wie gelähmt am Schreibtisch und starrte Löcher in die Luft. Der Kühlschrank war leer, die Kindergärtnerin hatte ihn ermahnt, Denise endlich mal frische Sachen anzuziehen. Das Baby schrie und schlug nach ihm, wenn er es füttern wollte.

Dagmar versuchte so oft es ging auf die Kleinen aufzupassen, aber sie war zu jung für die dauerhafte Verantwortung.

Die Nachbarn steckten die Köpfe zusammen, wenn er ihnen im Treppenhaus begegnete.

Alle waren neugierig und wollten wissen, was passiert war. Alle redeten davon, helfen zu wollen. Aber niemand half.

Es war ein unerträglicher Zustand. Am liebsten wäre er selbst gestorben.

Leise erhob er sich, wobei seine Glieder schmerzten. Er beugte sich über Angela, die dunkle Gestalt, die einmal seine Frau gewesen war. »Schläfst du, Liebling?«

Der fahle Mond schob sich als milchige Sichel durch den Nebel, und Röhrdanz sah ihr Profil, das in diesem

Zwielicht noch unheimlicher aussah als sonst. Die Schläuche in ihrer Nase ließen es wirken wie ein Gruselbild.

»Ich muss mir mal die Beine vertreten, aber keine Angst, ich hau nicht ab.« Röhrdanz berührte vorsichtig ihren Arm. »Schlaf weiter, Liebes. Ich komme wieder.«

Seine Stimme klang rau. Wo sollte er noch Trost und Zuversicht hernehmen? Lieber Gott, bist du da draußen, irgendwo am Himmel? Gibt es einen winzigen Funken Zuversicht?

Der Mond verschwand wieder hinter einer riesigen schwarzen Wolke, die noch den letzten Zipfel Licht verschluckte. Das machte ihm entsetzliche Angst. Röhrdanz glaubte, von dieser schwarzen Wolke verschlungen zu werden, wenn er nicht sofort das Krankenzimmer verließ.

Leise schlich er den Flur entlang, und obwohl er es nicht vorgehabt hatte, stand er plötzlich vor der Krankenhauskapelle. Er zog die schwere Tür auf. Kühle, Stille und Dunkelheit umfingen ihn. Er setzte sich still in die letzte Bank. Als seine Augen sich an die Schwärze gewöhnt hatten, nahm er die Umrisse des Kreuzes über dem Altar wahr. Er faltete seine Hände und starrte wie gebannt nach vorn, wartete auf irgendeine Erscheinung, irgendein Zeichen.

Lieber Gott, wenn es dich gibt, dann mach jetzt irgendwas.

Nichts. Nur Schwärze und grässliche Angst.

Ich sitze jetzt hier, lieber Gott. Ich weiß, dass ich seit Jahren nicht gebetet habe, geschweige denn in der Kirche war. Aber du hast mich an den Ohren hierhergezogen. Jetzt bin ich klitzeklein. Ich kann nur flehen, betteln, heulen und mit den Zähnen knirschen. Jetzt bin ich ein Hiob geworden. Bitte, nimm mir meine Frau nicht weg. Nimm den Kindern ihre Mutter nicht weg. Nicht so. Nicht so unermesslich grausam. So quälend langsam. Sie ist eingeschlossen, Gott! Eingemauert! Kein Gefangener dieser Welt ist so gelähmt wie sie! Sie hat es nicht verdient, Gott! Sie hat nichts Böses getan! Sie war immer so eine heitere, lustige, warmherzige und liebevolle Frau …

Und plötzlich fand Röhrdanz einen Weg aus der Hölle der Verzweiflung, indem er durch den Tunnel der Erinnerung ging. Und da, am Ende des Tunnels, sah er Angela, wie sie damals zum ersten Mal an seine Bürotür klopfte.

12

»*Guten Morgen, Herr Röhrdanz. Ich* bin die Neue.«

»Na, dann kommen Sie mal rein.« Röhrdanz schaute wohlwollend auf das junge schüchterne Mädchen. Es war blond, recht hübsch und trug eine Brille.

»Was können Sie denn?«, scherzte er.

»Wie meinen Sie das, ich …«

»Haben Sie schon mal Kaffee gekocht?«

»Ja, aber …«

»Oder Bleistifte angespitzt?« Röhrdanz grinste spitzbübisch und zeigte auf den Stiftehalter. »Da! Aber wehe, es bricht einer ab!« Sie wollte schon loslegen, als er lachend sagte: »Sie wollen doch hier was lernen, oder? Am besten, Sie machen die Ablage, da bekommen Sie gleich was von unserem Schriftverkehr mit …«

*D*ann der Tag, an dem er mit Angela und noch zwei Azubis nach Mainz gefahren war. Ins Gutenberg-Museum. Das gehörte zum Ausbildungsprogramm seiner Firma. Die alten Druckmaschinen erklären. Auf der Rückfahrt stellte Röhrdanz seinen Rückspiegel so ein, dass er ihr ins Gesicht schauen konnte. Manchmal trafen sich ihre Blicke, und dann sah sie schnell aus dem Fenster. Es war ein amüsantes Spiel, und Röhrdanz hatte seinen Spaß. Sie hatte ziemlichen Respekt vor ihm, weil Röhrdanz sie immer rechnen ließ. Mathe war nicht gerade ihre Stärke. Plötzlich wurde Angela blass. Sie versuchte, das Fenster herunterzukurbeln, doch es gelang ihr nicht.

»He, aber jetzt nicht kötzeln!«

Zu spät. Angela würgte bereits. Röhrdanz lenkte den Wagen so schnell er konnte auf den Seitenstreifen, sprang hinaus und riss die hintere Tür auf.

Sie fiel ihm entgegen und übergab sich auf seine Schuhe.

Na toll, dachte Röhrdanz, während er die junge Frau hielt. Das kommt von deinem dämlichen Geflirte. Du hast sie total überfordert. Die ist doch erst sechzehn, Mann!

Und das ist jetzt die Strafe.

Die vorbeirasenden Autos hupten, er fühlte den kalten Windzug. Raus aus der Gefahrenzone!

Röhrdanz zog Angela ins Gras, tupfte ihr den Mund ab und zitterte selbst vor Schreck.

»Geht es wieder?«

»Entschuldigung! Das ist mir jetzt voll peinlich …« Sie würgte schon wieder. Die anderen Auszubildenden, die noch im Auto saßen, wandten sich angewidert ab.

Da kam noch eine zweite Ladung. »Ist ja gut, ist ja gut.« Röhrdanz machte sich ernsthafte Vorwürfe, fuhr sie persönlich nach Hause und übergab sie ihren Eltern.

»Ach Gott, das ist uns aber unangenehm! Hat sie Ihnen Umstände gemacht?«

Nee, sie hat mir nur auf meine neuen Lederschuhe gekotzt. Nichts weiter.

»Lassen Sie sie morgen mal zu Hause«, sagte er großzügig.

Dann der Bowling-Ausflug, ein Jahr später. Da war sie schon deutlich weniger schüchtern und hatte die babyblaue Strickjacke gegen ein kesseres Outfit getauscht. Enge Jeans, witzige Stiefeletten, sexy Bluse.

»Gehen Sie öfter Bowlen, Angela?«

»Manchmal, mit meinem Freund!«

Sie hat einen Freund. Was hast du denn gedacht, Röhrdanz!

Und dann nahm sie Anlauf, bückte sich und schleuderte die schwere Kugel so rührend ungeschickt von sich weg … Röhrdanz konnte den Blick kaum von ihr lassen. Guck woanders hin, du Idiot, schalt er sich. Die Kleine ist siebzehn, und du bist ein geschiedener Familienvater von Mitte dreißig. Sie könnte deine Tochter sein.

»Oh, 'tschuldigung …« Angela wandte sich um und lächelte verlegen. »Wieder kein Punkt für unsere Mannschaft …«

»Macht nichts«, sagte Röhrdanz. »Sie drehen sich falsch.« Er nahm sie bei den Schultern, ihr Haar roch nach Pfirsich. »So, und jetzt Schwung holen, und … loslassen! Ja! Super! Geht doch!«

Die Kugel rollte in der Mitte der Bahn schnurgerade auf die Kegel los und säbelte sie alle um.

Er traute seinen Augen kaum. Was für ein Schuss! Röhrdanz, reiß dich zusammen. Lass das Mädel los. Du machst dich zum Affen.

Angela riss die Arme hoch, strahlte ihn an: »Volltreffer!«

»Siegerteam«, spöttelte sein Kollege Harald gutmütig und reichte ihm sein Bier. Angela zog sich errötend in ihre Ecke zurück und nippte an ihrer Cola. Dabei warf sie ihm einen Blick zu, bei dem ihm ganz warm wurde.

Mochte sie ihn etwa? Ging sie auf seinen Flirt ein?

Es war ein wunderbarer Abend. Es knisterte zwischen ihnen. Er fühlte sich jung und unbeschwert, vergaß den noch frischen Scheidungskrieg mit Irene, vergaß seine Sorge um die Jungs. Die junge Frau verzauberte ihn. Sie lachten und tauschten heimliche Blicke … bis ihr Freund auftauchte.

Ein langer Lulatsch, kaum achtzehn, Pickel im Gesicht, Flaum auf der Oberlippe. Sollte das ein Schnurrbart werden, wenn's mal fertig war? Fand er das männlich? Hilfe, dachte Röhrdanz. Der sollte seinen Friseur verklagen! Wer hatte dem langen Elend bloß diesen Topfschnitt verpasst? Röhrdanz übermannte ein plötzliches Glücksgefühl: Den Spargeltarzan steche ich aus!

»Können wir Sie noch irgendwohin mitnehmen?«, fragte Angela, als die anderen sich verabschiedeten.

»Ich wollte noch auf ein Bier in meine Stammkneipe.« Röhrdanz griff nach seiner Jacke. »Die nächste S-Bahn Richtung Innenstadt fährt in zwölf Minuten.«

»Ach, Holger, lass meinen Chef ein Stück mitfahren«, gurrte Angela und zog am Holzfällerhemd des dürren Bubis. »Er hat mir heute das Kegeln beigebracht!«

Ich würde dir gern noch ganz andere Sachen beibringen!, dachte Röhrdanz. Tanzen zum Beispiel. Küssen. Ein Jahr noch. Dann ist sie »erwachsen« … Gleichzeitig schämte er sich für diese Gedanken. »Ich hoffe, Sie haben keinen Alkohol getrunken??«, fragte er streng.

Der Junge schüttelte den Kopf, latschte mit hängenden Schultern vor ihnen her. Auf der Straße parkte ein winziger grauer Leukoplastbomber.

»Und in das Spielzeugauto soll ich jetzt einsteigen?«, fragte Röhrdanz amüsiert.

»Wenn es Ihnen nichts ausmacht?«, fragte Angela keck zurück. Röhrdanz faltete sich zusammen wie ein Taschenschirm und quetschte sich auf die spartanisch kleine Rückbank. Dabei amüsierte er sich königlich.

»Besser schlecht gefahren als gut gelaufen«, murmelte Holger gekränkt, als er den Motor anließ. Angela setzte sich auf den Beifahrersitz.

In dem winzigen Gefährt musste Röhrdanz sich nicht groß vorbeugen, um seine Nase in Angelas blonde Mähne zu stecken. Der Pfirsichduft überwältigte ihn … Lass das, Röhrdanz, du bist betrunken!! Du bist ihr Chef!

Er lehnte sich zurück und schloss die Augen. Siebzehn Jahr, blondes Haar … Abrupt wurde der Wagen abgewürgt. Der Knabe hielt an der vereinbarten Kreuzung. »Da wären wir. War nett, Sie kennenzulernen.«

Angela glitt anmutig aus dem Wagen, er quälte sich etwas überfordert hinterher.

War es das?, fragten seine Augen, als er ihr die Hand hinstreckte.

Das werden wir sehen, antworteten ihre Augen, als sie sie drückte.

Dann knatterte der Plastikbomber davon.

*E*in Jahr später nahm Röhrdanz seinen ganzen Mut zusammen und fragte die inzwischen achtzehnjährige

Angela, ob sie nicht Lust hätte, am Samstag mit ihm essen zu gehen.

»Halten Sie das wirklich für eine gute Idee?«, fragte Angela errötend. »Was, wenn man uns zusammen sieht? Das könnte Gerüchte geben …«

»Ich dachte, wir fahren nach Venlo, nach Holland«, schlug Röhrdanz vor. »Bis dahin ist es nur ein Katzensprung, und niemand kennt uns dort.«

»Wann und wo?«, kam es wie aus der Pistole geschossen.

»Samstagvormittag um elf. Ich hole Sie ab.«

»Lieber nicht, Chef. Diese Idee ist, glaube ich, doch nicht so gut …«

Röhrdanz zog fragend die Augenbrauen hoch.

»Ähm … wegen meinem Vater. Der ist doch gar nicht viel älter als Sie.«

»Wegen meines Vaters heißt das. Also gut. Dann treffen wir uns auf dem Firmenparkplatz.«

Angela lachte und deutete fragend aus dem Fenster. Anschließend sagte sie gespielt gehorsam: »Ist gut, Chef.«

Es wurde ein wunderschöner Tag. Bereits im Auto unterhielten sie sich angeregt und gingen schnell zum Du über. In Venlo angekommen, bummelten sie entspannt durch die Fußgängerzone, und Angela sah sich die Schaufenster an. Ein T-Shirt hatte es ihr besonders angetan. Als Röhrdanz es ihr schenken wollte, wehrte sie erschrocken ab: »Nein, das zahle ich selbst.«

Aha. Natürlich, ein Rückzieher.

Die Verkäuferin, die das T-Shirt einpackte, gab ihm

den Rest: »Das kann doch ruhig der Papa bezahlen, bei so einer hübschen Tochter …«

Röhrdanz musste schlucken und wandte sich ab. Blöd gelaufen. Jetzt stehst du da wie ein Trottel. Sie gingen weiter, verlegen, jeder hatte die Hände in den Manteltaschen vergraben. Der Zauber war verflogen. Man hielt sie für Vater und Tochter. Dabei war er vor zehn Minuten fast so weit gewesen, ihre Hand zu nehmen. Jetzt waren zwei Meter Abstand zwischen ihnen.

»Darf ich dich wenigstens zum Essen einladen?« Röhrdanz schob die Tür zu einem netten Restaurant auf.

»Ich würde gerne selbst zahlen …« Angela schälte sich aus ihrem Mantel und sah ihn verlegen an.

»Dann sollten wir uns auch lieber wieder siezen …« Röhrdanz nahm ihr den Mantel ab und hängte ihn an einen Haken, so wie er seine Hoffnung auf sie an den Haken hängte. Im Grunde ist es besser so. Sie ist deine Auszubildende, dachte Röhrdanz.

»Wir können doch privat du sagen und in der Firma Sie!« Angela hatte ganz rote Wangen, als sie ihm diesen Vorschlag über der Speisekarte unterbreitete. Dann sah sie ihn mit kindlichem Ernst an: »Wir mögen uns doch.«

»Ja?« Röhrdanz fühlte sein Herz, das gerade noch mit K. o.-Tropfen in der Ecke gelegen hatte, leise flattern. »Tun wir das?«

»Also ich mag Sie. Äh, dich. Ich finde es schön mit dir.«

»Und dein Freund hat selbstverständlich nichts dagegen, wenn ich wieder einen Ausflug mit dir mache und dich möglicherweise zum Kauf eines T-Shirts animiere?«

»Nö. Muss er ja nicht wissen.« Sie grinste entwaffnend. »Ich mag dich nämlich wirklich.«

»Obwohl ich immer so streng bin?«

»Du tust doch nur so.« Angela lächelte ihn an, dass ihm ganz warm wurde.

Er griff über den Tisch, und sie nahm seine Hand. Da saßen sie sich gegenüber, sahen sich an, und er konnte sein Glück kaum fassen. Sollte diese junge Frau in seinem Leben tatsächlich eine Rolle spielen? Sie war gerade volljährig geworden, die Ausbildung würde bald vorbei sein, und dann …

»Mein Privatleben war bisher ziemlich verkorkst«, sagte er ehrlich, nachdem die Kellnerin ihnen die Speisekarten wieder abgenommen hatte. Sie hatten irgendwas bestellt, nur damit sie wieder ging.

»Du hast zwei Söhne, nicht?« Angelas Gesicht wurde ernst.

»Woher weißt du das? Spionierst du mir nach?« Gespielt strenger Blick.

»Die Fotos stehen auf deinem Schreibtisch. Nur keines von einer Frau. Da hab ich mir schon gedacht …«

»Dass sie tot ist …?«

»Nö. Dann stünde ihr Bild bestimmt da.« Angela lächelte verschmitzt. »Ich hab schon mitgekriegt, dass du geschieden bist.«

Röhrdanz ließ ihre Hand los und spielte nachdenklich mit seinem Glas:

»Irene ist so … anders als du. Sie macht sich so viel

aus materiellen Dingen, sie braucht immer die neueste Handtasche und das schnellste Auto …« Er griff nach einem Stück Brot und bestrich es gedankenverloren mit Kräuterdip: »Sie braucht dieses Schickimicki-Getue, die wilden Partys und vernachlässigt darüber die Kinder.«

Angela schüttelte nur stumm den Kopf.

»Sie bekam immer mehr Ähnlichkeit mit der bösen Königin aus dem Märchen. Reich, aber ein Herz aus Stein. Sie war einfach die Falsche.«

»Wieso ist deine Frau reich?«

»Du wirst es nicht glauben, Angela, und denkst jetzt, ich will dir einen Bären aufbinden, aber es ist wahr: Weil wir sechs Richtige im Lotto hatten.«

Angela lachte. »Das glaube ich wirklich nicht!«

»Ist aber so! Wir haben immer Lotto gespielt, Irene und ich, und auf einmal hatten wir sechs Richtige. Irre viel Geld. Aber glücklicher hat uns das nicht gemacht. Im Gegenteil. Sie hat es mit vollen Händen ausgegeben, für Klamotten, Reisen, ein teures Auto …«

Angela starrte ihn mit offenem Mund an. »Und warum arbeitest du überhaupt noch in der Firma?«

»Weil es mir Spaß macht. Weil ich gern arbeite. Und weil ….«

»Weil ich da bin?«, fragte Angela vorsichtig.

Röhrdanz kratzte sich am Kinn: »Kann schon sein.«

Das Essen kam, und die beiden stocherten gedankenverloren darin herum.

»Wir haben wohl keine Chance, wir zwei?«, tastete sich Röhrdanz weiter vor.

»Dein älterer Sohn ist fast so alt wie ich …«

»Na ja. Fast. Christian ist sechs Jahre jünger als du.« Er tupfte sich mit der Serviette den Mund ab: »Du hast recht. Ich bin ein bekloppter Spinner.«

»Nun übertreib mal nicht, Chef. Du bist ein sehr attraktiver, sympathischer Mann, und ich würde vorschlagen …« Sie nahm einen Schluck Wasser, bevor sie sehr ernsthaft sagte: »Wir können doch einfach Freunde sein!«

Er schüttelte den Kopf. »Das funktioniert nicht. Zwischen uns funkt es, das spüre ich, und das geht nicht nur von mir aus.« Er hob ihr Kinn und zwang sie, ihm in die Augen zu sehen: »Stimmt's?«

Sie errötete, und der Blick, den sie jetzt tauschten, brachte die Luft zum Knistern.

»Ich will nicht, dass wir Freunde sind«, sagte er heiser.

»Warum nicht? Sollen wir etwa … Feinde sein?«, flüsterte Angela unsicher.

»Weil ich mehr will als Freundschaft. Zumindest, wenn wir uns außerhalb der Firma treffen.«

Angela wusste nicht, was sie darauf sagen sollte. Sie dachte fieberhaft nach.

»Und ich glaube, du würdest auch nicht mit mir befreundet sein wollen. Es wäre nicht gut für deine Beziehung zu Holger, weil du dich letzten Endes doch in mich verlieben würdest. Und dann würdest du Dinge tun, die du später bereust. Anschließend würdest du mir Vorwürfe machen und irgendwann kündigen, weil dich die ganze Situation komplett überfordert.«

»All das bezweifle ich. Ich möchte nur nichts mit meinem Vorgesetzten anfangen …«

»Und wenn wir dich in eine andere Abteilung versetzen?«

Angela richtete sich auf. »Wenn du nicht mehr mein direkter Vorgesetzter wärst …?« Sie entnahm seinem Tonfall, dass er es wirklich ernst meinte. »Anscheinend hast du bereits alles genau durchdacht.«

»Stimmt.« Röhrdanz lächelte ein sehr warmes Lächeln.

Angela senkte den Kopf. Sie wandte den Blick ab und flüsterte: »Ich bin aber gerne in Ihrer … in deiner Abteilung. Ich freue mich jeden Tag auf die Arbeit.«

Schweigend starrte er aus dem Fenster.

»Wir sollten allmählich zurückfahren, meinst du nicht auch?«, sagte sie nach einer Weile mit einem Blick auf die Uhr. »Meine Eltern können wahnsinnig sauer werden, wenn ich nicht pünktlich zu Hause bin.«

Röhrdanz seufzte. »Du bist achtzehn. Du bist erwachsen …«

Angela sah ihm fest in die Augen, schien auf seine kleine Provokation nicht eingehen zu wollen: »Bitte, mach nicht alles kaputt, okay?«

»Was soll ich nicht kaputt machen?«

»Das hier. Das, was mich so glücklich macht. Ich schreibe alles in mein Tagebuch, damit ich nichts vergesse. Ich kann mich an jede Sekunde erinnern, die ich mit dir verbracht habe …«

»Ehrlich?« Röhrdanz schob seinen Teller weg, um ihre Hände greifen zu können.

Sie holte tief Luft. »Dieser Ausflug mit dir bedeutet mir sehr viel. Ich habe lange davon geträumt, dich einmal ganz allein für mich zu haben.« Sie schwieg einen Moment, um ihre Gedanken zu sortieren. »Obwohl es mir eigentlich nicht zusteht, den Chef für mich alleine zu haben …« Sie zögerte einen Moment, bevor sie gestand: »Ich glaube, die anderen merken schon was. Neulich, an der Bushaltestelle, haben sie gar nicht mit mir gesprochen.« Sie fröstelte, machte ihre Hände los und rieb ihre Oberarme.

Da wurde Röhrdanz klar, dass er die junge Frau mit der Situation überforderte. Sie hatte ihn gern, war offensichtlich sogar in ihn verliebt. Aber mehr konnte er zu diesem Zeitpunkt noch nicht von ihr erwarten.

13

Zu Röhrdanz' blankem Entsetzen brachte sie beim nächsten Mal ganz arglos ihren Holger, Mister Karohemd, mit. Er hatte sie zu einem Popkonzert in die Philipshalle eingeladen, und jetzt kam er sich furchtbar blöd vor in seiner Familienvater-Kluft mit Sakko, Hemd und Krawatte, während Angela und ihr dürrer Hampelmann im Takt mitwippten.

Das heißt, der Leukoplastbomberfahrer wippte. Völlig enthemmt. Offensichtlich wollte er seinem spießigen Nebenbuhler mal zeigen, wie cool er war. Er warf den Kopf hin und her und sang mit kieksender Stimme die Refrains mit. Sie standen an der Brüstung des Balkons, unten lärmte die Band, und die Lichtreflexe zauberten eine irreale Stimmung. Röhrdanz sah zuckende Köpfe, tanzende Leiber, er hörte das enthemmte Grölen der jungen Leute um sich herum. Hier gehöre ich nicht hin, dachte er, bis er sah, dass Angela auch nicht tanzte. Sie stand genauso still da wie er, ihr blondes Haar glänzte im Schweinwerferlicht auf, und ihr Gesichtsausdruck war ernst.

Als sie seinen Blick auffing, wandte sie sich verlegen ab und schaute wieder zur Bühne.

Er stand ganz dicht neben ihr, nahm seinen ganzen Mut zusammen und streifte wie zufällig ihre Hand. Er zählte die Sekunden. Wann würde sie sich seiner Berührung entziehen?

Der lange Lulatsch hampelte und sang. Machte sich zum Affen. Das war doch überhaupt kein Mann für sie! Und er, Röhrdanz? Machte er sich etwa nicht zum Affen? War er ein Mann für sie?

Auf jeden Fall ein Mann. Und kein Hampelmann.

Plötzlich drehte sie sich zu ihm herum und hob ihre Hand.

Würde sie ihm eine knallen? Das wäre vielleicht das Beste für ihn. Dann würde er unsanft in die Wirklichkeit zurückgeholt.

Sanft, ganz sanft, strich sie ihm über die Wange.

Er schmiegte sein Gesicht an ihre Hand. Das fühlte sich gut an. Gut und richtig. Mein Gott, hier gehörte er hin! Sie verschränkten ihre Hände und schauten sich ganz tief in die Augen. Die zuckenden Menschenmassen um sie herum verschwammen zu einer unwirklichen Kulisse. Sie schienen ganz allein auf der Welt zu sein. Seligkeit überkam ihn. Sein Herz zog sich in süßem Schmerz zusammen, bevor es tausend Purzelbäume schlug. Er war verliebt! Es hatte ihn richtig erwischt! Sie hielt seinem Blick stand, in ihren Augen war beglückte Verwunderung zu lesen: So also fühlt sich Liebe an?

Am liebsten hätte er sie geküsst, aber er wollte den Jungen nicht vor den Kopf stoßen, Angela nicht in eine peinliche Situation bringen. Trotz seiner Gefühle siegte sein erwachsener Verstand. Jetzt nicht, Röhrdanz. Gut Ding will Weile haben. Ihre Zeit würde noch kommen.

Sie würden sich küssen. Bald. Allein.

Am Sonntag war es dann so weit. Röhrdanz hatte Angela auf einen Spaziergang eingeladen. Und er wusste auch schon einen wirklich romantischen Ort: Schloss Burg.

Die mittelalterliche Anlage auf einem recht imposanten Hügel hoch über der Wupper war über einen Sessellift zu erreichen.

Die Sommersonne schien warm vom blauen Himmel herab, als sie gemeinsam emporschwebten. Sie kuschelten sich ganz eng aneinander, ihre Knie berührten sich. Angela trug einen fast durchsichtigen, langen braunen Rock, der im Sommerwind flatterte und durch den er die Umrisse ihrer Beine erkennen konnte. Dazu eine passende Bluse, die ihre zarte Figur noch unterstrich. Alles an ihr war so filigran und zerbrechlich wie bei einem kleinen Schmetterling. Man musste aufpassen, dass man ihn behutsam behandelte. Sonst flog er noch weg, oder man würde ihn beschädigen. Dann würde er nicht mehr fliegen können. Aber jetzt flogen sie! Alle beide! In Zeitlupe zwar, aber …

Obwohl die Fahrt in dem altmodischen Sessellift nur wenige Minuten dauerte, kostete Röhrdanz diesen Moment voll und ganz aus. Der Sommerwind strich über seine Haut, und eine nie gekannte Sehnsucht nach Glück und Geborgenheit überkam ihn. Sein Magen zog sich fast schmerzhaft zusammen. Dass Verliebtsein so was Herrliches sein konnte! Natürlich hatte er Irene auch einmal attraktiv gefunden und war irgendwie stolz an ihrer Seite gewesen. Aber ihre Gefühlskälte und Sucht nach materiellen Dingen hatten sein Herz so schnell schrumpfen lassen, als hätte man es in die Tiefkühltruhe gelegt. Schon lange hatte er keine solchen Gefühle mehr für irgendjemanden gehegt. Für seine Söhne Christian und Oliver vielleicht, aber das waren Vater-Gefühle.

Außerdem musste er zurzeit dauernd darum kämpfen, die beiden besuchen zu dürfen. Irene benutzte die Kinder als Druckmittel gegen ihren Ex. Wie oft war er schon die zweihundert Kilometer nach Mannheim gefahren, um seine Jungs für ein paar Stunden zu sehen. Irene hatte sich dort von ihrem gemeinsamen Lottogewinn ein Einfamilienhaus gekauft, und er hatte darauf bestanden, dass die Söhne im Grundbuch eingetragen wurden. Er selbst hatte keinen Pfennig von dem Geld haben wollen. Und wie oft hatte er – trotz vorheriger schriftlicher Verabredung – vor verschlossenen Türen gestanden. Das alles hatte sich nicht gerade positiv auf sein Frauenbild ausgewirkt.

Bis er Angela traf. Wie ein Sonnenstrahl hatte sie sein verhärtetes Gemüt erwärmt. Angela hatte ihm sein Lächeln wiedergeschenkt.

Beim Aussteigen reichte er ihr die Hand, und sie sprang anmutig aus dem Sessellift, der sich langsam tuckernd weiterdrehte und erneut auf Talfahrt begab. Allerdings ohne sie.

Ihre Talfahrt sollte erst noch kommen.

*W*ährend des Spaziergangs fasste Röhrdanz sich ein Herz und legte seine Hand um Angelas schmale Hüfte. Sie wehrte ihn nicht ab. Er war glücklich. Er hatte seine Traumfrau im Arm. Sie schlenderten schweigend an den alten Fachwerkhäusern vorbei, und auch Angela machte einen gelösten Eindruck. Sie schien sich in seiner Nähe einfach nur wohlzufühlen. Röhrdanz war glücklich wie noch nie in seinem Leben: Sein Herz pochte wie wild, als sie sich plötzlich von ihm losmachte und lachend auf einen kleinen Felsen kletterte. Was sollte das denn jetzt? Sollte er ihr nachlaufen? Ihr Rock schien für die Kletterei ungeeignet, er rutschte ihr hoch, er sah ihre braun gebrannten Beine, an den Füßen trug sie Stoffturnschuhe.

Als sie sprang, breitete er die Arme aus. Sie landete an seiner Brust. Sie schauten sich lange in die Augen. Niemand senkte den Blick. Niemand löste sich aus der Umarmung.

Und jetzt wusste Röhrdanz, dass der richtige Moment gekommen war. Er konnte nicht anders. Er küsste sie, ausdauernd und innig, und sie erwiderte seinen Kuss. Ihre Lippen waren so voll und weich wie eine reife Erdbeere. Einen Moment lang befürchtete er, sie würde ihren Entschluss bereuen und ihn wegstoßen, aber das tat sie nicht. Hingebungsvoll lag sie in seinen Armen. Als er sie endlich frei gab, war ihr Gesicht gerötet vor Freude. Sie strich sich eine blonde Haarsträhne aus dem Gesicht, und Röhrdanz wusste, dass er noch nie in so strahlende Augen gesehen hatte.

»Mich hat's voll erwischt«, verkündete sie, halb schüchtern, halb triumphierend, »aber meine Eltern haben gesagt, dass man aufhören soll, wenn's am schönsten ist.«

»Deine Eltern scheinen ja richtige Spielverderber zu

sein …« Röhrdanz hielt immer noch ihre Hüfte umschlungen und wollte sie wieder an sich ziehen.

»Na ja, wenn sie von uns beiden wüssten, würden sie mich umbringen.«

»Aber warum denn? Wir sind doch einfach nur glücklich!« Er strich ihr sanft eine Strähne aus dem erhitzten Gesicht: »Kann denn Liebe Sünde sein?«

Angela wollte etwas entgegnen, schien es sich aber wieder anders zu überlegen. Schließlich meinte sie kopfschüttelnd: »Das würde ihnen nicht gefallen.«

»So was gibt es nicht: Eltern, die ihren Kindern ihr Glück nicht gönnen.«

Die Antwort lag auf der Hand, und Angelas Gesicht wurde ernst. »Sie würden mich für ein Flittchen halten und dich für einen Mädchenverführer …«

Er legte den Kopf schräg und sah ihr fest in die Augen: »Glaubst du das denn?«

Angela schloss die Augen und näherte sich seinem Gesicht erneut. »Aber sie sind ja nicht hier …«

Sie küssten sich wieder, und der Kuss schmeckte nach mehr … Sie vergaßen die Menschen um sie herum, vergaßen die ganze Welt. Sie schmiegte sich an ihn, und er fühlte, dass sie bereit war. Da war diese überwältigende Sehnsucht, mit ihr allein zu sein, und er spürte, dass es keinen Zweck hatte, sich noch länger dagegen zu sträuben.

»Lass uns«, er räusperte sich verlegen, »irgendwohin gehen. Komm.«

Er zog sie mit sich, sie liefen Hand in Hand zwischen den flanierenden Menschen hindurch zu einem Gasthaus, wo die Leute auf einer originellen Dachterrasse in Schaukelstühlen und Hollywoodschaukeln saßen und Kaffee tranken.

»Bergische Kaffeetafel« stand auf einer Schiefertafel am Eingang, wo sich Buschwindröschen rankten. »Bergische Waffeln, Rosinenstuten, frisches hausgemachtes Brot, Honig, Apfel- und Rübenkraut, selbst gemachte Erdbeermarmelade, Butter, Quark, Käse, Wurst, Schinken, Milchreis mit Zucker und Zimt.«

»Bergische Kaffeetafel?«, fragte Angela. »Was ist das denn?«

»Das kennst du nicht?!« Röhrdanz zog sie übermütig lachend in den Gastgarten. »Das ist Tradition im Bergischen Land. Man trinkt den Kaffee aus einer Dröppelminna, das ist eine Kranenkanne auf drei Beinen, meist aus Zinn, und der Kaffee tröpfelt ganz langsam aus der Kanne. Man lässt es langsam angehen.« Er zeigte auf eine freie Sitzecke im hinteren Teil der Terrasse, die von wilden Rosenbüschen fast verdeckt war. »Schau. Dieses Plätzchen ist extra für uns reserviert.«

Angela strahlte ihn an. Sie glitt neben ihn auf die gelb-weiß bezogene Sitzbank und vertiefte sich gleich in die ausliegende Speisekarte. »Mann, ist das viel! Das kann ich unmöglich schaffen!«

»Darum lässt man sich ja Zeit! So eine bergische Kaffeetafel dauert gut und gern zwei Stunden.«

Er legte den Arm um ihre Schultern und genoss es einfach, bei ihr zu sein. Er atmete den Duft ihrer Haare, und als er sein Gesicht darin vergrub, hörte er sich plötzlich mit rauer Stimme sagen:

»Ich liebe dich, Angela, und das meine ich ernst!«

Sie schmiegte sich an ihn. »Ich liebe dich auch, Michael«, flüsterte sie, so leise, dass er sie fast nicht verstehen konnte.

Sie sagten beide kein Wort, hörten nur laut ihr Herz klopfen und schauten sich an. Er fühlte sich wie in einem Film.

»Es ist wunderschön hier oben«, sagte Angela schließlich.

»Ja. Weil du hier bist.«

Als sie nicht darauf antwortete, nahm er ihre schmale Hand. »Bereust du es auch nicht?«

»Was denn?«

»Mit mir altem Knacker hier oben zu sitzen?«

Sie lächelte. »Nein. Ich würde es bereuen, wenn ich mit einem anderen hier säße.«

Als er lachte, hakte sie sich bei ihm unter, lehnte ihren Kopf an seine Schulter.

»Hattest du schon oft Momente im Leben, die du einfach nur festhalten wolltest?«

Er drückte vor Freude ihren Arm, so als wollte er sie daran hindern, sich je wieder von ihm loszumachen.

»Nein«, sagte er dann mit sanfter, zärtlicher Stimme. »Ich bin gerade völlig überrascht, dass es solche Momente gibt.«

14

Am Montag in der Firma konnte Röhrdanz sein seliges Lächeln nicht verbergen. Sein Kollege Harald klopfte ihm auf die Schulter: »Soll ich dir einen Eimer Wasser über den Kopf schütten, oder schaffst du's auch so, Alter?« Danach verließ er das Zimmer.

Als es an der Tür klopfte und Angela hereinkam, hüpfte ihm das Herz fast aus dem Mund. Sie trug ihre Lieblingsjeans, dazu das rote T-Shirt, das sie in Venlo gekauft hatten, und ihre kessen Stiefeletten. Er räusperte sich, um möglichst geschäftsmäßig zu klingen, doch es misslang.

»Hallo. Gut geschlafen?« Seine Stimme war zärtlich und aufgeregt.

»Ich hab Kaffee gemacht. Für Dröppelminna haben wir ja heute keine Zeit …«

Sie senkte die Stimme, weil draußen auf dem Gang Schritte zu hören waren.

»Ich hoffe, er ist genau so, wie du ihn willst.«

»Du bist genau so, wie ich dich will.«

Wortlos wandte sie den Blick ab, doch Röhrdanz sprach weiter. »Du bist fast mit deiner Ausbildung fertig. Du bist volljährig. Jetzt liegt es nur noch an dir …«

»Der Kaffee ist ziemlich stark.« Sie senkte den Kopf.

»Du machst den besten Kaffee der Welt!« Er wollte sie berühren, doch sie entglitt ihm. Trotzdem sprach Röhrdanz weiter. »Lass mich ausreden – bitte. Gestern in Schloss Burg hast du gesagt, wie sehr du es genießt, mit mir zusammen zu sein. Und ich empfinde genau dasselbe. Doch es fällt mir schwer, hier in der Firma irgendwelche Spielchen zu spielen.«

Nervös zupfte sie an den Perlen herum, die ihr T-Shirt aus Venlo verzierten.

Irgendwie sträubte sie sich gegen das, was er sagte, während es sie gleichzeitig unendlich glücklich machte. »Es war wunderbar gestern, aber heute ist wieder Alltag, und wir sind in der Firma. Wir sind auch nicht allein …« Sie sah sich verstohlen um. Mehrere Mitarbeiter kamen und gingen über den Flur, und die Tür stand einen Spalt offen.

»Ich will dich nicht verlieren, Angela. Wenn du in eine andere Abteilung wechselst, dann nur, damit du nicht den Neid deiner Kolleginnen zu spüren bekommst. Ich kann mir einfach nicht mehr vorstellen, dich morgens in der Empfangshalle zu sehen und so tun zu müssen, als wäre nichts zwischen uns. Ich kann mir auch nicht vorstellen, nach der Arbeit nicht gemeinsam mit dir nach Hause zu gehen …«

Er schluckte und musste an seiner Krawatte zerren, um überhaupt weitersprechen zu können.

»Und außerdem kann ich mir überhaupt nicht vorstellen, dass mir je wieder so ein blonder Engel begegnen wird …«

Angela schien sich nicht sicher zu sein, ob sie ihn richtig verstanden hatte. Wahrscheinlich wagte sie es nicht, seine Worte ernst zu nehmen. Aber es war früher Morgen, sie waren nicht in einer Kneipe, und es war kein Alkohol im Spiel. Sie waren auch nicht mehr auf dieser märchenhaften Terrasse, die wie ein schöner Traum gewesen war. Er warf ihr einen Blick zu, der aus der Tiefe seines zwar angeschlagenen, aber doch liebesfähigen, ja liebeshungrigen Herzens kam. Ihr Widerstand schmolz dahin wie Eis in der Sonne. Ja, sie liebte ihn, da war er sich sicher. Sie liebte Röhrdanz, der sie drei Jahre lang durch alle Höhen und Tiefen ihrer Ausbildung gescheucht hatte, der sie gefordert und gefördert, aber manchmal auch getriezt hatte. Sie liebte ihn nicht wie einen Vater. Sie liebte ihn als Mann.

Das Telefon in Röhrdanz' Büro klingelte, aber keiner von ihnen machte Anstalten, ranzugehen. Im hellen Neonlicht, das alles andere als romantisch war, schauten sie sich an. Röhrdanz sah, wie sich Angelas Brust hob und senkte.

Schließlich stieß sie hervor: »Ich hab viel nachgedacht …«

»Und worüber?«

»Ich hab mich von Holger getrennt.«

»Oh.« Röhrdanz musste sich an der Schreibtischkante festhalten, um nicht in frenetischen Jubel auszubrechen. »Das tut mir aber leid.« Er senkte den Blick.

»Ich kann nicht falschspielen«, sagte Angela, während sie ihm den Kaffee einschenkte.

In diesem Moment kamen zwei Mitarbeiterinnen herein und machten sich am Kopierer in der Ecke zu schaffen.

»Ich weiß nicht, ob Sie das können«, wechselte Angela sofort den Tonfall. »Aber ich kann es nicht.«

Röhrdanz schämte sich. Da hatte sich dieses herzensgute Mädchen von ihrem Kerl getrennt, weil sie ihn nicht betrügen wollte. Aber war das denn schon Betrug gewesen? Einmal Händchen halten, sich tief in die Augen sehen. Der Ausflug nach Venlo … Sie waren ganz anständig wieder nach Hause gefahren. Und die bergische Kaffeetafel gestern hätte sie auch als süßen Sonntagsflirt abtun und heute wieder mit ihrem Holger um die Häuser ziehen können. Wie viele Mädchen in ihrem Alter, die einfach mal was ausprobieren wollen. Aber sie war so ehrlich und aufrichtig, gleich reinen Tisch zu machen. Als sie die Kaffeekanne wieder auf die Warmhalteplatte stellte, streifte sie wie zufällig seinen Arm. Die beiden Kolleginnen unterhielten sich, so viel konnte Röhrdanz aus dem Augenwinkel erkennen.

»Wann sehen wir uns wieder?«, fragte er heiser.

»Ich gehe am Samstag schwimmen«, sagte Angela wie nebenbei. »Ins Hallenbad. In Ihrer Nähe.«

Oh, dachte Röhrdanz liebestrunken. Verlockendes Angebot. Er sah sie schon im Badeanzug vor sich. Ein dunkler Einteiler, der ihre langen schlanken Beine noch besser zur Geltung brachte. Ihr nasses blondes Haar.

Dann sah er sich selbst in seiner unvorteilhaften Badehose, mit den behaarten weißen Beinen und dem Bauch, der eher ein Wohlstands- als ein Waschbrettbauch war, auf dem Sprungturm stehen und …

»Spring! Na, was ist! Spring doch!«

»Ähm … Wie? Also, äh, nein danke. Ich bin im … feuchten Element nicht mehr so …

»Na los! Spring! Ich fang dich!«

»Ach nein, ich warte lieber, bis du mit dem Schwimmen fertig bist!«

»Wie bitte? Was haben Sie gesagt?«

Röhrdanz wurde plötzlich klar, dass er laut gesprochen hatte. Die beiden Kolleginnen hatten längst aufgehört, sich zu unterhalten. Mit offenem Mund starrten sie zu ihnen herüber.

»Ich glaube, ich gehe dann mal wieder zu den anderen …« Angela lief zur Schiebetür und trat hinaus in den Flur.

Röhrdanz fragte sich, ob er ihr folgen sollte. Aber das würde den anderen Angestellten nicht verborgen bleiben, was ihr und auch ihm immens geschadet hätte. Aber trotz seiner Angst vor beruflichen Konsequenzen wollte er bei ihr sein. Mehr denn je. Er trat nach draußen, tat so, als wollte er eine rauchen, und beugte sich neben ihr über das Treppenhausgeländer.

»Es tut mir leid«, sagte er.

»Was tut dir leid?«

»Dass ich so ein elender Nichtschwimmer bin.«

Angela schien zu spüren, wie sehr er sich danach sehnte, sie zu berühren. Doch was, wenn sie beobachtet wurden?

»Hast du das ernst gemeint, was du vorhin gesagt hast?«, fragte sie schließlich. Die Kolleginnen Julia und Elli gingen auffällig dicht an ihnen vorbei.

»Sie können ja die Filialen in Köln und Aachen auch davon unterrichten«, sagte Röhrdanz laut. Als sie außer Hörweite waren, raunte er: »Ja, sehr ernst sogar. Ich möchte endlich eine richtige Familie haben.«

Julia und Elli schienen hinter irgendeiner Tür zu lauschen.

»Das freut mich«, sagte sie plötzlich mit aufgesetzter Heiterkeit. »Ich glaube nämlich, dass du ein wunderbarer Ehemann und Vater bist. Du wirst noch die Richtige finden.«

Er rauchte nervös. »Du weißt wirklich, wie du mich fertigmachen kannst.«

Trotz der Anspannung musste Angela lachen. Sie ging einen halben Schritt auf ihn zu, und als sie sein Jackett an ihrem Körper spürte, merkte sie, dass es ein »Genau-richtig-Gefühl« war.

»Wir flirten uns hier beide um unseren Job.«

»Ich liebe dich, Angela«, flüsterte Röhrdanz, während er versuchte, seine Zigarette am Treppengeländer auszudrücken.

Angela schmiegte sich an ihn. »Ich liebe dich auch, Michael«, hauchte sie.

Nur das Gesicht ihres Vaters wollte sie sich dabei nicht vorstellen.

Und das ihrer Mutter erst recht nicht.

Aber das konnte Röhrdanz zu diesem Zeitpunkt alles gar nicht wissen.

*A*ls es am Samstagnachmittag bei Röhrdanz klingelte, war sein Herz schon einen Marathon gelaufen. Er hatte die Stunden gezählt, die Minuten, die Sekunden.

Er hatte die Küche geputzt, im Wohnzimmer Kerzen aufgestellt, das Schlafzimmer gelüftet, das Bett frisch bezogen und das Badezimmer auf Hochglanz gebracht.

Dann hatte er sich schnell umgezogen und nach langem Hin und Her einen dunkelgrauen Rollkragenpullover zur grauen Tweedhose gewählt – halb lässig, halb elegant, männlich, herb.

Er hatte sich schon lange nicht mehr für eine Frau schöngemacht und hoffte, sie würde ihn nicht auslachen. Die Tweedhose hatte er noch nie getragen, sie kratzte.

Atemlos riss er die Tür auf, und da stand sie vor ihm: die Haare noch feucht vom Schwimmen, die Augen voller Glanz. Sie trug ein witziges Kapuzen-Sweatshirt, das er noch nie an ihr gesehen hatte, Jogginghosen und Turnschuhe, um den Hals hatte sie ein rot gepunktetes Tuch geschlungen.

»Zweitausend Meter«, platzte sie stolz heraus. »In neunundvierzig Minuten.«

»Ich habe keine Ahnung, wie olympiaverdächtig das ist.« Röhrdanz zog sie am Arm hinein. Die Nachbarn mussten nicht unbedingt alles mitbekommen.

Sie strahlte ihn an. »Das ist schon fast die Goldmedaille.«

»Da habe ich ja noch einen Grund mehr, stolz auf dich zu sein.«

Sie schwiegen, und für einen unerträglich langen Augenblick war es so still, dass sie die Wanduhr in der Küche ticken hörten.

Röhrdanz musterte sie prüfend: War das jetzt der richtige Ort, der richtige Moment, um sie zu halten, zu berühren …

»Du siehst verdammt süß aus«, brachte er schließlich mit rauer Stimme hervor.

Angela lächelte schüchtern. Verlegen strich sie sich eine nasse, widerspenstige Strähne hinters Ohr. »Du auch«, meinte sie schließlich.

»Ich?« Röhrdanz war ganz verdattert. »Süß ist für mich nicht unbedingt der richtige Ausdruck.«

»Mir fällt kein anderer ein.«

Sie sah ihn an, und er glaubte, ein Zittern in ihrer Stimme wahrzunehmen, als sie hinzufügte: »Eigentlich wollte ich damit ausdrücken, dass du der Mann meines Lebens bist. Aber ich bin nicht so geübt in solchen Sachen …«

Röhrdanz' Herz machte einen Purzelbaum. Dass sie den Mut gefunden hatte, es zu sagen!

Sie fiel ihm in die Arme, vergrub ihr Gesicht an seiner Schulter, lachte und weinte gleichzeitig. Er hob sanft ihr Kinn, einen Moment lang sahen sie sich ganz tief in die Augen. Dann küsste er sie immer wieder, erforschte mit seinen Lippen ihr Gesicht und sog den Chlorduft ein, den er normalerweise verabscheute. Doch jetzt kam er ihm vor wie ein kostbares Parfüm. Ihr Kuss schmeckte so unberührt und rein, als hätte sie noch nie zuvor geküsst.

Sie streichelte etwas unbeholfen seine Brust, spürte seine Haut durch den eng anliegenden Rolli, die Geborgenheit in seinen starken Armen, und als sie ihre Finger erst zaghaft, dann immer fordernder in seinen Haaren vergrub, begann sie vor Erregung zu zittern. Sie schien ihr ganzes junges Leben lang auf diesen Moment gewartet zu haben.

Sie konnten gar nicht mehr aufhören, sich zu küssen, obwohl sie noch immer im Flur standen. Schließlich löste sich Röhrdanz aus der Umarmung, um sie durch die Küche ins Wohnzimmer, von dort ins Arbeitszimmer und schließlich ins Schlafzimmer zu führen. Er schlug die Tagesdecke zurück, und während sie sich ganz selbstverständlich auszog, ließ er die Jalousien herunter.

Aus dem Augenwinkel sah er, wie sie das gemeinsam gekaufte Venlo-T-Shirt mit einer raschen Bewegung über den Kopf zog. Der Sport-BH darunter war kein bisschen raffiniert geschnitten, wirkte aber dennoch unglaublich sexy. Sie sah ihn verschmitzt an, und ganz langsam wanderte ihre Hand zur Jogginghose. Sie löste die Schleife unterhalb ihres niedlichen Bauchnabels, und die Hose glitt auf den Fußboden.

Verzaubert von ihrer mädchenhaften Natürlichkeit beobachtete Röhrdanz, der immer noch am Fenster stand, wie sie sich entspannt auf sein Bett fallen ließ. Das Ganze sah fast ein bisschen nach Kissenschlacht aus. Sollte er sich jetzt auf sie werfen und mit ihr raufen? Was erwartete sie? Nun, das würde sich gleich zeigen. Hastig entledigte er sich seiner grauen Bügelfaltenhose und zog sich den Rolli über den Kopf, sodass ihm die vorher noch sorgfältig gekämmten Haare nach allen Seiten hin vom Kopf abstanden, und legte sich zu ihr. Er wusste gar nicht, wie er es anfangen sollte. O Gott, dachte er, bitte mach, dass sie mich nicht auslacht oder in der Firma herumerzählt, wie peinlich ich war!

Er spürte die Hitze ihrer weichen Haut, noch nie hatte er so eine Begierde verspürt, solch tief empfundene Gefühle gehabt, ganz ohne Netz und doppelten Boden. Das war ja verrückt! Mit seiner Exfrau Irene war es immer so geplant gewesen, so … vorprogrammiert! Sie hatte vorher jedes Mal eine halbe Stunde im Bad gebraucht, und dabei war ihm schon wieder alles vergangen. Nie hatte er sich richtig vergessen bei ihr, nie seinen Verstand verloren! Seine Lippen suchten Angelas Mund mit einer Leidenschaft, die er früher für albern gehalten hätte. Ihre Körper fühlten sich an wie für einander gemacht, so als würden die fehlenden Stücke eines Puzzles endlich aneinandergefügt.

»Ich liebe dich«, stieß Röhrdanz rau hervor. »Du bist das Beste, was mir je passiert ist!«

Er spürte, wie sie ihm entgegenkam, ihre Hände krallten sich in seine Schultern.

»Ich liebe dich auch, Michael«, flüsterte sie mit bebender Stimme, »bitte komm ganz schnell zu mir!« Dann drang er in sie ein. Sie schrie leise auf, und in diesem Moment wurde ihm bewusst, dass sie noch nie einem Mann gehört hatte.

»Ich tu dir nicht weh, ich bin ganz vorsichtig«, stammelte er überwältigt.

»Du tust mir nicht weh«, stöhnte sie. »Bitte mach weiter, es ist wunderschön!«

Röhrdanz überkam ein bisher nie gekanntes Glücksgefühl. Er wusste, dass er die Richtige gefunden hatte. Ab sofort würden sie ihr Leben gemeinsam gestalten. Von nun an würde es nur noch sie beide geben, und er würde nie mehr allein sein.

*I*rgendwann schien die schmale Sichel des Mondes durch einen Jalousiespalt, und sie merkten beide, dass sie den ganzen Tag im Bett verbracht hatten. Sie hatten sich mehrmals geliebt und zwischendurch zärtlich gestreichelt. Sie hatten geredet, Pläne geschmiedet, sich gegenseitig ihr Leben erzählt oder das, was der jeweils andere noch nicht wusste.

»Was ist eigentlich mit deiner Familie?«, hatte er gefragt, während er ihr mit zwei Fingern sanft über den Nacken strich. Mit der anderen Hand hielt er seine Vorher-nachher-Zigarette so weit von ihr weg, dass sie möglichst nichts von dem Rauch abbekam. Auf der Bettdecke stand der gläserne Aschenbecher.

»Meine Eltern sind beide kaum älter als du.« Angela hatte ihn herausfordernd angelächelt: »Du musst meinen Vater eigentlich um Erlaubnis fragen ...«

»Aber du bist volljährig!«

»Für Eltern ist man das nie.« Angela strich ihm zärtlich über den Oberschenkel. »Meine Mutter wird dich mögen. Sie muss sich nur erst mal an den Gedanken gewöhnen, dass es bald noch einen Mann aus Papas Generation in der Familie geben wird ...«

»Ich werde ihr einen Blumenstrauß überreichen und deinen Vater ganz artig um deine Hand bitten.«

»Du willst mich heiraten?«, hatte sie völlig überrascht gefragt und sich aufgerichtet.

»Natürlich. Oder dachtest du, dass du nur eine Büroaffäre für mich bist?«

»Nein. Das dachte ich nicht.«

Er nahm ihre Hand, spielte zärtlich mit ihren Fingern. »Jetzt, wo ich dich kenne, ist mir bewusst geworden, dass ich eigentlich noch nie eine Frau geliebt habe. Meine Ex war eine sehr elegante Erscheinung …«

Röhrdanz ließ seine Finger an Angelas Nackenwirbeln entlanggleiten. »Ich habe mich irgendwie von ihrem guten Aussehen blenden lassen. Aber innerlich war sie eiskalt.«

»Und ich bin äußerlich hässlich und innerlich warm?«, neckte ihn Angela mit gespielter Empörung.

Röhrdanz zog sie lachend an sich. »Du bist äußerlich ein heißer Feger und innerlich brennst du lichterloh!« So eine bedingungslose Hingabe und Leidenschaft hatte er noch bei keiner Frau gespürt. »So jemand wie du ist mir noch nie begegnet. Insofern werde ich dich heiraten müssen. Damit du mir nicht wegläufst.«

Sie hatte glücklich aufgelacht. »Ich laufe dir nicht weg. Zu wem sollte ich denn laufen? Ich gehöre doch zu dir!«

»Ich für meinen Teil möchte auf jeden Fall den Rest meines Lebens mit dir verbringen. Ich weiß, das klingt verrückt. Bis vor Kurzem war ich noch dein Chef, und jetzt bitte ich dich darum, meine Frau zu werden …«

Er rutschte plötzlich aus dem Bett und ging vor ihr auf die Knie.

Sie wirkte völlig verdutzt, als er nach ihrer Hand griff und ihr einen Ring über den Finger streifte, den er, vor Aufregung zitternd, aus der Nachttischschublade gezogen hatte:

»Ich wusste nicht, ob heute schon der richtige Moment dafür sein würde. Deshalb habe ich ihn dort drin versteckt …«

Angela starrte sprachlos auf den schmalen goldenen

Verlobungsring mit dem winzig kleinen Diamanten, der perfekt auf ihren Ringfinger passte.

»Angela«, sagte Röhrdanz feierlich, »willst du meine Frau werden?«

»Ja!«, jubelte sie und umarmte ihn so stürmisch, dass er fast auf den Bettvorleger gefallen wäre. »Ja, Michael! Ich will!«

Daraufhin hatte Röhrdanz eine Flasche Sekt aus dem Kühlschrank geholt und »Je t'aime« aufgelegt. Nackt, wie sie waren, hatten sie dazu eng umschlungen auf dem Schlafzimmerteppich getanzt, völlig betrunken vor lauter Liebe und Glück.

Später hatten sie etwas wildere Musik aufgelegt und eine ganze Flasche Sekt ausgetrunken. Bei den wilden rockigen Stücken hatten sie wie Kinder im Bett herumgetobt, bei den langsamen hatten sie geschmust.

Röhrdanz hörte sich zu seinem Erstaunen selbst etwas schief mitsingen, und als ihm ein ganz falscher Ton herausrutschte, kicherte Angela belustigt. Sie schmiegte ihren Kopf an seine Schulter.

»Wenn ich mir vorstelle … Du bei uns zu Hause …«

»Du hast noch gar nicht fertig erzählt. Wen darf ich in deiner Familie noch um deine Hand bitten?«

»Meine Schwester Dagmar. Die ist sechs Jahre jünger als ich. Wir verstehen uns nicht so besonders gut, und das mit dem Heiratsantrag wird sie nicht so toll finden.«

»Warum? Was kann sie denn dagegen haben?«

»Na ja, du weißt ja, wie Schwestern sind …«

Sie lächelte. »Und neuerdings bin ich auch noch verlobt mit dem tollsten Mann der Welt.«

»Ist sie eifersüchtig auf dich?«

»Das glaube ich nicht. Wahrscheinlich findet sie mich eher spießig, dass ich bald heiraten will. Mal sehen, was sie sagt, wenn sie meinen Ring sieht?«

»Sie wird sich schon noch mausern. Vielleicht wird sie nie so schön werden wie du, aber ganz so ungerecht können die Gene in eurer Familie doch auch nicht verteilt sein, oder?«

Er legte den Arm um ihren schmalen Körper und zog sie so fest an sich, dass er darüber selbst erschrak. Doch als sie das Gesicht hob und ihre Wange an die seine legte, wusste er plötzlich, dass sie sich nicht bedrängt fühlte, sondern nur begehrt. Sie waren einfach füreinander geschaffen.

*N*ach dem Wochenende, das Angela bis auf eine kurze Umziehpause bei ihm verbracht hatte, fuhren sie am Montagmorgen gemeinsam in die Firma. Er ließ sie vor der Schranke zum Mitarbeiterplatz aussteigen, und sie machte einen Umweg um das Gebäude herum. Röhrdanz wusste genau, dass es böses Blut unter den Mitarbeitern geben würde, wenn ihre Beziehung bekannt würde. Ihre Ausbildung war zwar bis auf eine letzte Matheprüfung abgeschlossen, trotzdem wollte er sich und ihr keinen Ärger einhandeln.

Die Atmosphäre knisterte, als sie zwanzig Minuten später an seine Tür klopfte und ihm wie immer den Kaffee und die Tageszeitungen brachte. Er konnte es sich nicht verkneifen, sie zu fragen, ob sie gut geschlafen hätte.

»Wunderbar«, antwortete Angela, die das aufgeregt-glückliche Flattern ihrer Stimme kaum unter Kontrolle bekam. »Und Sie?«

Der Tonfall war so verräterisch, dass die beiden Sekretärinnen und die Volontärin, die ebenfalls im Raum waren, sie prüfend musterten.

»Oh, ich leide zurzeit furchtbar unter Schlaflosigkeit«, sagte Röhrdanz lakonisch. »Ich hörte die ganze Nacht einen Vogel singen.«

Angela biss sich auf die Unterlippe und senkte den Kopf, während sie vor dem Aktenregal stand und so tat, als suchte sie etwas Bestimmtes.

»Einen Vogel?«, fragte sein Chef Richard aus dem Nebenzimmer, zu dem die Tür offen stand. »So langsam glaube ich, *du* hast einen Vogel.«

»Nein, es war eine Nachtigall, die hat die ganze Nacht vor meinem Fenster gesungen. Und da dachte ich, wie schön es sein müsste, mit dieser Nachtigall fortzufliegen.«

»Mann, du hast ja einen Furz im Hirn«, knurrte Richard und schloss die Tür. »Das ist ja nicht zum Aushalten, dieses Gequatsche.«

Die nach wie vor anwesenden Mitarbeiterinnen sahen Röhrdanz irritiert an und gaben sich heimlich Zeichen: »Hat der Fieber?«

Plötzlich sah Angela, dass die Volontärin auf den Ring an ihrem Finger starrte.

»Ich geh dann mal«, sagte Angela, die sich das Lachen kaum noch verbeißen konnte.

15

»Meine Eltern wollen dich kennenlernen!«

Röhrdanz war gerade nach einem langen Arbeitstag dabei, sein Auto aufzuschließen, als Angela plötzlich hinter ihm stand.

»Oh! Hallo! – Wo kommst du denn her?«

»Ich arbeite hier.« Angela grinste. Sie hatte sich auf leisen Sohlen angeschlichen, und obwohl er ununterbrochen an sie dachte, hatte sie ihn soeben überrumpelt. Sie war heute in ihrer letzten Prüfung gewesen, und er hatte sie noch nicht zu Gesicht bekommen. Sein Herz begann wieder zu hämmern.

Angela trug ein dunkelblaues Kostüm mit einer weißen Bluse, dazu hochhackige schwarze Pumps, die ihre langen schlanken Beine zusätzlich betonten.

»Und?« Röhrdanz blickte sich verstohlen um und schielte zu den offen stehenden Fenstern, hinter denen jetzt hoffentlich nur noch die Putzfrauen ihres Amtes walteten. »Wie war die Matheprüfung?«

Mathe war das einzige Fach gewesen, das Angela Schwierigkeiten bereitet hatte, und er hatte ihr heimlich Nachhilfeunterricht gegeben.

»Ich habe mit Zwei bestanden!« Sie zog ihr Zeugnis aus der Handtasche und wedelte glücklich damit vor seiner Nase herum.

»Das ist ja fabelhaft«, jubelte Röhrdanz. In diesem Moment vergaß er jede Vorsicht und umarmte sie direkt auf dem Firmenparkplatz. »Ich bin so stolz auf dich, mein Mädchen!«

»Jetzt bin ich endgültig kein Azubi mehr.«

Röhrdanz küsste sie lange und zärtlich. Ihre Lippen waren so weich, dass er gar nicht mehr aufhören konnte. Röhrdanz war einfach nur glücklich.

»Meine Eltern wollen dich kennenlernen«, wiederholte Angela, als er sie endlich frei gab.

»Oh.« Er sah irritiert an sich herunter. »Heute?«

»Ja. Ich war kurz zu Hause, um von meiner Prüfung zu erzählen, und da habe ich ihnen auch gleich das mit dir gebeichtet.« Sie strahlte ihn entwaffnend an. »Ich dachte, das ist ein guter Moment.«

»Also … äh …«

»Oder machst du jetzt einen Rückzieher?«

Röhrdanz sah, wie sie in der Abenddämmerung vor ihm stand. Ihr Rock umspielte ihre Beine, und ihre Bluse flatterte im lauen Sommerwind.

»Nein, natürlich nicht. Steig ein!«

Schweigend fuhren sie zu ihrem Elternhaus. Vor Jahren hatte Röhrdanz Angela schon mal hier abgesetzt, nachdem ihr nach dem Gutenberg-Museum auf der Fahrt schlecht geworden war. Damals hatten die Eltern sich höflich bei ihm bedankt …

Röhrdanz spürte, wie Angela sich auf einmal verkrampfte. Kaum hatten sie die Wohnung betreten, war sie ganz plötzlich verschwunden.

Plötzlich hatte er Herzklopfen.

Röhrdanz sah sich einem dunkelhaarigen Mann ungefähr seines Alters gegenüber, der einen halben Kopf größer war als er. Er machte nicht gerade einen freundlichen Eindruck. Röhrdanz ahnte Schlimmes.

»Guten Abend.« Der Mann ließ ihn so widerwillig-förmlich eintreten, als wäre er ein Gerichtsvollzieher. Im Halbdunkel des Flurs stand seine Frau, eine brünette Enddreißigerin in einem brav geblümten Kleid. Sie musterte ihn abwartend und sagte keinen Ton.

»Tja …« Röhrdanz fehlten plötzlich die Worte. »Dann hallo erst mal …« Wo war denn nur Angela abgeblieben?

Schweigend führte man ihn ins Esszimmer. Es war konventionell, aber nicht ungemütlich eingerichtet, mit einer Durchreiche zur Küche, in der für alle Fälle drei grüne Saftgläser neben einer ebenso grünen Glaskaraffe standen. Er ließ den Blick über die Einbauschränke, die Anrichte und das Bücherregal schweifen.

»Setzen Sie sich«, sagte Angelas Vater steif, als hätte man ihn zum Verhör geladen. Die Mutter nahm schweigend auf dem dritten Stuhl Platz, der am Esstisch stand.

»Das ist ja ziemlich ungeheuerlich, was mir meine Tochter heute offenbart hat«, begann der Vater das Gespräch mit strenger Miene.

Röhrdanz hätte ihm am liebsten kumpelhaft auf die Schulter geklopft und gesagt: »Jetzt mach dich mal locker. Wir könnten ehemalige Schulfreunde sein.«

Die Mutter trug eine steife Frisur, so als ob sie eben noch Lockenwickler auf dem Kopf gehabt hätte.

»Helga, hol uns mal was zu trinken«, sagte der Vater barsch, von dem Röhrdanz wusste, dass er Gerd hieß.

Mit spitzen Fingern holte Helga die drei Gläser aus der Durchreiche und füllte sie zur Hälfte mit Apfelsaft. Eines davon schob sie Röhrdanz hin, aber erst, nachdem sie es auf einen Filzuntersetzer gestellt hatte.

»Na dann …« Röhrdanz hob ziemlich eingeschüchtert sein Glas. Ein kühles Bier hätte ihn an diesem schwülen Sommerabend mehr angelacht, aber offensichtlich war man in diesem Haus nicht zum Feiern aufgelegt.

»Was hat Ihnen Ihre Tochter denn so Ungeheuerliches offenbart?« Röhrdanz musste dazu all seinen Mut zusammennehmen.

»Sie hat von heiraten gesprochen. Von großer Liebe und solch einem Firlefanz«, antwortete Gerd.

»Wir sind ja aus allen Wolken gefallen!« Das war das Erste, was Helga von sich gab.

»Nun ja, sie hätte Sie vielleicht etwas geschickter vorbereiten können.« Röhrdanz kratzte sich am Kopf und sah sich suchend um. Angela war wie weggezaubert!

»Wie stellen Sie sich das denn eigentlich vor?«, herrschte Gerd ihn an.

Angela, komm jetzt mal und steh mir bei, dachte Röhrdanz unsicher. Das ist wirklich unfair, was du hier mit mir machst!

»Wir … äh«, Röhrdanz räusperte sich und schluckte seinen Kloß im Hals mit dem Rest Apfelsaft hinunter – in der Hoffnung, dass in der nächsten halben Stunde der Sektkorken knallen möge. »Wir haben uns verliebt, sind sehr glücklich zusammen, und ich möchte Sie hiermit in aller Form …«

O Mann. Da hätte Angela ihn wirklich etwas besser vorwarnen können!

Röhrdanz stand so ruckartig auf, dass sein Stuhl fast umkippte, und stellte sein leeres Glas kopfschüttelnd wieder ab. Er rang nach Worten und nahm aus dem Augenwinkel wahr, dass Helga sofort wieder den grünen Filzuntersetzer darunterschob.

»… in aller Form hier und jetzt …«

Na warte, Angela, na warte!

»… um die Hand Ihrer Tochter bitten.«

So. Jetzt war es heraus. Im Hintergrund hörte er eine Mädchenstimme kichern.

War das etwa Angela? Er drehte sich hastig um und sah gerade noch eine pummelige Gestalt aus seinem Blickfeld huschen.

»Dagmar, geh in dein Zimmer!«, schnauzte der Vater Angelas jüngere Schwester an.

Ja wie? Röhrdanz rutschte unruhig auf seinem Stuhl hin und her. Hatte der Vater Angela auch in ihr Zimmer geschickt?

Plötzlich wurde ihm klar, woher Angela ihre anfängliche Schüchternheit hatte. Sahen denn diese Eltern nicht, was für eine starke, reife Persönlichkeit ihre Tochter war?

»Sie haben mit meiner Tochter bereits Sex gehabt …?« Diese Frage kam so schneidend, dass Röhrdanz sich wünschte, eine Falltür möge sich öffnen und ihn verschlingen. Gleichzeitig wurde er langsam wütend. Er hatte nicht vor, sich dermaßen anschnauzen zu lassen!

»Ich habe Angela nicht vor ihrem achtzehnten Geburtstag angerührt.«

Der Vater schlug mit der flachen Hand auf den Tisch, sodass die Gläser auf ihren Filzuntersetzern hüpften. »Das will ich hoffen!«

»Gerd, bitte.« Das war Helga. Sie musterte Röhrdanz, der sich vor Verlegenheit wand, und ihr Blick wurde zunehmend weicher.

»Sie waren schon einmal verheiratet, wenn ich das richtig verstanden habe?«, fragte sie nicht unfreundlich.

»Ja. Wir sind seit Kurzem geschieden.«

»Und woran ist Ihre Ehe ... gescheitert?«, fragte Gerd.

»Gerd, bitte«, sagte Helga und schenkte Röhrdanz erneut langweiligen Apfelsaft ein. Immerhin schien sie sich langsam für ihn zu erwärmen.

»Na, wer sich in der Firma an Untergebene ranmacht, muss sich diese Frage schon gefallen lassen.«

»Ich habe mich nicht an Angela ›rangemacht‹. Wir haben uns verliebt, und sie ist meiner Meinung nach alt genug, um solche Entscheidungen selbst zu treffen.« Röhrdanz stand auf. »Wenn ich mich jetzt empfehlen darf ... Ich denke, dass wir auch ohne Ihren Segen glücklich werden.«

»Nun bleiben Sie schon sitzen!« Der Vater wollte ihn am Ärmel ziehen, aber Röhrdanz riss sich los.

»Sie ist ja ganz verknallt in Sie, das dumme Ding.« Er schien diese Aussage für ein Einlenkmanöver zu halten, und Helga sagte wieder: »Gerd, bitte!«

»Ersteres kann ich bestätigen, zweites nicht.«

»Wie meinen Sie das?«

»Angela ist kein dummes Ding.« Röhrdanz zeichnete mit den Fingern Gänsefüßchen in die Luft. »Sie ist eine erwachsene, intelligente Frau, die außerdem in keiner Weise mehr meine ...« – wieder Gänsefüßchen – »Untergebene ist.«

»Wie stellen Sie sich das also vor?«

»Nun, ich werde Angela heiraten, und wir werden zusammenziehen. Sie verdient ihr eigenes Geld, trotzdem dürfen Sie gerne fragen, ob ich sie überhaupt ernähren kann. Die Antwort lautet: Ja, ich kann. Möchten Sie meine Gehaltsabrechnung sehen?« Röhrdanz begann, in seiner Gesäßtasche zu kramen. »Die habe ich nämlich zufällig heute bekommen.« Mit feinem Grinsen legte er seine durchaus beachtliche Gehaltsabrechnung vor. Das Erröten der Mutter schien ein Zeichen dafür zu sein, dass Röhrdanz' Gehalt wohl deutlich höher sein musste als das von Gerd.

»Na ja«, murmelte Gerd schließlich. »Ein Hungerleider sind Sie nicht.«

»Nein«, antworte Röhrdanz schlicht und steckte den Gehaltszettel wieder ein.

Stunden später knallte tatsächlich der Sektkorken. Röhrdanz hatte den Schwiegereltern-Test mit Bravour bestanden. Er war schweißgebadet, und sein Magen knurrte vor Hunger.

Die Mutter stand inzwischen in der Küche und machte Schnittchen, Gerd und er hatten sich ihrer Sakkos entledigt, über Fußball, Politik, die Stadtwerke, den öffentlichen Nahverkehr und die Vorteile ihrer jeweiligen

Autos diskutiert und auf dem Balkon zusammen eine geraucht.

Endlich kam auch Angela herein, nachdem sie das Gelächter und gegenseitige Schulterklopfen gehört hatte.

»Alles paletti«, sagte der Vater, »hol dir ein Glas und sag Mutti, sie soll auch eines mittrinken.«

Angela strahlte Röhrdanz an, als sie endlich auf das »junge Glück« anstießen.

»Was ist mit Dagmar?« fragte Röhrdanz. »Wann kann ich meine zukünftige Schwägerin kennenlernen?«

»Dagmar, komm rein!« rief der Vater, und die Mutter rannte hinaus, um sie zu suchen.

Aber da hörte man nur noch, wie die Wohnungstür zugeschlagen wurde.

»Sie ist wahrscheinlich traurig, dass Angela uns bald verlässt«, erklärte Helga begütigend.

»Was habt ihr eigentlich dazu gesagt?«, fragte Angela, die vor lauter Aufregung rote Flecken am Hals hatte.

»Ich bin zwar nicht gerade begeistert, dass meine Tochter schon heiraten will, aber ich will euch auch nicht im Weg stehen«, sagte der Vater, schon milder gestimmt.

»Heißt das, Sie geben uns Ihren Segen?«

»Das heißt, dass wir uns jetzt duzen sollten. Ich bin der Gerd.«

»Michael.« Röhrdanz wischte sich heimlich die schweißnasse Hand an seiner Hose ab.

»Helga«, sagte Helga, und Röhrdanz durfte ihr ein Küsschen auf die Wange geben.

»Na dann«, sagte Gerd.

»Ja, dann also …«, fügte Helga hinzu. Unsicher sah sie von einem zum anderen.

»Auf gute Zusammenarbeit ist jetzt wohl der falsche Spruch«, witzelte Röhrdanz.

»Auf dass wir immer glücklich sein werden«, flüsterte Angela, und ihre Augen funkelten.

»Auf dass wir immer glücklich sein werden«, sagte Röhrdanz bewegt.

Nachdem Angelas Eltern ihr Einverständnis gegeben hatten, bezogen Röhrdanz und Angela eine kleine Wohnung in einer anderen Stadt. Sie wollten nicht, dass jemand aus der Firma etwas mitbekam, und nahmen stattdessen lieber eine morgendliche Anreise von einer Stunde in Kauf. Trotzdem verdichteten sich in der Firma die Gerüchte, spitze Bemerkungen und neidische Blicke vergifteten die Arbeitsatmosphäre immer mehr, sodass Angela eines Tages beschloss, sich einen anderen Job zu suchen. Sie wurde sehr schnell fündig in einer Werbeagentur für Plakatierungen.

Nun entspannte sich das Verhältnis in der Firma wieder. Angela hatte gekündigt und war kein Stein des Anstoßes mehr. Trotzdem ließen sie noch einige Zeit vergehen, bis sie ihre Verlobung bekannt gaben. Doch dann kam der Tag, den Röhrdanz für geeignet hielt, endlich konnte er auch in der Firma offen sagen, dass Angela und er heiraten wollten.

Zu seiner Überraschung erntete er tosenden Applaus.

»Mensch, Röhrdanz, du Glückspilz!«

»Herr Röhrdanz, eine bessere Wahl hätten Sie gar

nicht treffen können! Wir mochten Angela schon immer!«

»Michael, wenn ich nicht hier dein Kumpel wäre, würde ich dir den Hals umdrehen! Ich hatte selbst ein Auge auf sie geworfen!«

»Herr Röhrdanz, wann wollen Sie denn heiraten?«

»Und werden wir auch zur Hochzeit eingeladen?«

»Wie sieht es denn mit der Familienplanung aus, alter Knabe?«

Röhrdanz kratzte sich verlegen am Kopf. Ihm war gar nicht bewusst gewesen, wie sehr er und Angela längst Gesprächsthema gewesen waren.

Der Oberboss, der nur selten in die Firma kam, rief ihn mit strengem Gesicht zu sich in den Konferenzraum. Dort saß er ganz allein am Kopfende des langen Tisches. Er winkte Röhrdanz wie einen Schuljungen zu sich.

»Was muss ich da hören, Röhrdanz? Sie haben mit einer Auszubildenden etwas angefangen? Wo bleibt denn da unser Moralkodex?«

»Herr Direktor, ich habe sie nicht angerührt, bevor sie achtzehn war.«

Röhrdanz wusste nicht, ob er Platz nehmen durfte, also blieb er in angemessenem Abstand stehen.

»Das ist doch überhaupt kein Alter, Mann!« Der Direktor lutschte übellaunig an seiner Zigarre und hüllte sich in eine Wolke beißenden Rauches, die er gleichzeitig hustend wegwedelte.

»Vor dem Gesetz schon.« Röhrdanz sah sich nun schon zum zweiten Mal gezwungen, ihre Liebe vor einer sogenannten Autorität zu rechtfertigen. »Ich habe mir offiziell nichts zuschulden kommen lassen.« Mann, war das alles schwierig. Die ganze Welt schien sich gegen sie verschworen zu haben.

»Und inoffiziell?« Der Boss hustete und spuckte einen Tabakkrümel aus.

Eine Sekretärin schenkte ihm Kognak ein, bevor sie sich hastig verdrückte.

Plötzlich sah Röhrdanz den Oberboss frech grinsen. »Aber jetzt mal ganz unter uns …«

»Lassen Sie's gut sein, Herr Direktor.« Röhrdanz grinste ebenfalls. »Wir sind sehr glücklich und wollen demnächst heiraten.«

Der Boss schob Röhrdanz auch ein Glas Kognak hin.

»Werde ich dann wenigstens eingeladen?« Der Bann schien gebrochen.

»Aber natürlich, Herr Direktor. Wir werden am 11. Dezember heiraten, und alle Menschen, die uns aufrichtig Glück wünschen, sind herzlich willkommen.«

Damit war alles gesagt. Röhrdanz prostete seinem Boss zu und stellte das Glas auf den Tisch, ohne daraus getrunken zu haben. Danach macht er auf dem Absatz kehrt und verließ den Konferenzraum.

16

»*Du solltest dieses Wochenende wieder* zu deinen Kindern nach Mannheim fahren.« Angela stand in ihrer gemeinsamen kleinen Küche am Herd und versuchte, ein Schnitzel zu braten. Sie hatte sich eine Schürze über das T-Shirt und die Jeans gebunden und sah irgendwie rührend aus. Allerdings roch es nicht besonders verheißungsvoll, eher nach verbranntem Fett.

»Das hat doch alles keinen Zweck …« Röhrdanz stand rauchend am Küchenfenster und spielte gedankenverloren mit den vertrocknenden Basilikumblättern auf der Fensterbank.

»Michael!« Angela wischte sich die Hände an der Küchenschürze ab und umarmte ihn von hinten. »Das sind deine Jungs! Die darfst du doch nicht einfach so aufgeben!«

Röhrdanz schwieg. Gab er seine Söhne auf? Das wollte er nicht. Er wollte nur nicht an ihnen zerren, wie so viele getrennte Eltern. Er wollte sie nicht als Spielball benutzen. Er wollte, dass sie eine schöne Kindheit hatten. Auch wenn er selbst nicht mehr darin vorkam.

Seine Augen wurden feucht, und er blies schnell ein paar Rauchschwaden gegen die Fensterscheibe. Verlegen drehte er sich zu Angela herum und blinzelte seine Tränen weg.

»Sie macht es mir so schwer ... Immer wenn ich anrufe, legt sie einfach auf. Und wenn ich vor der Tür stehe, öffnet sie nicht.«

»Dann schalte das Jugendamt ein.« Angela sah ihn prüfend an. »Michael, du musst kämpfen!«

Röhrdanz presste die Lippen zusammen: »Meinst du? Vielleicht sind sie froh, wenn sie ihre Ruhe haben.«

»Vielleicht sehnen sie sich aber auch ganz fürchterlich nach dir.« Angela strich ihm über den Arm. »Vielleicht warten sie nur auf ein Zeichen, vielleicht fühlen sie sich von dir abgelehnt?«

»Aber nein!« Röhrdanz schrie es fast. »Ich lehne sie doch nicht ab! Ich vergöttere meine Jungs!« Seine Stimme brach. »Was haben wir zusammen Fußball gespielt auf dem Bolzplatz, und was haben wir für einen Spaß gehabt mit dem Lagerfeuer im Schrebergarten. Wie oft haben wir dort einfach im Gartenhaus übernachtet, weil die gnädige Frau nachts um die Häuser gezogen ist und am nächsten Tag ausschlafen wollte.«

»Aber Michael! Wenn die so drauf ist, zieht die jetzt in Mannheim auch um die Häuser! Vielleicht brauchen dich deine Jungs mehr, als du denkst.«

Röhrdanz straffte sich. Angela hatte recht! Er seufzte tief und sagte dann entschlossen: »Ich rufe das Jugendamt in Mannheim an. Alleine werde ich mit dieser Frau nicht fertig.«

»Na also!« Angela strahlte. »So gefällst du mir! Du bist doch ein alter Kämpfer! Wer wird denn seine Kinder aufgeben, nur weil er Angst vor dieser Giftspritze hat?«

Sie verstummte, als Röhrdanz anfing zu schnuppern. »Sag mal, riecht es hier irgendwie … verbrannt?!«

»Verdammt, meine Schnitzel!« Angela eilte verzweifelt an den Herd zurück, wo das Fleisch in der Pfanne inzwischen bis zur Unkenntlichkeit verkohlt war.

»Angela, das macht nichts! Ich werde sie essen wie ein Mann.«

Röhrdanz krempelte die Ärmel hoch, setzte sich an den kleinen Küchentisch, auf dem schon zwei Gedecke standen, und stützte die Gabel auf. »Her mit dem Schnitzel.«

Angela begutachtete die kohlrabenschwarzen Fleischstücke von allen Seiten. Doch anstatt sie in den Abfall zu werfen, servierte sie ihm eines stolz mit dem Satz: »Ein bisschen knusprig, aber mit Liebe gemacht!«

Das zweite legte sie sich selbst auf den Teller, band ihre Schürze ab und sagte feierlich: »Guten Appetit.«

Röhrdanz wusste nicht, ob sie das ernst meinte oder ihn einfach nur testen wollte.

Sie war immer für Schabernack zu haben. Deshalb sagte er zweifelnd: »Soll ich die jetzt essen oder mir unter die Schuhe nageln?«

Angela konnte sich das Lachen nicht länger verbeißen: »Ich glaube, die kann man gut als Topfkratzer benutzen. Aber genießbar sind sie nicht.« Plötzlich schlug ihre Stimmung um. »Ich bin eine miserable Köchin«, sagte sie verzweifelt.

Röhrdanz sprang auf, kam um den kleinen Küchentisch herum und vergrub sein Gesicht in ihren Haaren. »Du bist die beste Köchin, die sich je um mein leibliches

Wohl gekümmert hat. Und wenn dieses blöde Schnitzel verbrannt ist, dann nur, weil du dich mit mir und meinen Söhnen beschäftigt hast. Du hast mir einen wunderbaren Rat gegeben und darüber die Schnitzel vergessen. Du hast so ein großes Herz, mein Schatz! Wenn du kalt und egoistisch wärst, würdest du mich niemals ermuntern, um meine Söhne zu kämpfen! Durch dich habe ich gelernt, wie wichtig es ist, alles zu besprechen und sich gegenseitig Mut zu machen! Was ist im Vergleich dazu schon ein angebranntes Schnitzel!« Er machte eine wegwerfende Handbewegung. »War eh schon tot!«

»Aber du hast doch Hunger …«

»Weißt du was? Wir gehen zu dem Griechen gegenüber, der vor Kurzem aufgemacht hat!«

Röhrdanz zog Angela vom Küchenstuhl hoch. »Wir knofeln heute so viel, dass nur noch wir uns gegenseitig riechen können. Und wir trinken Ouzo. Weil du meine griechische Göttin bist.«

»Sechzig Leute. Bist du sicher, dass die alle im Vereinshaus des Schrebergartens Platz finden?«

Angela hüpfte in freudiger Erwartung vor dem Spiegel herum. »Steht mir das? Sag! Oder sieht das doof aus?«

Sie drehte sich in ihrem schwarzen Cocktailkleid mit der gold-schwarzen Korsage hin und her, die ihr einwandfreies Dekolleté betonte. Sie sah umwerfend sexy aus, einfach bezaubernd. Er musste sich schwer beherrschen, sie nicht sofort ins Schlafzimmer zu tragen. Immerhin war heute ihr Polterabend. Und morgen würde ihre kirchliche Trauung sein.

»Erstens ja, zweitens auch ja, drittens nein.« Röhrdanz stand in seinem grauen Anzug und der goldenen Krawatte, die farblich genau zu ihrem Kleid passte, schmunzelnd in der offenen Wohnungstür. »Aber jetzt beeil dich, sonst erfrieren unsere Gäste noch!«

Glücklich und aufgeregt rannten sie zum Auto. Er hielt ihr die Tür auf und schnallte sie fürsorglich an: »Damit meinem Engel nichts passiert!«

»Was soll mir denn schon passieren?«, sagte Angela lachend, als er rückwärts aus der Einfahrt fuhr. »Ich bin doch nur ein kleiner Fisch.«

»Wie meinst du das?«, fragte er zerstreut, während er die Sitzheizung aufdrehte und die Scheiben von innen mit einem Tuch frei wischte.

»Das Schicksal sucht sich doch immer nur ganz besondere Leute aus.«

»Aber du BIST etwas ganz Besonderes.« Röhrdanz versuchte, das Gebläse auf erträgliche Lautstärke zu stellen. »Du hast also keine Bedenken, was meinen Fahrstil anbelangt?«

»Nein«, sagte Angela. »Ich fühle mich bei dir völlig geborgen, und du wirst immer auf mich aufpassen.«

»Aber natürlich werde ich das.« Er sah in den Rückspiegel und ordnete sich auf die linke Spur ein. Sie fuhren an einem gerade erst ausgehobenen Baggersee vorbei, dessen Wasseroberfläche hell erleuchtet war. Trotz der späten Stunde war noch jede Menge los auf der Baustelle. Kräne und Bagger rangierten im künstlichen Scheinwerferlicht hin und her. Es sah gespenstisch aus.

»Wenn ich in Not geraten würde, zum Beispiel beim

Schlittschuhlaufen im Eis einbrechen würde«, Angela schaute fröstelnd in Richtung Baustelle, »würdest du mich nie im Stich lassen. Das weiß ich.«

»Was erzählst du denn da für schreckliche Sachen, Liebes!« Röhrdanz wischte über den beschlagenen Rückspiegel. »Ist alles in Ordnung mit dir?«

Angela sah ihn von der Seite an. »Du würdest alle diese Bagger und Kräne in Bewegung setzen, damit sie das Eis aufhacken. Du würdest mich aus der dunklen Tiefe ziehen, damit ich wieder Luft bekomme …«

»Angela! Wir heiraten morgen! Hast du Angst? Sollen wir die Hochzeit … verschieben?«

»Nein. Natürlich nicht. Entschuldige, Michael. Ich hatte nur gerade … Ich weiß auch nicht.«

»Ich verspreche dir, dass ich dich retten werde. Aus jedem …« Er suchte nach Worten. Während er das Lenkrad mit einer Hand umklammerte, fing er mit der anderen an, wild zu gestikulieren. »… aus jedem Wald, aus jedem Gewässer, aus jedem brennenden Flugzeug, aus jeder Eisbärenhöhle, aus dem Bauch eines Wals … ja sogar aus der Hölle, wenn's sein muss.«

»Ist ja gut, Michael«, sagte Angela plötzlich lachend. »Ich glaube dir. Leg bitte beide Hände ans Steuer.«

Er konnte ihren Blick nicht erwidern, weil er sich voll und ganz auf den dichten Autobahnverkehr konzentrieren musste.

Aber er liebte sie in diesem Augenblick mehr denn je.

Der Polterabend wurde ein voller Erfolg. Obwohl sie »nur 60« Personen eingeladen hatten – Familie, Freunde, Nachbarn, Kollegen –, war das Vereinshaus des Schrebergartens gesteckt voll. Die Feier hatte gerade begonnen, als die Tür aufging und Sonja, Elli und Silke, die mit Angela ihre Ausbildung gemacht hatten, hereingeschneit kamen.

Angela freute sich wie ein kleines Kind. Nach ihrem Firmenwechsel hatte sie ihre früheren Kolleginnen nicht mehr gesehen. »Na, ich glaub's ja nicht! Was macht IHR denn hier?!«

Noch während sich die drei umarmten, drängten weitere Kollegen aus der Firma herein. »Wir haben gehört, hier steigt heute eine Party?!«

»Richard! Theo! Stefan!« Röhrdanz traute seinen Augen nicht. »Woher wusstet ihr …«

Allgemeines Schulterklopfen, Umarmen, Anstoßen mit Schnaps.

»Ja ist hier heute ein Polterabend von zwei unserer nettesten Kollegen oder nicht?!«

Mit einem eiskalten Lufthauch schob sich wieder ein halbes Dutzend Mitarbeiter herein. Die gesamte Belegschaft der Firma samt sämtlicher Außendienstmitarbeiter war da – inklusive der Geschäftsführung.

Allen voran stolzierte der »Oberboss«, der ihn vor Kurzem noch so runtergeputzt hatte. Er hielt eine dicke Zigarre in der Hand.

»Na, dann wollen wir mal!«, gab der Dicke jovial von sich. »Wir sind ja schließlich nicht zum Vergnügen hier!« Er klatschte in die Lederhandschuhe, die vor Kälte dampften, und dann mischte sich ein ganzes Orchester unter die Gäste. Ein Opernsänger baute sich auf und sang Liebesarien. Röhrdanz wusste nicht, ob er lachen oder weinen sollte. Er hielt nur seine Angela im Arm, die ihr Glück kaum fassen konnte, und ließ Arien wie »Dein ist mein ganzes Herz« und »Reich mir die Hand, mein Leben« in stummer Glückseligkeit über sich ergehen.

Immer mehr Menschen drängelten sich in dem Vereinsheim, und er glaubte zu träumen. Draußen sah er einen Bus stehen. War das eine organisierte Kaffeefahrt? Hatte die Firma ihre Weihnachtsfeier auf seinen Polterabend verlegt? Ein jeder seiner Kollegen, Bekannten und Entfernt-Bekannten schien ein Glas Schnaps mit ihm trinken zu wollen.

Als der Opernsänger fertig war, verfrachtete man ihn sofort in ein Hinterstübchen, damit er bloß nicht auf die Idee kam, über eine Zugabe nachzudenken. Inzwischen tobte der Bär zu »Polonaise Blankenese« und »Ententanz«.

Röhrdanz wusste kaum, wie ihm geschah: War er das, der so komisch mit den Händen in der Luft herumfuchtelte? Machte er sich hier gerade lächerlich, indem er mit dem Hintern wackelte? Spielerisch kniff er Angela in den Po. Sie fuhr herum und küsste ihn stürmisch auf den Mund. Sie sah wunderschön aus. Sie war die tollste Frau im ganzen Raum. Und sie liebte ihn. Er war der glücklichste Mensch auf der ganzen Welt.

17

»*O Mann, lasst mich in* Ruhe. Wer seid ihr?« Außer einem Mühlrad, das sich in seinem Kopf drehte, spürte Röhrdanz ein paar kalte Frauenhände auf seinem Körper, die mit Sicherheit nicht Angela gehörten.

»Wir sind's, Chef«, hörte er zwei Weibsen kichern. »Elli und Julia, Angelas Freundinnen!«

»Oh, bitte nicht!« Röhrdanz versuchte, sich das Kissen wieder über den Kopf zu ziehen, in dem sich noch immer alles drehte. »Lasst mich schlafen!«

»Geht nicht, Chef. Du heiratest heute!«

»Auf keinen Fall … Ich kann nicht …«

»Chef!« Heftigeres Rütteln. »Du hei-ra-test-heu-te!«

»Sagt es ab.« Röhrdanz schlief schon wieder, wurde aber unbarmherzig wachgerüttelt.

»Angela wartet auf dich, Chef! Du musst aufstehen!« Vier Frauenhände zogen gnadenlos an ihm, und er fiel in die Kissen zurück wie ein alter Sack. »Sagt Angela, dass ich sie nächstes Mal heirate …«

»Chef! Das kannst du nicht bringen!« Elli machte Julia ein Zeichen, und diese nahm den Zahnputzbecher, füllte ihn mit kaltem Wasser und kippte ihn Röhrdanz ins Gesicht.

»'tschuldigung, Chef.« Julia und Elli kicherten und hielten sich aneinander fest. »Tut mir leid, aber das musste sein …« Elli wischte Röhrdanz mit einem Handtuch im Gesicht herum.

»Los, du musst dich jetzt zusammenreißen. Das kannst du Angela nicht antun!«

»Wo bin ich?«, fragte Röhrdanz benommen. Immerhin hatte das kalte Wasser ihn endgültig aufgeweckt.

»Na bei dir zu Hause! Wir haben dich um fünf Uhr früh mit dem Taxi hergebracht.«

»Warum?« Röhrdanz sah sich suchend um. »Wo ist Angela?«

»Bei ihren Eltern! Die ist ganz brav um Mitternacht nach Hause gegangen«, sagte Elli.

»Weil sie nämlich heute etwas Wichtiges vorhat«, fügte Julia hinzu. »Du sollst ja das Kleid noch nicht sehen.«

»Das … äh … Kleid. Oh.« Plötzlich wurde Röhrdanz hellwach. »Sagt mir nicht, dass ich heute heirate.« Endlich begriff er den Ernst der Lage. »Oh. Okay. Wie viel Zeit habe ich noch?«

»In einer Stunde musst du in der Kirche sein!«

Röhrdanz sprang auf, wobei sein Schädel dröhnte, rannte in Unterhosen ins Bad und knallte die Tür hinter sich zu.

O Gott, dachte er, als er unter der eiskalten Dusche stand. Was habe ich gemacht! Wie konnte das nur passieren. Mann, war das eine lustige Party gestern. Wie gut, dass sich die zwei um mich gekümmert haben. Gleich heirate ich meine Traumfrau. Meinen Engel. Meine heiß geliebte Angela. Oh, mein Gott. Ich bin noch total verkatert. Wie soll ich das hinkriegen? Wird sie mir das je verzeihen?

Während er mit einem um die Hüften geschlungenen Handtuch barfuß durch die Wohnung tappte und gar nicht wusste, was er eigentlich wollte – Kaffee machen? Zähne putzen? Zeitung lesen? Ach nee, ich hab ja keine Zeit –, merkte er, dass Elli bereits seinen Hochzeitsanzug samt Krawatte und Hosenträgern zurechtgelegt hatte. Im Moment bügelte sie das weiße Hemd.

O Gott, war ihm schlecht! Nie im Leben würde er wieder ein Glas Alkohol zu sich nehmen. Dieser Schnaps gestern … Der letzte musste schlecht gewesen sein. Mit jedem einzelnen Kollegen hatte er anstoßen müssen.

Willenlos ließ er sich anziehen, Julia kniete zu seinen Füßen und streifte ihm die schwarzen Socken über, während Elli ihm das Hemd zuknöpfte. Dann machte sich Julia mit Bürste und Föhn an seinen Haaren zu schaffen, während ihm Elli drei Aspirin auflöste.

In Windeseile rannten sie zu dem bereitstehenden Taxi. Im Auto musste Röhrdanz gegen Brechreiz ankämpfen und kurbelte die Scheibe herunter.

»He, aber nicht in mein Taxi, dass wir uns da richtig verstehen!«, schimpfte der Taxifahrer. Elli tupfte Röhrdanz vom Rücksitz aus mit einem in 4711 getränkten Taschentuch die Stirn.

»O Gott, mach, dass ich die nächsten Stunden überlebe …«

»Das schaffst du schon, Chef.« Julia und Elli klopften ihm von hinten auf die Schulter, während sie sich über ihn kaputtlachten, dann hielt das Taxi auch schon vor der Kirche.

Röhrdanz schleppte sich mit summendem Schädel,

gestützt von Julia und Elli nach vorn zur ersten Bank. Dann setzte auch schon die Orgel ein – aaaaah, dieses unerträgliche Geräusch! Es war, als würden tausend Düsenjäger durch seinen Kopf rasen und den Ausgang nicht finden. Angela schritt am Arm ihres Vaters durch den Mittelgang, und Röhrdanz wandte sich um. Alles drehte sich. Da kamen sie, die beiden Bräute … O Gott, wie schön sahen sie aus … Die beiden Väter traten zur Seite, und die Bräute stellten sich neben ihn … Die Brautkleider waren ein einziger Traum aus weißer Spitze, Taft und Rüschen. Lieber Gott, dachte Röhrdanz, mach, dass ich nur eine davon heiraten muss. Das reicht schon.

Röhrdanz hielt sich an der Bank fest, weil er so schwankte.

»Puh, riechst du nach Alkohol«, flüsterte Angela und grinste.

Die beiden Pfarrer fingen an zu reden, sie trugen ebenfalls lange Gewänder, beugten sich vor und sprachen von der Liebe: »Die Liebe eifert nicht, die Liebe ist langmütig, sie vergleicht nicht, sie wiegt nicht auf, sie verzeiht, und sie ist ein Kelch der Freude. Und hätte ich die Liebe nicht, so wäre ich ein tönend Erz oder eine klingende Schelle …«

In seinem Kopf war auch eine klingende Schelle …

»Bitte macht voran«, hörte Röhrdanz sich krächzen. »Ich kippe hier gleich um …«

Die beiden Pfarrer ließen sie niederknien, und Röhrdanz schaukelte wie ein Seemann.

Angela stieß ihn kichernd zwischen die Rippen.

Die Pfarrer ließen sich nun lang und breit aus über

die Treue, die guten und die schlechten Zeiten, den zweiten Korintherbrief und das Hohelied der Liebe im Alten Testament.

»Ich kann es in dieser Position kaum noch aushalten«, zischte Röhrdanz. »Kommen Sie jetzt endlich zur Sache!«

Die Pfarrer räusperten sich.

»Angela Röhrdanz. Willst du diesen … ähm … Mann ehren und achten …«, der Pfarrer konnte sich wohl gerade noch das kleine Wörtchen »etwa« verkneifen, »ihm treu sein und ihn lieben, in guten und schlechten Zeiten, bis dass der Tod euch scheidet?«

Röhrdanz versuchte, sein Taumeln unter Kontrolle zu behalten, schaute seiner Angela ganz tief in die Augen und sah, wie ihr Gesicht vor Freude und Glück strahlte: »Ja, ich will!«

Mann, die hat Mut, dachte Röhrdanz. Womit hab ich das nur verdient. »Danke«, flüsterte er und wischte sich den Schweiß von der Stirn.

»Michael Röhrdanz. Willst du diese Frau ehren und achten, ihr treu sein und sie lieben, in guten und schlechten Zeiten, bis dass der Tod euch scheidet?«

Das alles fühlte sich wie Folter an. Tod durch die Streckbank.

»Ja.«

Röhrdanz fürchtete, jede Sekunde ohnmächtig von seinem Bänkchen zu sacken. Ihm war noch nie im Leben so übel gewesen.

»Dann erkläre ich euch hiermit …«

Röhrdanz entfuhr ein ziemlich übler Weißweinrülpser. Eine Portion Schnaps und ein paar Cocktails waren auch noch dabei. Angela kicherte.

»zu … Mann und Frau.«

Der Pfarrer half Röhrdanz auf die Beine, gratulierte ihm, indem er ihm übertrieben heftig die Hand schüttelte, und drehte ihn dann so herum, dass er über den Mittelgang wieder hinausschreiten konnte. Ach ja. Da war doch noch was. Seine ähm … Frau. Die Schöne mit dem riesigen Strauß weiß-roter Rosen. Mann, stand ihr das gut, dieses … Ensemble. Das Kleid war der Hammer! Wenn er wieder nüchtern war, würde er es genauer begutachten.

Röhrdanz fühlte sich plötzlich gestützt von seiner Frau, die nun hoch erhobenen Hauptes neben ihm herschritt, zu brausenden Orgelklängen, die er schrecklich überflüssig fand und die in seinem Kopf dröhnten wie ein Hubschrauber, der gerade zur Landung ansetzt. So liefen sie über den langen roten Teppich hinaus ins Freie … O ja, das war gut, frische Luft, genau das brauchte er jetzt … Plötzlich tauchte seine … ähm … Schwiegermutter neben ihm auf.

Helga hatte ebenfalls ein langes weißes Kleid an, mit einem weißen Gürtel und V-Ausschnitt und ein paar dünnen Schleifen auf den Schultern. War das nicht irgendwie gegen die Spielregeln? »Brautmutter war die Eule« hieß es doch irgendwo, und nicht Brautmutter war die Schneegans? Und sein … hicks … Schwiegervater – ja, hallo! Na? Gestern spät geworden, wie? – hatte den exakt gleichen Anzug an wie er. Sogar die Krawatte hatte denselben Farbton, weinrot sagte man wohl dazu …

Egal, er hatte Angela jedenfalls geheiratet. Er drehte sich um und sah, wie seine Schwägerin missmutig neben dem Weihwasserbecken stand. Was hast du nur gegen mich?, dachte Röhrdanz. Ich habe dir doch nichts getan … Er wandte sich ab. Auch gut, wenn seine Schwägerin ihm jetzt nicht um den Hals fallen wollte.

Röhrdanz sah seine eigene alte Mutter, die ganz in Schwarz gekleidet war. Ihr Gesicht drückte Resignation aus, aber auch Liebe. Sie gönnte ihm sein Glück. Sie spürte, dass es sein ganz großes Glück war. Und wenn er wieder nüchtern war, würde er sie ganz fest in den Arm nehmen. Aber heute wollte er nur noch schlafen.

*E*ine wunderschöne Zeit begann. Kaum war Röhrdanz offiziell Angelas Mann, nahmen ihre Eltern ihn sehr herzlich in die Familie auf. Nie wieder hatte er das Gefühl, in ihrem Haus nicht erwünscht zu sein. Gerd und Helga wurden tatsächlich so etwas wie Freunde für ihn. Sie unternahmen oft etwas miteinander, saßen zusammen im Garten, grillten, spielten Tischtennis. Er fand sie alle prima … bis auf Dagmar. Ungerecht oder nicht, richtig sympathisch fand er sie nicht.

Hoffentlich gibt sich das im Laufe der Zeit, dachte Röhrdanz, als Angela und er gerade ins Auto gestiegen waren und sich von ihren Eltern verabschiedet hatten.

Sie waren auf einer etwas verspäteten, aber lang ersehnten Hochzeitsreise. Sie hatten sich in paar Tage freinehmen können und brausten nun nach Baden-Baden.

»Hoffentlich werden wir nicht irgendwann mal auf

Dagmar angewiesen sein«, sagte Röhrdanz, als Angela und er mit dem Winken aufgehört hatten. Im Rückspiegel sah Röhrdanz noch, wie Gerd und Helga Arm in Arm wieder ins Haus marschierten.

»Nein, wenn wir mal Kinder bekommen, wird sie bestimmt nicht unsere Babysitterin.«

»Denselben Gedanken hatte ich auch gerade«, sagte Röhrdanz mit einem überraschten Seitenblick. »Dass wir zur gleichen Zeit das Gleiche denken …«

»Nun, wir sind ja auch schon ein halbes Jahr verheiratet.« Verliebt schmiegte sich Angela an ihren Mann. »Aber hast du denn auch an Kinder gedacht?«

»Ja. Natürlich! Du etwa nicht?«

»Doch!« Angela strahlte ihn von der Seite an. »Ich bin jetzt fast zweiundzwanzig, und eigentlich könnten wir doch …«

Das gab Röhrdanz einen Stich ins Herz. Einerseits, weil er sich unbändig darauf freute, mit Angela eine Familie zu gründen. Andererseits, weil ihm seine Söhne Christian und Oliver wieder einfielen.

»Schade, dass deine Jungs nicht auf unserer Hochzeit waren«, sprach Angela erneut aus, was er dachte. »Du hattest Irene den Termin schließlich lange genug im Voraus mitgeteilt!«

»Ja, das war mal wieder typisch.« Röhrdanz gab vor lauter Zorn zu viel Gas. »Sie sei an diesem Tag mit den Kindern unterwegs, hat sie mir durch ihren Anwalt mitteilen lassen.«

»Das war wirklich nicht nett von ihr.« Angela rieb sich nachdenklich die Stirn. »Wenn wir uns jemals scheiden lassen, und du heiratest ein drittes Mal: Ich lasse meine Kinder bei dir Blumen streuen, versprochen!« Sie sagte es mit so viel heiligem Ernst, dass Röhrdanz lachen musste.

»Liebling, ich weiß dein Angebot durchaus zu schätzen, aber du kannst ganz sicher sein, dass es für mich nie wieder eine andere geben wird. Du bist die Erfüllung meiner Träume, ja hast sie sogar noch übertroffen. Du bist nicht mehr zu toppen.«

»Und wenn eine Claudia Schiffer daherkommt?«, fragte Angela schelmisch lächelnd.

»Du bist tausendmal schöner als sie.« Er legte seine Hand in ihren Nacken und strich ihr über das lange blonde Haar. »Lass uns über unsere Kinder reden. Ich wünsche mir als Erstes ein Mädchen.«

»Ja, ich mir auch.« Angela stellte ihren Sitz nach hinten und schloss die Augen. »Ich würde ihr die süßesten Kleider anziehen, dazu diese winzigen Schühchen …«

»Wenn sie so bezaubernd wird wie ihre Mutter …« Röhrdanz musste sich zwingen, beide Hände auf dem Steuer zu lassen. »Ich stelle mir vor, wie sie auf der Schaukel sitzt oder Fahrradfahren lernt …«

Während der ganzen Fahrt nach Baden-Baden sprachen sie über die wunderbaren Kinder, die sie einmal haben würden.

»Wie würde unsere Kleine denn heißen?«

»Denise«, sagte Angela wie aus der Pistole geschossen. »Wie findest du den Namen?«

Sie sah ihn erwartungsvoll an. »Bitte sag jetzt nicht Elisabeth oder Maria oder so was Altmodisches!«

»Nein, mein Schatz. Du bist jung, und unser Kind bekommt einen modernen Namen. Hast du auch schon einen Namen für einen Jungen parat?«

»Philip. Oder Patrick. Das sind meine Lieblingsnamen.«

»Dann werde ich dir da nicht reinreden.« Röhrdanz lächelte liebevoll. »Das Kinderkriegen ist schließlich Frauensache …«

»Aber das Kindermachen nicht!«, antwortete Angela kokett. »Da musst du schon ein bisschen mitarbeiten.«

»Wart's nur ab, Liebes. Wenn wir heute Abend im Hotel sind, wird sofort mit der Arbeit angefangen!«

Diese Unterhaltung versetzte die beiden in solche Vorfreude, dass Röhrdanz das Gaspedal durchtrat, damit sie schneller ans Ziel kämen.

»*M*ann, hier wohnen wirklich die oberen Zehntausend!« Angela war ganz bezaubert von der prachtvollen Allee, über die sie wenig später schlenderten. Die Prunkstraße Baden-Badens führte durch einen herrlichen Park mit alten Bäumen, bis hin zum Kurhaus.

»Bald zeige ich dir das Spielcasino! Da kannst du zusehen, wie die reichen Witwen ihr Geld verspielen!«

»Ich war noch nie in einem Spielcasino.« Angela hüpfte ganz aufgeregt neben ihm her. »Darf ich zwanzig Mark verspielen?«

»Wenn du möchtest …« Röhrdanz kramte schon in seiner Brieftasche, aber Angela lachte.

»Das war doch nur Spaß! Meinst du, ich würde unser sauer verdientes Geld einfach so wegwerfen?«

»Du bist wirklich süß!« Röhrdanz legte den Arm um seine Frau und drückte sie ganz fest an sich.

»Ich liebe dich, Michael!« Angela vergrub ihr Gesicht an seiner Schulter.

Sie küssten sich, lange und innig, mitten auf dem Parkweg, sodass die Passanten kopfschüttelnd um sie herumgingen.

»Muss Liebe schön sein«, frozzelte jemand.

»Sucht euch ein Zimmer!«, schrie ein Jugendlicher, der auf dem Rad vorbeifuhr.

»Wir sind wohl so eine Art öffentliches Ärgernis«, stellte Röhrdanz fest. »Komm, mein Schatz, ich lade dich in das allerfeinste Hotel der Stadt zum Essen ein. Das berühmte Brenner's Park-Hotel!«

»Aber können wir uns das denn leisten?« Abwartend blieb Angela vor dem imposanten Hotel stehen.

»Für eine ganz besondere Frau nur das Allerbeste!« Einladend hielt Röhrdanz seiner Angela die Türe auf. Scheu trat sie ein.

»Aber bin ich denn richtig angezogen?«

»Natürlich, mein Herz. Du wärst noch in Lumpen schöner als diese aufgetakelten Weiber.«

»Was so eine Nacht hier im Hotel kosten muss …« Angela ließ ihren Blick andächtig schweifen.

»Ich hab ja nicht davon geredet, dass wir hier übernachten! Nur essen wollen wir hier, als Auftakt unserer Hochzeitsreise.« Röhrdanz steuerte bereits zielstrebig auf einen freien Tisch zu. »Was ist? Komm, genier dich nicht!«

»Siehst du diese Dame da hinten im Pelz?«, flüsterte

Angela verunsichert. »Sie schaut so merkwürdig zu uns herüber.«

»Na und? Lass sie doch.« Röhrdanz rückte Angela den Stuhl zurecht und nahm ihr den Mantel ab, aber auf dem Weg zur Garderobe blieb er wie angewurzelt stehen und starrte auf die schmuckbehangene Person, die dort mit einem Mann am Tisch saß und Champagner trank.

Röhrdanz drehte sich auf dem Absatz um, gab Angela ihren Mantel zurück und sagte nur knapp:

»Komm, wir gehen.«

»Kennst du die?«, flüsterte Angela erschrocken.

Röhrdanz schob Angela eilig aus dem Restaurant, draußen eilte er mit solch großen Schritten davon, dass Angela Mühe hatte, ihm zu folgen.

»Michael! So warte doch! Was ist denn los? Wer war diese Frau?«

»Das war Irene«, sagte Röhrdanz, als er schließlich keuchend unter einer schattenspendenden Kastanie stehen blieb. »Meine Exfrau.« Er wischte sich den Schweiß von der Stirn.

»Hier gibt sie also unser Geld aus«, murmelte er, ganz blass im Gesicht.

»Aber wo sind eure Kinder?«, fragte Angela.

»Das ist eine gute Frage.« Röhrdanz streckte die Hand nach ihr aus. »Komm, wir rufen meinen Anwalt an.«

*D*ie Lust auf Baden-Baden war ihnen beiden vergangen, und so landeten sie gegen Abend in Rastatt. Im Hotel Schwert fanden sie eine Unterkunft. Anstatt endlich etwas essen zu gehen, warfen sie nur ihr Gepäck in die Ecke. Sie schauten sich tief in die Augen, küssten sich leidenschaftlich. Er konnte sich kaum beherrschen, so sehr begehrte er sie. Mit bebenden Fingern riss er ihr die Kleider vom Leib. Sie half ihm dabei und zog ihn gleichzeitig aus. Ihre Sachen flogen kreuz und quer durch das Hotelzimmer. Innerhalb von Sekunden waren sie nackt und warfen sich aufs Bett. Kurz darauf zuckten ihre Leiber, und er musste Angela die Hand auf den Mund halten, weil sie vor Wonne schrie.

»Wir sind hier in einem Hotel, da dürfen wir nicht so rumquietschen.«

»Habe ich gequietscht?«, fragte sie erschrocken und richtete sich auf.

»Nein. Ich habe dich noch rechtzeitig daran gehindert!«

»Weißt du, ich hab es noch nie im Leben in einem Hotel getrieben«, flüsterte sie, und in ihrem Gesicht konnte er plötzlich so etwas wie einen Anflug von Stolz entdecken. Sie kicherte und kam sich plötzlich ganz schön verrucht vor.

»Nein, wenn ich richtig informiert bin«, sagte er. Er küsste sie auf die Nasenspitze.

Angela ließ sich auf den Rücken fallen, während Röhrdanz in seinem Jackett, das auf dem Bettvorleger gelandet war, nach Zigaretten suchte. »Wird Zeit, dass ich dich in die höheren Weihen des ehelichen Sexuallebens einführe.«

Sie richtete sich auf und stützte sich auf den Ellbogen: »Gibt es da etwas, das ich noch nicht weiß?«

Er zündete sich grinsend die Zigarette an und nahm einen genüsslichen Zug. »Oh, Frau Röhrdanz. Da gibt es noch so einiges.«

»Was denn zum Beispiel?«

»Willst du das wirklich wissen?«

»Natürlich! Es gehört zu deinen ehelichen Pflichten, mich an deinem Erfahrungsschatz …« Weiter kam sie nicht, denn Röhrdanz hatte ihr bereits einen wilden Kuss aufgedrückt. Er machte schnell seine Zigarette aus, nahm seine Frau und trug sie zur Kommode unter dem Fenster. Ohne seinen Mund von ihrem zu lösen, zog er rasch die Vorhänge zu.

*E*s wurde eine wunderschöne Zeit für sie beide. Von der herrlichen Gegend sahen sie nicht viel, da sie ihr Zimmer nur kurz zum Frühstücken oder zum Abendessen verließen.

Wieder zu Hause in ihrer gemütlichen Dreizimmerwohnung, tauchten sie ein in einen harmonischen Alltag. Morgens schliefen sie immer noch einmal miteinander, bevor sie in ihre verschiedenen Firmen fuhren, und freuten sich auf das abendliche Wiedersehen.

Wenn er nach Hause kam, hatte sie schon eingekauft. Dann kochten sie zusammen, aßen gemeinsam, kuschelten sich auf das Sofa und sahen fern. Manchmal las sie auch, und er hörte Musik, und gegen zehn Uhr hatten sie beide schon wieder so sehr das Bedürfnis nach Nähe, dass sie sich in ihre gemütliche Höhle verzogen, wo sie sich liebten, bis sie eng aneinandergekuschelt einschliefen.

Es sollten noch fast fünf Jahre vergehen, bis sich ihr

Kinderwunsch endlich erfüllte. Für Angela war es nicht immer einfach, mit den vielen fehlgeschlagenen Versuchen zurechtzukommen, aber Röhrdanz' Liebe trug sie über jede Krise. Doch bereits drei Jahre nach ihrer Hochzeit passierten gleich zwei Ereignisse, die ihre harmonische Zweisamkeit für immer durcheinanderwirbelten.

18

Es war morgens um neun, Röhrdanz saß bereits in seinem Kölner Büro und war in seine Akten vertieft, als Angela ihn weinend anrief. »Kannst du schnell zu meinen Eltern kommen, Papa ist etwas zugestoßen!«

Röhrdanz traf Angela und Helga vor dem Haus an, in dem er damals seinen Antrittsbesuch gemacht hatte. Beide lagen sich schluchzend in den Armen.

»Papa ist tot«, rief Angela fassungslos, und Helga schlug die Hände vors Gesicht.

»Sie haben ihn im Vorgarten gefunden …«

»Um Gottes willen!« Röhrdanz begriff kaum, wovon die Rede war.

»Aber wir haben doch gestern noch zusammen Karten gespielt!«

»Ja, er wollte nur schnell Brötchen holen gehen, und ich habe in der Zwischenzeit die Betten gemacht, als ich Leute rufen hörte …« Helga verstummte, weil sie von einem Weinkrampf geschüttelt wurde.

Röhrdanz hielt gleich zwei schluchzende Frauen im Arm. »Hier hat er gelegen, mit dem Gesicht nach unten!« Angela zeigte ihm die Stelle.

»Er ist aus der Haustür gekommen und einfach tot zusammengebrochen!«

»Das ist ja entsetzlich!« Röhrdanz hatte keine Ahnung, wie er die beiden Frauen trösten sollte.

»Wo ist Dagmar?«, fragte er fürsorglich.

»In der Berufsschule! Sie weiß es noch gar nicht …«

»Dann werde ich mich jetzt erst mal um euch beide kümmern. Kommt, wir gehen ins Haus.«

Röhrdanz schob sie liebevoll in den Hausflur.

Da kam ja jetzt einiges auf ihn zu.

Er begriff, dass er nun der einzige Mann in der Familie war.

Er durfte jetzt nicht den Kopf verlieren. Er musste stark sein.

*E*in paar Wochen nach der Beerdigung wurde ihr Leben ein zweites Mal durcheinandergewirbelt, und diesmal würden sich die Wogen des Sturms überhaupt nicht mehr legen.

Christian, der achtzehnjährige Sohn von Röhrdanz, rief an und berichtete, seine Mutter sei nun seit Wochen nicht mehr nach Hause gekommen. Er und sein zwölfjähriger Bruder Oliver hätten kein Geld mehr und könnten sich nichts mehr zu essen kaufen.

Sofort machte Röhrdanz sich auf den Weg nach Mannheim. Diesmal wurde ihm sofort geöffnet, als er mit zwei prallvollen Tüten aus dem Supermarkt vor der Tür stand. Die Jungen sahen verwahrlost aus. Besonders Oliver wirkte so, als hätte er seit Monaten kein Badezimmer mehr von innen gesehen.

»Meine Güte! Kinder! Was ist denn hier los?«

Kopfschüttelnd ging Röhrdanz durch das Haus. Überall standen Essensreste herum und leere Flaschen. Röhrdanz riss erst mal die Fenster auf.

Das ist also von unserem Sechser im Lotto übrig geblieben, ging es Röhrdanz durch den Kopf. Die armen Kinder!

»Sie trinkt«, sagte Christian. »Sie kommt immer betrunken mit irgendwelchen Kerlen nach Hause, und dann schläft sie den ganzen Tag.«

»Aber jetzt ist sie schon seit ein paar Wochen völlig verschwunden«, fügte Oliver hinzu.

Hungrig machten sich die beiden über das Essen her, das ihr Vater mitgebracht hatte.

Sie stopften Wurst, Käse und Brot direkt aus der Verpackung in sich hinein.

»Moment mal, Jungs, ich hole euch Teller und Besteck…« Röhrdanz wischte mit einem stinkenden Lappen über den klebrigen Tisch, erkannte aber, dass seine Bemühungen keinen großen Erfolg hatten. Dieses Haus war so heruntergekommen, dass es renoviert werden musste.

»Was hat eure Mutter denn für … Männerbekanntschaften?«

»Manchmal bin ich morgens im Bad mit einem wildfremden Kerl zusammengestoßen«, meinte Christian achselzuckend. »Es sind immer wieder andere.«

Um Gottes willen, dachte Röhrdanz. Meine beiden Jungs nehme ich jetzt sofort mit.

Sie brauchen ein Zuhause, sie brauchen mich.

Und Liebe, Wärme, ein geregeltes Familienleben, vor allem Oliver. Und die gibt es. Ab sofort.

»Geht jetzt rauf und packt ein paar Sachen!« Er machte eine rasche Handbewegung, und die Jungs stürmten begeistert in ihre verwahrlosten Zimmer.

»Nimmst du uns mit? Dürfen wir zu dir?«

»Lasst mich eine Minute allein, ja?«

Er wusste, dass Angela ihn unterstützen würde.

Sie war nur selbst erst vierundzwanzig.

Er sah auf die Uhr. Ja, seine Kleine musste gerade nach Hause gekommen sein. Entschlossen griff er zum Telefon.

So kam es, dass aus ihrem Liebesnest eine wilde, laute Familienwohnung wurde. Angela nahm die beiden Bengels, die sie nie zuvor gesehen hatte, mit offenen Armen auf. Selbstverständlich räumte sie ihr Schlafzimmer und schlief ab sofort mit Röhrdanz auf der Wohnzimmercouch. Die Jungs verwandelten ihre ehemalige Kuschelhöhle sofort in einen Saustall. Statt leiser Musik lief nun in voller Lautstärke Rockmusik, und statt ätherischer Düfte, mit denen sie sich gegenseitig verwöhnt hatten, waberten nun ganz andere Ausdünstungen durch die Wohnung. Überall flogen Klamotten der beiden herum, weil ihnen niemand beigebracht hatte, aufzuräumen. Sie hatten ja wie die Höhlenmenschen gehaust, und Angela nahm sich ihrer mit einer Engelsgeduld an.

Mit ihrer fröhlichen Art, ihrer ansteckenden guten Laune und ihrer Hilfsbereitschaft gelang es ihr, die Herzen der Jungs im Sturm zu erobern.

Und jeden Abend zauberte sie ein inzwischen durchaus essbares Gericht auf den Tisch.

Als das Jugendamt Röhrdanz endlich das Sorgerecht zusprach und die Mutter der Jungs endlich einsah, dass sie besser bei dem Vater aufgehoben waren, flogen sie in den Sommerferien alle vier nach Mallorca. Röhrdanz konnte seine lebhafte Familie großzügig einladen. Er war inzwischen beruflich noch weiter vorangekommen, und ihm unterstanden mehrere Außendienstmitarbeiter.

Sie verlebten unbeschwerte, herrliche Ferien. Immer wieder musste Röhrdanz seine neu erworbene Videokamera zücken, um seine Lieben für die Ewigkeit festzuhalten.

Dass es so viel Glück geben kann, dachte er. Röhrdanz, du bist ein echter Glückspilz.

*B*ald bezogen sie eine größere Wohnung, in der sie alle wieder ein eigenes Zimmer hatten. Und als ob ihr Leben nicht schon fantastisch genug wäre, legte das Schicksal ihnen noch ein Sahnehäubchen obendrauf: Angela war endlich schwanger.

19

Röhrdanz, du darfst jetzt nicht schlappmachen. Das ist die erste Geburt, bei der du dabei sein darfst, und jetzt kipp hier nicht aus den Latschen!

Röhrdanz war für einen kurzen Moment aus dem Kreißsaal geschlüpft, weil er die Schmerzensschreie Angelas nicht mehr ertragen konnte. Sie gab sich alle Mühe, genau das zu tun, was sie im Vorbereitungskurs gelernt hatte. Sie biss die Zähne zusammen, hechelte, atmete, presste, aber nichts half. Das Kind wollte nicht vor und nicht zurück. Seit dreiundzwanzig Stunden lag Angela bereits in den Wehen, und nun hatten sie alle Kräfte verlassen.

Ihr Kopf war immer wieder auf das Kissen zurückgesunken, die Äderchen in ihren Augen waren geplatzt, und ihre sonst so schönen seidigen Haare klebten ihr schweißnass am Kopf. Er hatte nicht geahnt, dass eine Geburt so quälend für Mutter und Kind, aber auch für den werdenden Vater sein konnte.

Röhrdanz schloss die Augen und lehnte seinen Hinterkopf an die kühle Wand im Krankenhausflur. Aus dem Kreißsaal hörte er seine Frau wieder schreien, und dann, noch lauter, die Stimme der Hebamme, die ihr Anweisungen gab.

»Und noch ein bisschen, noch ein bisschen, und jetzt hecheln, nicht mehr pressen …«

»Ich kann nicht«, hörte er Angela stöhnen. »Ich schaff's nicht!«

»Doch, Sie schaffen das! Es ist noch kein Kind dringeblieben!«

Die robuste Hebamme hatte ihm geraten, doch mal an die frische Luft zu gehen, denn es würde seiner Frau nicht helfen, wenn er hier umkippen würde. Sie hatte wohl bemerkt, dass er weiß wie die Wand geworden war.

»Die Väter im Kreißsaal sind immer das Schlimmste«, hatte sie geschimpft. »Erst Händchen halten und alles besser wissen wollen, und dann kippen sie mir um, weil sie kein Blut sehen können.«

Das Blut war für Röhrdanz nicht das Schlimmste. Er konnte nur seine geliebte Frau nicht so leiden sehen.

Er spürte keineswegs Ekel, wenn er die glitschige Angelegenheit zwischen ihren Beinen betrachtete, ganz im Gegenteil, er empfand Hochachtung für seine Angela.

Er liebte alles an ihr, ihre riesengroße Narbe am Oberschenkel, die sie schon seit ihrer Kindheit hatte, und auch jedes Gramm, das sie während ihrer Schwangerschaft zugenommen hatte. Er hatte den großen braunen Strich geliebt, der sich über ihren immer praller werdenden Bauch gezogen hatte, er hatte mit Ehrfurcht gesehen, wie ihre schwerer werdenden Brüste wuchsen und ihre Brustwarzen von Zartrosa zu Schokoladenbraun wechselten – endlich, endlich bekamen sie das erste gemeinsame Kind. Sie hatten zusammen den Geburtsvorbereitungskurs besucht und sich kaputtgelacht beim »Wehen-veratmen-Üben«. Sie hatten sich über den Gebrauch von Stillkissen, Stoffwindeln und Stütztüchern informiert, bevor Angela lachend beschlossen hatte, eine ganz normale moderne Mutter zu werden, Plastikwindeln und Wegwerfhöschen zu benutzen, zu stillen, wenn es eben ging, und auch nicht vor praktischen Errungenschaften wie Schnuller oder Kinderwagen haltzumachen. Sie war so herrlich unkompliziert und nahm sich selbst wo wenig wichtig!

Seine Angela war eine wunderbare Schwangere gewesen, die Natur hatte sie mit jener selbstverständlichen Vorfreude auf das Kind ausgestattet, die keinerlei Wehleidigkeit zuließ. Röhrdanz schloss die Augen. Wenn es doch bitte bald vorbei wäre …

Er hatte seit dem Vortag um diese Zeit nichts mehr gegessen vor lauter Aufregung. Nach dem Platzen der Fruchtblase war er nicht mehr von Angelas Seite gewichen.

»Noch ein bisschen, noch ein bisschen, noch ein bisschen!«, hörte er die Hebamme rufen. »Jetzt haben Sie es gleich geschafft, man sieht schon das Köpfchen!«

Röhrdanz atmete ein paarmal tief durch und schlüpfte wieder in den Kreißsaal.

»Stellen Sie sich hier oben hin«, befahl ihm die Hebamme in einem Ton, der keine Widerworte zuließ. »Halten Sie die Hand Ihrer Frau, und lassen Sie sie machen. Sie schafft das!«

Und dann ging alles ganz schnell.

Seine völlig erschöpfte Frau hob noch ein- oder zweimal den Kopf, presste mit letzter Kraft, wobei sie noch nicht mal mehr schreien konnte, und die Hebamme zog geschickt zwischen ihren Beinen das Kind heraus. Zuerst sah Röhrdanz nur etwas Bläuliches, ein schleimiges Etwas, das doch unmöglich ein süßes Baby sein konnte … Er konzentrierte sich darauf, Angela mit einem nassen Tuch die Stirn zu kühlen und ihr gut zuzureden. Das schien eine Missgeburt zu werden, was er ihr natürlich nicht sagte. Aber sie würden das gemeinsam schaffen und das Kind lieben … Im nächsten Moment machte es flutsch!, und die Hebamme legte Angela das winzige Etwas, das an einer bläulichen Nabelschnur hing, auf den Bauch. Es bewegte sich ein bisschen und gab winzige krähende Laute von sich. Es verzog, was ein Gesicht hätte werden sollen, und machte einen beleidigten Eindruck. Wo war denn da oben und unten?

»Es ist ein Mädchen«, hörte er eine Stimme sagen, und sofort schossen ihm die Tränen in die Augen.

Angela lachte vor Glück und Stolz.

Wie kann man in der Verfassung noch lachen?, dachte Röhrdanz. Sie ist doch fast gestorben.

»Ganz wunderbar haben Sie das gemacht, Frau Röhrdanz«, lobte die Hebamme. Es war die dritte, die hier inzwischen Schicht hatte. »Für eine Erstgebärende waren Sie ausgesprochen tapfer!«

»Ja, das warst du, mein lieber Schatz!«, flüsterte Röhrdanz hingerissen. Fasziniert starrte er auf seine erste Tochter, die gerade damit kämpfte, die Augen zu öffnen.

»Sie ist wunderschön, ganz wunderschön«, stammelte er, während er ganz vorsichtig mit dem Zeigefinger über ein kleines verbeultes Köpfchen strich.

»Wollen Sie die Nabelschnur durchschneiden, Herr Röhrdanz?«

»Ähm … nein danke, macht ihr mal, ihr könnt das besser …«

Sofort nahmen geübte Hände das winzige Kind, es wurde gebadet, abgetrocknet, gewogen, gemessen … So geht doch vorsichtig mit meiner Tochter um, dachte Röhrdanz, während er Angela dabei half, den Kopf zu heben, damit auch sie ihr Kind sehen konnte.

Als es kurz darauf frisch gewaschen, in einen hübschen Strampler gehüllt, mit irgendwie betörend duftenden, noch feuchten schwarzen Härchen an Angelas Brust gelegt wurde, begriff Röhrdanz, dass es ein ganz normales, gesundes Baby war.

Er hatte eine Tochter!

»Du bist das Wunderbarste, das mir je begegnet ist«, flüsterte er überwältigt und wusste selbst nicht, ob er Angela oder Denise damit meinte. Er blinzelte ein paar Freudentränen weg. »Jetzt ist mein Glück absolut vollkommen!«

Zwei Jahre später, Angela war inzwischen achtundzwanzig, bekamen sie ihr zweites gemeinsames Kind: Philip.

Christian, der Große, hatte inzwischen selbst eine Lehre im Verlag gemacht, dort ein Mädel kennengelernt – wie der Vater, so der Sohn, dachte Röhrdanz grinsend – und war mit ihr zusammengezogen. So war ein Kinderzimmer frei geworden, und Röhrdanz und Angela hatten planmäßig nachgelegt. Diesmal verlief alles unkompliziert, und Angela war eine fröhliche junge Mutter.

Oliver, ein inzwischen siebzehn Jahre alter Teenager, war ganz vernarrt in seine beiden entzückenden Halbgeschwister. Er half Angela mit den Kleinen, sobald er mit den Hausaufgaben fertig war.

Immer wenn Röhrdanz von seinem Job nach Hause kam, fand er seine kleine große Familie in perfekter Eintracht vor. Angela stillte gerade das Baby, während Oliver mit seiner kleinen Halbschwester spielte. Im Radio lief Musik, es war warm und gemütlich. Dass Familie so etwas Wunderbares sein konnte!

Nie hatte er früher mit Irene auch nur annähernd eine solche Harmonie erlebt.

Angela und er kannten sich nun schon mehr als elf Jahre, und es hatte noch keinen einzigen Tag gegeben, an dem sie sich richtig gestritten hatten. Nie klagte sie, dass ihr die Arbeit mit den Kindern zu viel würde, dass er jeden Morgen in die Firma fahren konnte, während sie zwischen Windeln, Geschrei und Babybrei zu Hause saß.

Im Gegenteil. Sie war noch im Nachthemd und wiegte den kleinen Philip in den Armen, als sie fragte: »Was möchtest du heute Abend essen?«

»Mach dir keine Mühe, Schatz. Ich kann auch ein Brot essen.«

»Aber ich würde dir gern etwas kochen!« Sogar noch im Nachthemd war sie schöner als alle Frauen dieser Welt.

»Mach doch, worauf du Lust hast. Ich esse auch gebratene Schuhsohlen!«

»Die Zeiten sind doch lange vorbei!« Angela lachte und gab ihm ganz vorsichtig einen Kuss, um das Baby zwischen ihnen nicht zu zerdrücken.

Röhrdanz nahm sie an der Wohnungstür noch einmal liebevoll in den Arm, und sie winkte hinter ihm her, bis das Licht im Treppenhaus ausging.

Als Röhrdanz an diesem Abend wiederkam, traute er seinen Augen kaum. Da stand eine Angela, die umwerfend aussah: Ihre Haare waren kunstvoll hochgesteckt, an ihrem Hals prangte die filigrane Silberkette, die Röhrdanz ihr zu Philips Geburt geschenkt hatte, und sie trug ein enges, tief ausgeschnittenes Kleid, feine Seidenstrümpfe und raffinierte Pumps. Aus der Küche duftete es verführerisch, und der Esstisch war feierlich für zwei gedeckt. Klassische Musik kam aus dem Radio, und überall brannten Kerzen. Verwundert ging er ins Wohnzimmer: »Haben wir nicht irgendwie … Kinder?«

»Weggezaubert?« Angela hob in gespielter Verwunderung die Arme, und er bemerkte, wie schlank sie schon wieder geworden war. Nur ihr Busen hatte noch die sensationelle Größe, die er liebte: Sie stillte Philip ja noch.

»Was hast du vor?«

Einen Moment lang stand er verwundert da und fragte sich, was hier eigentlich los war.

Wo war das Babyspielzeug, wo war der Geruch nach Möhrenbrei, Muttermilchstuhl und Penatencreme? Stattdessen lag ein schwacher Duft nach irgendeinem verführerischen Parfüm in der Luft. Und aus der Küche duftete es nach … Koriander? Rosmarin? Knoblauch?

»Muss ich denn was vorhaben?«, fragte Angela verführerisch.

»Ja, aber …«

»Kein Aber!«

Sie befreite ihn von seiner Aktentasche, seinem Jackett und von seiner Krawatte.

»Haben wir was zu feiern?« Plötzlich wurde Röhrdanz ganz heiß. »Habe ich unseren Hochzeitstag oder sonst was Wichtiges vergessen?«

»Du hast vergessen«, Angela ließ ihre Hände begehrlich über seinen Körper gleiten, »dich um mich zu kümmern, wie es deine ehelichen Pflichten wären!«

Jetzt lachte Röhrdanz befreit auf. »Aber Liebes! Du hast doch gerade erst dein zweites Kind geboren! Ich nehme doch nur Rücksicht und …«

Er erinnerte sich nur ungern an Irene, die nach dem zweiten Kind überhaupt keine Lust mehr auf Sex gehabt hatte.

»Allzu viel Rücksicht ist auch nicht gut … Aber jetzt lass uns erst mal essen.«

Röhrdanz setzte sich folgsam hin. Heute hatte sie etwas gezaubert, das so ganz anders war als ihr Spaghetti-Pommes-Fischstäbchen-Kartoffelbrei-Repertoire …

»Auberginen-Lasagne mit Ziegenkäse-Espuma und Tomaten-Coulis«, sagte Angela kokett.

»Wie?« meinte Röhrdanz verwirrt. »Warum soll ich einen Kuli und einen Puma essen?«

»Das ist ja erst das Vorspiel … Ich meine die Vorspeise!«

»Wo ist Oliver?«

»Bei einem Freund.«

»Und die Kleinen?«

»Bei meiner Mutter!«

Angela setzte sich ihm gegenüber und funkelte ihn aus begehrlichen Augen an.

»Nachher gibt es Seeteufel unter Basilikumkruste auf Artischocken …«

»Das klingt aber sehr verführerisch.« Röhrdanz beugte sich über den Küchentisch und küsste Angela auf den Mund, während er in ihr appetitliches Dekolleté starrte.

»Und?«, fragte Angela kokett, während er sich die raffinierte Mischung aus Ziegenkäse und gegrillten Auberginenscheiben auf der Zunge zergehen ließ.

»Ich bin … sprachlos. Das schmeckt himmlisch!« Röhrdanz verdrehte genüsslich die Augen. »Wer hat dir das beigebracht?« Er wedelte mit seiner Gabel. »Triffst du dich etwa heimlich mit einem Koch?«

»Ach, weißt du, ich habe manchmal Langeweile, wenn ich mit den Kindern Klötzchen staple und ›Pu der Bär‹ spiele. Heute habe ich nebenher in Kochbüchern geblättert und etwas ausprobiert. Ich glaube, es ist mir gelungen …«

Röhrdanz schüttelte beeindruckt den Kopf. »Du überraschst mich immer wieder, Angela Röhrdanz.«

»Das will ich doch hoffen.« Angela ging um den Tisch herum und setzte sich auf seinen Schoß. »Die Artischockenspalten bei mittlerer Hitze bissfest garen …«, flüsterte sie ihm ins Ohr.

Röhrdanz spürte ein unbändiges Verlangen nach seiner Frau.

Es war wirklich schon ziemlich lange her, dass sie …

»Bist du sicher, dass …«

Weiter kam Röhrdanz nicht. Offensichtlich war Angela sicher.

Der Seeteufel kam jedenfalls unter seiner Basilikumkruste hervor und wollte auch mal gucken, wer da alles so am Tisch saß.

»Wann kommen die Kinder wieder?«, fragte Röhrdanz heiser.

»Nicht vor morgen früh.«

»Aber du stillst doch noch.«

»Ich habe abgepumpt … Heute stille ich nur unser Verlangen.« Angela hielt kurz inne: »Sollen wir ein Kondom benutzen?«

»Hör auf«, stöhnte Röhrdanz leise. Er nahm seine Frau auf die Arme und trug sie ins Schlafzimmer.

Hier brannten bereits Kerzen, und aus dem Lautsprecher kam ihr »Erstes-Mal-Lied«: »Je t'aime«.

Mit dem Fuß stieß er die Schlafzimmertüre zu.

20

Nur wenige Monate später kam Röhrdanz in der Krankenhauskapelle wieder zu sich. Er konnte sich nicht länger seinen Erinnerungen hingeben, er musste zurück zu Angela. Vielleicht brauchte sie ihn. Müde wankte er über den schwach beleuchteten Flur zurück zu ihrem Zimmer.

Vorsichtig öffnete er die Tür und näherte sich ihrem Bett. Der Geruch nach Desinfektionsmitteln hing in der Luft. Die Konturen Angelas samt den Schläuchen und Apparaten, an denen sie hing, waren nur schemenhaft zu erkennen. Draußen war es immer noch stockdunkel.

Wie lange hatte er jetzt in der Krankenhauskapelle gesessen? Die Auszeit hatte ihm gutgetan.

Doch die Realität war umso grausamer. Da lag sie, regungslos, genau so, wie er sie vorhin verlassen hatte – vor Minuten? Vor Stunden? –, und reagierte nicht.

Ihre Hand war weich, aber kühl. Wie immer. Er setzte sich zu ihr und stellte sich vor, wie es wäre, wenn sie seinen liebevollen Händedruck erwidern würde. Ob sie überhaupt merkte, dass er wieder da war? Ob auch sie in Erinnerungen versank, sich fragte, wie es den Kindern ging und dem Baby in ihrem Bauch?

Ihre Welt blieb ihm verschlossen.

Er wusste nur eines: Er würde sie nicht sterben lassen. Nie und nimmer.

Jetzt hatte er sich seit Angelas Zusammenbruch zum ersten Mal die Zeit genommen, über sein Leben nachzudenken. Dabei war ihm klargeworden, wie sehr ihn das Schicksal verwöhnt hatte, seit Angela in sein Leben getreten war. Seit neun Jahren waren sie verheiratet und ergänzten einander wie Sonne und Mond. Ach, wie sehr wünschte er sich, diese Harmonie wiederzufinden! Doch von einem Moment auf den anderen war ihr Leben völlig aus dem Gleichgewicht geraten, und er begriff immer noch nicht, wie das alles hatte passieren können.

Er räusperte sich. »Ich war … ein wenig in der Kapelle. Da habe ich einfach nur nachgedacht. An unsere guten Zeiten zurückgedacht.«

Wie sehr hoffte er auf irgendeine Reaktion, auf eine winzige Geste, und sei es nur ein leichtes Zwinkern, das ihm signalisierte, dass alles wieder so werden könnte wie früher.

Aber da war nichts. Ein maßloser Schmerz überkam ihn.

»Wir hatten es so wunderschön zusammen, Angela. Du hast mich und die Kinder so glücklich gemacht. Du kannst uns jetzt nicht einfach verlassen …« Seine Stimme brach, und er verstummte.

Nein, er würde nicht vor ihr weinen. Ich breche gleich zusammen, dachte er. Was für eine grausame Wendung des Schicksals! Sie trägt unser drittes Kind unter dem Herzen! Wie ein Messerstich bohrte sich diese Erkenntnis erneut in sein Bewusstsein. Wieso Angela? Wieso ausgerechnet sie?

Er zwang sich, nicht die Beherrschung zu verlieren,

und fing sich wieder. Er streichelte ihre Hand. Die Zeit in der Kapelle hatte ihm eine innere Ruhe gegeben, die er an Angela weitergeben wollte. Wenigstens für kurze Zeit wollte er versuchen, sich seine Angst nicht anmerken zu lassen. Trotz allem, was die Ärzte bisher gesagt hatten, war er sich sicher, dass sie ihn hörte.

Es klopfte, und die Nachtschwester huschte geschäftig herein.

»Da sind Sie wieder«, sagte sie freundlich. »Ich dachte schon, sie sind nach Hause gefahren.«

»Ich war nur … Ich war in der Kapelle.«

Die Schwester warf ihm einen Seitenblick zu und schwieg. Mit geübten Fingern hängte sie einen neuen Tropf an den Ständer und saugte Angelas Schleim ab. Ihr Mund war immer noch wie zu einem stummen Schrei aufgerissen. Die Schwester drückte Röhrdanz kurz die Hand. »Der Chefarzt kommt heute Morgen zurück.«

»Oh, das ist gut.« Röhrdanz entspannte sich sichtlich. »Das war der einzige Mensch, der ruhig und geduldig mit mir gesprochen hat.«

Die Nachtschwester war sehr freundlich, konnte aber ihre Besorgnis nicht verbergen.

Röhrdanz fragte sich, ob sie überhaupt ahnte, vor welche Gewissensentscheidung die Ärzte ihn gestellt hatten. Wusste sie, dass alle ihn bedrängt hatten, die Maschinen abstellen zu lassen? Wusste sie, dass es allein von seiner Entscheidung abhing, ob Angela samt ihrem Baby weiterleben durfte oder nicht? Konnte sie im Entferntesten ermessen, wie sehr er litt?

Nachdem die Nachtschwester wieder gegangen war, beugte sich Röhrdanz über Angela:

»Jetzt wird alles gut. Dieser Chefarzt macht einen ganz vernünftigen Eindruck auf mich.«

Angela starrte weiterhin an die Zimmerdecke.

Ob er die Vorhänge öffnen sollte? Draußen dämmerte schon fast der Morgen. Er zog ein wenig daran, als plötzlich eine dicke Fliege aus den dicken Stofffalten hervorsurrte und sich ausgerechnet auf Angelas Wange niederließ. Hier krabbelte sie suchend umher und näherte sich in Sekundenschnelle ihrem weit aufgerissenen Mund. Angela starrte mit schreckgeweiteten Augen hilflos an die Decke.

In Panik verscheuchte Röhrdanz die Fliege und jagte sie verzweifelt durch das ganze Zimmer. Immer wieder ließ sich das lästige Insekt irgendwo nieder, mal an der Wand, dann auf Angelas Bettdecke und schließlich auf ihrer Stirn. Offensichtlich schätzte sie Angelas warme Mundhöhle, denn schon wieder krabbelte sie rasend schnell hinein. Das war ja eine Katastrophe! Angela konnte sich noch nicht mal gegen eine Fliege wehren! Sie würde ersticken, wenn das Tier in ihre Luftröhre geriet! Röhrdanz packte die nackte Verzweiflung. Mit einem Handtuch schlug er nach der Fliege, riss eine leere Tasse vom Fensterbrett, die klirrend zerbrach, und hatte das grässliche Vieh endlich erwischt. Wie in Trance schlug er auf die Fliege ein, die erst noch verzweifelt auf dem Rücken lag und mit den Beinen strampelte, aber Röhrdanz ließ ihr keine Chance. In heiligem Zorn zermalmte er sie, bis nur noch ein klebriger Fleck von ihr übrig war. Er zitterte am ganzen Leib. Hemmungslos begann er zu schluchzen und legte seinen Kopf an das kühle Fensterglas. Das war zu viel! Das schaffte er nicht! Er konnte doch nicht vierundzwanzig Stunden an Angelas Bett wachen und aufpassen, dass ihr keine Fliege was zuleide tat! Er hatte sich geschworen, nicht vor Angela zu weinen, aber jetzt konnte er einfach nicht mehr. Die Tränen tropften neben die tote Fliege, und der Rotz lief ihm aus der Nase. Schluchzend ließ er seiner Verzweiflung freien Lauf. Plötzlich merkte er, dass er nicht mehr allein mit Angela im Raum war. Wimmernd vor Schreck fuhr er herum und wischte sich mit dem Ärmel über Augen und Nase.

Eine Putzfrau mit Kopftuch, die aussah wie eine Zigeunerin, war geräuschlos hereingekommen und wischte nun geschäftig unter Angelas Bett herum. Sie tat so, als wäre es das Normalste der Welt, morgens um halb sechs in einem halbdunklen Zimmer zu putzen, und stieß ein paarmal ziemlich unsanft gegen das Bett. Dabei starrte sie Angela unverhohlen ins Gesicht.

»Lassen Sie das!« Röhrdanz war noch immer viel zu sehr in Fahrt, er wollte alles vernichten, was die Ruhe seiner Frau störte, und packte die kleine Putzfrau am Kittelkragen. »Verschwinden Sie!«

»Was hat Frau?«, krächzte die Alte. »Ist das deine Frau?«

»Ja! Und jetzt gehen Sie!«

»Warum weinen Mann?«

»Verschwinden Sie endlich!«

Die Alte hob ihr Gesicht und sah Röhrdanz plötzlich

mit ihren grauen, durchdringenden Augen an. »Frau wird leben. Und Baby wird leben.«

Kurz darauf war sie mitsamt ihrem Wischmopp verschwunden.

Röhrdanz blieb einen Moment verdattert stehen. Woher wollte die Putzfrau das wissen? Woher wusste sie überhaupt, dass Angela schwanger war?

Er riss die Tür auf und spähte in den dämmrigen Flur hinaus.

Aber von der Alten war nichts mehr zu sehen.

Er rannte nach rechts, den Flur hinunter, bis zu den Aufzügen. So weit konnte die Frau doch unmöglich gekommen sein. Er schaute in die Toilettenräume, aber da war sie auch nicht. Verwundert lief er zurück, warf einen Blick in Angelas Zimmer. Aber hier war die Alte ebenfalls nicht. Er lief nach links, klopfte ans Schwesternzimmer. Die freundliche Nachtschwester war soeben im Begriff, ihre Schicht zu beenden, und besprach sie gerade mit der Morgen-Schwester. Beide hoben überrascht den Blick.

»Diese Putzfrau … Wo kann sie hingegangen sein?«

»Welche Putzfrau?«

»Die kleine Ausländerin mit dem Kopftuch!«

Die beiden Schwestern sahen sich fragend an. »Herr Röhrdanz, Sie müssen sich irren. Um diese Zeit sind die Putzfrauen überhaupt noch nicht hier!«

»Aber da war so eine Zigeunerin …«

»Sie sollten sich wirklich ein bisschen ausruhen, Herr Röhrdanz«, sagte die Morgen-Schwester freundlich.

»Und da war eine Fliege …« Röhrdanz spürte selbst, dass er kurz davor war, durchzudrehen.

»Ich kümmere mich jetzt um Ihre Frau.« Die Morgen-Schwester warf ihrer Kollegin einen bedeutungsvollen Blick zu und schob Röhrdanz sanft aus dem Zimmer. »Gehen Sie nach Hause. Versuchen Sie, ein bisschen zu schlafen.«

21

»Glauben Sie an ein Wunder?« Professor Leyen, der Chefarzt, schaute Röhrdanz mitleidig an.

Dieser senkte den Blick. Seine Augen waren inzwischen von dunklen Ringen umgeben, er sah aus, als hätte er einen Boxkampf verloren. Er war nur kurz zu Hause gewesen, hatte gründlich geduscht und frische Sachen angezogen.

»Ich weiß es nicht, Herr Professor«, murmelte Röhrdanz. Er hatte sich beim Rasieren geschnitten, weil seine Hände so zitterten, und nun klebte ein Pflaster auf seiner linken Wange. »Aber wir dürfen die Maschinen auf keinen Fall abstellen …«

Endlich ließ jemand Röhrdanz einmal ausreden. Professor Leyen hörte sich alle seine Bedenken an, unterbrach ihn nicht und nickte mehrmals.

»Wenn Sie das nicht wünschen, tun wir das nicht«, sagte Professor Leyen warm. »Ich habe gehört, dass Sie gekämpft haben wie ein Löwe.« Er rieb sich die Stirn.

»Doch selbst wenn Ihre Frau nicht an einem Apallischen, sondern an einem Locked-in-Syndrom leiden sollte, also gelähmt, aber doch bei Bewusstsein ist, sind die Überlebenschancen nicht sehr groß. Weder für die Mutter noch für das Kind. Die Schwangerschaft dauert schließlich noch sechs Monate … Bitte machen Sie sich nicht allzu große Hoffnungen.«

»Angela weiß, dass sie noch eine Aufgabe zu erledigen hat«, stammelte Röhrdanz bewegt. »Sie wird nicht sterben. Sie fühlt, dass sie das Kind zur Welt bringen muss.«

Professor Leyen hörte geduldig zu. »Wir werden die Maschinen nicht abstellen, das verspreche ich Ihnen.«

Röhrdanz sprang auf, hätte den Mann am liebsten umarmt. »Oh, Professor Leyen, ich danke Ihnen so sehr! Sie sind der Erste, der mir zuhört und der meine Hoffnungen nicht im Keim erstickt …«

»Aber es ist eine entsetzliche Qual für Ihre Frau, so bewegungslos dazuliegen, dessen müssen Sie sich bewusst sein!«

»Ja«, stieß Röhrdanz bewegt hervor. »Wie können wir ihr dieses Leben erleichtern?«

»Sie bekommt ohnehin schon Valium, zur Sicherheit, damit sie nicht wahnsinnig wird. Wenn sie allerdings so lange am Leben gehalten werden soll, bis das Baby eventuell zur Welt kommt …« Professor Leyen verstummte kopfschüttelnd. »Aber das ist eigentlich ein Ding der Unmöglichkeit. Eine werdende Mutter sollte keine starken Beruhigungsmittel zu sich nehmen, denn Sie wissen ja, dass solche Wirkstoffe das Baby schädigen können.«

»Können Sie die Dosis nicht so einstellen, dass …?«

Professor Leyen wiegte den Kopf abwägend hin und her. »Die geistige und vermutlich auch körperliche Entwicklung des Fötus werden dadurch auf jeden Fall gehemmt. Das Kind wird mit großer Wahrscheinlichkeit schwerbehindert sein! Können Sie das als Vater schaffen?«

Röhrdanz ignorierte diese Frage. Er konnte sich einfach nicht damit abfinden, wollte immer nur einen Schritt vor den nächsten setzen.

»Angela darf aber nicht leiden! Was kann ich für sie tun?«

Professor Leyen zuckte die Achseln: »Letztlich, was Sie schon die ganze Zeit für Ihre Frau tun. Reden Sie mit ihr, lesen Sie ihr was Lustiges vor, erzählen Sie ganz normale Dinge aus Ihrem Alltag. Trotzdem: Der Tod wäre höchstwahrscheinlich eine Erlösung für sie.«

»Sie schafft das, Herr Professor. WIR schaffen das! Ich weiß, sie würde das durchstehen wollen. Sie würde nicht aufgeben! Ich kenne meine Frau!« Röhrdanz sah ihn flehentlich an.

»Wir werden ab sofort einen Gynäkologen hinzuziehen«, sagte Professor Leyen entschlossen. »Dr. Mettmann von der Geburtshilfeabteilung ist eine Koryphäe auf seinem Gebiet. Er wird ab sofort jeden Tag nach Ihrer Frau und dem Baby sehen. Es sind Herztöne zu hören, und das Baby lebt – so erstaunlich das auch für uns ist.«

»Dann glauben Sie also auch, dass sie es schaffen wird?« In Röhrdanz' Augen schwammen Tränen.

»Nach meiner Erfahrung ist so etwas zwar noch nicht vorgekommen, aber wir werden es versuchen.« Der Arzt seufzte laut. »Ich respektiere Ihre Hoffnung und auch, dass Sie bis zur Selbstaufgabe um Ihre Frau kämpfen. Andererseits darf ich Ihnen keine falschen Hoffnungen machen. Aber manchmal ist eine riesige Portion Gottvertrauen genau das Richtige.« Professor Leyen sah Röhrdanz lange schweigend an. Er nickte nachdenklich. Schließlich legte er ihm seinen Arm auf die Schulter. »Der Glaube kann Berge versetzen. Und die Hoffnung stirbt zuletzt.«

*V*on nun an war Röhrdanz nicht mehr in der Hölle, sondern im Fegefeuer. Der Chefarzt persönlich hatte seine Frau noch nicht für tot erklärt. Er hatte die Hoffnung auf das Baby. Sie würden Angela am Leben lassen. Röhrdanz fühlte sich trotz seiner Sorgen von einer Riesenlast befreit. Sie würden die Apparate nicht abstellen!

Er schüttelte über sich selbst den Kopf. Und er hatte schon mit dem Pfarrer die Umschläge für die Beerdigung beschriftet!

Jeden Tag kam er mit neuer Hoffnung zu Angela, brachte ihr Blumen, Bilder von den Kindern, erzählte ihr von den Kollegen in der Firma.

Sie gaben sie nicht auf!

Sie unterstützten seinen Kampf!

Angela lag nach wie vor unter ihren Schläuchen und erhielt nun kalorienreiche Astronautenkost, damit das Baby wachsen und gedeihen konnte. Geübte Schwestern drehten sie mehrmals täglich, damit sie sich nicht wundlag, und der Gynäkologe prüfte die Herztöne des Babys. Alle Ärzte und Schwestern waren verwundert, dass Angela mitsamt ihrem Baby noch lebte. Sie war nun die prominenteste Patientin der Klinik, und unter dem Fachpersonal sprach sich ihr Schicksal schnell herum. Noch nie war auf der Neurologie so etwas vorgekommen: dass eine Komapatientin ein Kind am Leben erhielt. Das Baby entwickelte sich ganz normal.

Röhrdanz las Angela jeden Abend aus ihren Lieblingsbüchern vor, und er spürte, dass sie ihn hörte, denn immer wenn er kam, liefen ihr die Tränen aus den Augen. Die küsste er dann weg, liebevoll tupfte er ihre Wangen trocken.

Eines Tages machte Röhrdanz eine bahnbrechende Entdeckung. Wieder einmal beugte er sich über sie, um zu untersuchen, ob auch keine Fliege, Spinne oder Ameise auf ihr herumkrabbelte. Er schaute sogar in ihren Ohren nach, als er plötzlich wahrnahm, dass sie mit dem rechten Auge blinzelte. So als wollte sie Kontakt zu ihm aufnehmen.

»Hast du gerade geblinzelt, Liebes?« Röhrdanz wich zurück und starrte ihr ins Gesicht.

Angela blinzelte wieder.

»Hast du mir jetzt geantwortet, Angela?«

Sie blinzelte.

Röhrdanz kratzte sich am Kopf. »Pass mal auf. Wenn du mich wirklich hören und verstehen kannst, blinzelst du jetzt einmal für ja, und zweimal für nein.«

Angela blinzelte einmal.

»Du kannst mich verstehen?! Du kannst mich hören?!«

Ja, blinzelte Angela.

Dann starrte sie wieder an die Decke. Sie rührte den Kopf um keinen Millimeter.

»Hast du … Schmerzen?«

Nein, blinzelte Angela.

»Du hast mir geantwortet! Ich verstehe dich! Du kannst mit mir reden!«

Röhrdanz schossen die Tränen in die Augen, und er musste zum Papierspender an der Wand gehen, um die Fassung wiederzugewinnen.

Als er sich erneut über Angela beugte, um ihr eine neue Frage zu stellen, liefen ihr bereits die Tränen aus den Augen.

»Belaste dich nicht, mein Schatz. Alles wird gut. Du bist bei mir. Und ich bin bei dir. Und unser Kind ist auch noch bei uns. Glaube an das Leben …«, stammelte er und tupfte ihr mit dem Papiertuch, das er nervös in den Händen zerknüllte, die Tränen ab. »Sag mir nur noch eines … Ist es auszuhalten?«

Angela starrte an die Decke.

Dann blinzelte sie zweimal.

Röhrdanz spürte ein Würgen in der Kehle, ein Schluchzer schüttelte seine Brust, und er stürzte zur Tür hinaus, rannte den langen Flur hinunter und hämmerte an Professor Leyens Tür.

22

»Frau Röhrdanz, wir haben hier etwas für Sie, das uns die Kommunikation erleichtern kann!« Professor Leyen beugte sich ganz dicht über Angela. Zu Röhrdanz' Erstaunen sprach er so laut und deutlich, als hätte er es mit einer Taubstummen zu tun.

»Wir haben hier eine Buchstabentafel für Sie!«

»Habe ich ihr alles schon erzählt«, brummelte Röhrdanz. Schließlich war es seine Idee gewesen. Horst, der Kollege aus der Grafik, hatte die Tafel mit ihm gemeinsam gebastelt.

In der ersten Reihe standen die Buchstaben A bis F, in der zweiten Reihe G bis K …

»… in der dritten Reihe L bis R, und in der vierten Reihe S bis Z!«, redete Professor Leyen mit dröhnender Stimme auf seine Patientin ein. »Können Sie das erkennen?«

Er hielt die Tafel direkt über ihre Augen, und Angela blinzelte einmal.

Professor Leyen trat überrascht einen Schritt zurück und drehte sich abrupt zu Röhrdanz um, dem er fast auf die Füße trat.

»Das ist erstaunlich, ganz erstaunlich! Sie ist bei vollem Bewusstsein!«

»Habe ich Ihnen ja gesagt«, triumphierte Röhrdanz. »Angela hört jedes Wort!«

»Frau Röhrdanz, wollen Sie uns etwas mitteilen?«

Angela blinzelte. Einmal.

»Dann machen Sie mal«, sagte der Arzt und übergab Röhrdanz die Tafel.

Nun beugte sich dieser über seine Frau: »Ich zeige jetzt auf die vier Reihen, und in der richtigen Reihe blinzelst du. Ist es A–F?« Keine Reaktion. »G–K?« Auch nicht.

Angela blinzelte in der dritten Reihe. »Also L bis R.«

Röhrdanz zeigte auf das L, und Angela blinzelte.

»Also L.«

Beim zweiten Buchstaben blinzelte Angela gleich beim A.

»La …«

»Das dauert«, sagte Professor Leyen. »Ich werde jetzt nach meinen anderen Patienten sehen, und wenn der Satz fertig ist, rufen Sie mich.«

Der dritte Buchstabe war ein S. Der vierte auch. Der fünfte war ein T.

»Lasst …«

Angela schien überanstrengt zu sein. Sie schaffte es nicht mehr, sich zu konzentrieren. Tränen liefen ihr aus den Augen, und Röhrdanz tröstete sie.

»Lass dir Zeit, Schatz. Wenn du nicht mehr kannst, machen wir eine Pause.«

Er kämpfte selbst schon wieder mit den Tränen, ging im Raum auf und ab. Er streichelte sie, hielt ihre Hand, redete ihr gut zu, startete einen zweiten Versuch.

Zwischenzeitlich kamen wieder Schwestern herein, saugten ihr den Schleim ab, wechselten den Tropf und brachten sie in eine andere Liegeposition. Sobald sie weg waren, gingen sie wieder an die Arbeit.

Das nächste Wort, für das sie eine kleine Ewigkeit brauchten, hieß »mich«.

Wieder machten sie eine Pause, und dann formulierte Angela endlich das dritte Wort.

Es wurde ein kurzer Satz, und es dauerte insgesamt zwei Stunden, weil sie immer wieder schwächelte. Dann hatte Röhrdanz den Satz zusammen. Er war schlimm und erschreckend.

Das dritte Wort lautete »sterben«.

»Lasst mich sterben«, las Röhrdanz von seinem Block laut vor.

Mit plötzlicher Entschlossenheit strich er ihn sofort mehrmals durch, wie ein Kind, das sein eigenes Gekritzel nicht mehr entziffern kann, und ignorierte einfach, was Angela ihm mitgeteilt hatte.

»Versuch einen anderen Satz«, forderte er Angela auf. »Dieser hier gilt nicht.«

»Valium schadet Baby«, war der nächste Satz, den Angela nach einer langen Sitzung formuliert hatte. »Schaffe es auch ohne.«

»Das bist du, mein Mädchen«, sagte Röhrdanz bewegt. »Ich liebe dich!«

*D*as Ergebnis präsentierte Röhrdanz stolz Professor Leyen, und dieser war erfreut und überrascht zugleich. Er ließ sofort den Hausschreiner rufen und instruierte ihn, drei große Holztafeln anzufertigen, für jede Wand eine. Ab sofort sollten alle Ärzte, Pfleger und

Schwestern auf diese Weise mit Angela in Kontakt treten.

Tatsächlich schraubte Professor Leyen die Dosis des Beruhigungsmittels immer weiter herunter, und Angela teilte mit, dass sie es aushalten würde, bis das Baby geboren sei.

Röhrdanz war überwältigt von ihrer Tapferkeit und wich nicht von ihrer Seite, um ihr die Zeit so erträglich wie möglich zu machen. »Was für Musik möchtest du hören, Liebes?«

Wieder die Buchstabentafel.

Angela wollte Udo Jürgens hören.

»Habt ihr das mitgekriegt, Leute?« Röhrdanz war hellauf begeistert, dass es ihm gelungen war, Angela am Leben zu erhalten und sie zu einem Dialog zu bewegen. »Udo Jürgens ist angesagt!«

Er lief durch die ganze Neurologische Abteilung, riss alle Türen auf und fasste jeden Arzt, jeden Pfleger, jede Schwester, die er erwischen konnte, am Kittelzipfel: »Sie will Udo Jürgens hören! Habt ihr so was da?«

Am nächsten Morgen traute er seinen Ohren nicht: Bereits als er aus dem Aufzug trat, hörte er die samtige Stimme von Udo Jürgens aus Angelas Zimmer schallen. Er eilte zu seiner Frau und sah: Sämtliche Alben, die dieser Sänger je produziert hatte, lagen in Kassettenform auf Angelas Nachttisch!

Alle Schwestern, Ärzte und Pfleger hatten zusammengelegt, um das Gesamtwerk dieses Sängers zu erstehen. Was für eine einmalige, großzügige Geste!

Aus Angelas Augen liefen dann auch wieder Tränen,

die Röhrdanz wegtupfte, während er selbst leise mitsang: »Ich weiß, was ich will, ich will die Leidenschaft, mit der du mich liebst …«

Immer, wenn eine Kassette zu Ende war, drehte derjenige, der gerade im Zimmer war, sie ganz selbstverständlich um oder wechselte sie aus.

Und so verging der lange, graue Herbst, in dem Angela ins Koma gefallen war.

*D*raußen schneite es bereits in dicken Flocken, die vorweihnachtliche Hektik war längst ausgebrochen und trieb die Menschen eilig durch die belebte Fußgängerzone, wo sie sich mit hochgeklappten Mantelkrägen vor den Schaufenstern drängten und sich Gedanken um Geschenke, Festtagskleider und Weihnachtsbraten machten.

Röhrdanz hatte keine Zeit für solche Dinge. Er funktionierte wie ein Rädchen im Uhrwerk:

Morgens um halb sechs aufstehen, in die Klinik fahren, mit Angela »aufwachen«, ihr gut zureden, Musik auflegen, zeigen, dass er da war. Dann nach Hause rasen, die Kleinen anziehen, zu Helga bringen. Weiter in die Firma, hier einigermaßen funktionieren, Anweisungen geben, Zahlen kontrollieren, Anwesenheit zeigen. Mittags wieder in die Klinik. Dasselbe Spiel. Buchstabentafel: Wie geht es dir heute? Was kann ich für dich tun?

Wieder Firma, dann Kinder von Helga abholen, einkaufen, zu Hause ein halbwegs intaktes Familienleben inszenieren, kochen, essen, spielen, vorlesen, schmusen, die Kleinen ins Bett bringen. Oliver bitten, auf sie aufzupassen, bis sie schliefen, die Küche aufräumen und pünktlich ins Bett gehen. Wie es Oliver ging, ob er Liebeskummer hatte oder sich allein fühlte … Das alles hatte in seinem Kopf keinen Platz. Oliver schien dafür Verständnis zu haben.

Er funktionierte. Genau wie sein Vater.

Nachts träumte Röhrdanz oft, dass Angela wieder sprechen konnte. Sie sprang aus dem Bett, konnte gehen, laufen, ja tanzen. Er tanzte mit ihr einen Walzer, und sie lachte laut und drehte sich, bis ihr ganz schwindelig wurde. Sie sanken zu Boden, er spürte ihre warme Haut, er streichelte ihren Bauch, er küsste sie. Sie liebten sich im Traum, wild und zärtlich, in den verrücktesten Stellungen. Sie versorgte die Kinder im Traum, spielte mit ihnen, sang ihnen etwas vor und winkte ihm, wenn er ging. Ihr Arm verschwamm vor seinen Augen wie die wehende Gardine, hinter der sie stand … Bis sie sich beim Weckerklingeln in kalte feuchte Luft auflöste.

Das Aufwachen war jedes Mal ein Schock, morgens war sein Kissen oft tränennass. Als Erstes stellte Röhrdanz sich immer vor, er müsste jetzt so liegen bleiben. Er könnte sich nicht bewegen. Nicht rühren. Nicht drehen. Nicht die Decke zurückschlagen. Nicht aufstehen und auf die Toilette gehen. Nicht ins Bad gehen. Nicht die Zähne putzen. Nicht rufen. Er versuchte oft minuten lang, in derselben Stellung im Bett liegen zu bleiben. Nicht zu schlucken, sich nicht zu räuspern. Lebendig begraben zu sein. Immer wenn er am Rande es Wahnsinns war, sprang er auf und rannte ins Bad. Dort schaute Röhrdanz in den Spiegel. Der alte, faltige Mann mit den blutunterlaufenen, tief verschatteten Augen und den völlig ergrauten Haaren, der ihn da anblickte, erschreckte ihn.

»Sie hält durch, und du hältst auch durch«, sagte er dann zu dem Gesicht, das einmal seines gewesen war. »Was du von ihr verlangst, wirst du ja wohl auch schaffen!« Er zeigte mit der Zahnbürste auf sein Spiegelbild »Jedenfalls heute, nur heute. Morgen reden wir weiter.«

Selbst im Krankenhaus machte sich vorweihnachtliche Stimmung breit. In Angelas Zimmer hing ein Adventskranz von der Decke, und sie schaute oft stundenlang ins Kerzenlicht.

»Kaufe jedem ein Geschenk«, diktierte sie Röhrdanz eines Nachmittags. »Einpacken, Name drauf!«

Dass sie in dieser Situation noch an die anderen denken konnte!

Röhrdanz kratzte sich am Kopf: »Tja, das ist natürlich eine gute Idee, aber für Geschenke warst du ja immer zuständig, also … was ist denn da so angesagt?«

Buchstabentafel.

»Douglas«, diktierte Angela.

»Da gibt es … Dingsda … Parfüm und Seife und so ein Zeug?«

Erschöpft blinzelte Angela ein Mal.

»Aha. Ja klar. Mach ich. Dann werde ich mal für unseren guten Professor Leyen ein Parfüm kaufen gehen. Hoffentlich versteht er das nicht falsch …« Röhrdanz erhob sich, küsste seine Frau auf die Wange und machte sich auf den Weg.

Als er mit den hübsch verpackten Geschenken wiederkam, baute er sie alle mitsamt Namensschild zu einem hübschen Gabentisch auf, und dann war für das gesamte Pflegepersonal Bescherung. Angela kamen die Tränen, als die einzelnen Schwestern, Ärzte und Pfleger »ihr« Parfüm auspackten und sich wirklich riesig freuten. Von einer Komapatientin so liebevoll und aufmerksam beschenkt zu werden, das hatten sie noch nie erlebt.

Udo Jürgens hatte nun hundertmal das Gleiche gesungen, und Röhrdanz war sich nicht sicher, ob er Angela ein paar Weihnachtslieder zumuten konnte. Bestimmt würde sie unendlich traurig werden.

Immer wieder fragte sie per Buchstabentafel nach den Kindern, und Röhrdanz versicherte ihr, dass sie bei Helga bestens aufgehoben wären. Nur, dass Denise immer öfter nach ihrer Mama weinte und sich Philip zunehmend weigerte, von Helga angezogen oder gefüttert zu werden, erwähnte er nicht. Seine Schwiegermutter tat, was sie konnte, hatte mit den Kindern sogar Plätzchen gebacken.

»Sie fühlen sich pudelwohl bei Oma und Tante, spielen den ganzen Tag, und natürlich fragen sie nach dir. Dann sage ich ihnen immer, dass du Dornröschen spielst und schläfst, und sie sagen, ich soll dich wachküssen …«

Röhrdanz presste die Lippen zusammen und blickte zu Boden.

»Und das tue ich auch, mein Schatz. Ich werde dich eines Tages wachküssen. Sag mir, wenn du so weit bist.«

23

Und dann äußerte Angela per Buchstabentafel ihren eigenen Weihnachtswunsch.

»Weihnachten nach Hause!«

»Aber Liebes, wie stellst du dir das vor?« Röhrdanz wandte sich ab, um seine Verzweiflung nicht zu zeigen. »Du wirst hier rund um die Uhr gepflegt, und ich kann dir dein Heparin zur Thrombosevorbeugung nicht spritzen. Ich kann zwar Blut sehen, aber weißt du noch, wie ich bei der Geburt von Denise fast umgekippt bin? Stattdessen könnte ich versuchen, die Kleinen herzubringen, und wir stellen hier einen Baum auf …«

»Bitte!«

Immer wieder drängte Angela ihn, Professor Leyen um Erlaubnis zu bitten, sie an Heiligabend doch wenigstens für ein paar Stunden nach Hause bringen zu dürfen.

»Also gut. Du hast es verdient, dass man dir auch mal einen Gefallen tut.«

Röhrdanz trug Professor Leyen ihren Wunsch vor, als dieser das nächste Mal zur Visite kam. Es waren auch noch zwei Schwestern im Raum, die das Gespräch gespannt verfolgten.

»Aber liebe Frau Röhrdanz! Wie stellen Sie sich das vor?«, wiederholte der Doc nun die Worte, die Röhrdanz bereits zu ihr gesagt hatte. »Sie brauchen jede Stunde eine Heparin-Spritze, und wer soll Sie denn transportieren? Das müssen ja vier Mann sein. Wissen Sie, wie schwer Sie inzwischen sind?« Durch die Schwangerschaft, die Astronautenkost und den völligen Mangel an Bewegung wog Angela inzwischen über hundert Kilo.

»Herr Professor, das kriegen wir irgendwie hin!« Röhrdanz wollte seiner Frau unbedingt diesen einen Herzenswunsch erfüllen. »Sie hat so viel geleistet und so tapfer durchgehalten …«

Professor Leyen dachte lange nach. Die Schwestern warteten gespannt wie ein Flitzebogen auf seine Entscheidung. Würde er die Patientin zu ihren kleinen Kindern nach Hause lassen, wenigstens für ein paar Stunden?

Schließlich schüttelte er bedauernd den Kopf.

»So leid es mir tut, Frau Röhrdanz. Heiligabend kann ich Ihnen noch nicht mal Personal mitschicken. Wer soll Ihnen denn die Heparin-Spritzen geben?«

»Er.«

Für eine längere Antwort hatte Professor Leyen keine Zeit, und Angela fasste sich kurz.

»Sie meinen, Ihr Mann?«

»Ja.«

»Trauen Sie sich das zu, Herr Röhrdanz? Haben Sie schon mal jemandem eine Spritze gegeben?«

Röhrdanz wollte gerade den Kopf schütteln, als er sah, dass eine der beiden Schwestern, die sich absichtlich hinter den Professor gestellt hatte, heftig mit dem Kopf nickte. Sie machte ihm Zeichen, er solle bejahen.

Aus dem Kopfschütteln wurde ein Kopfnicken. Röhrdanz wusste kaum, wie ihm geschah. Er kam sich vor wie eine Marionette.

Ihm wurde heiß. Ich und eine Spritze geben, wo ich doch vor den Dingern einen Mordsrespekt habe, dachte er verwirrt.

»Also gut … Wenn Sie sich das zutrauen.« Professor Leyen nickte wohlwollend. »Dann sollen Sie Ihre Angela Heiligabend für ein paar Stunden mit nach Hause nehmen.«

Die Schwester hinter ihm wurde rot und drehte sich schnell um.

Die andere Schwester klatschte triumphierend in die Hände.

»Ja, wie jetzt …«

Röhrdanz schaute verdutzt auf Angela, die reglos auf dem Rücken lag. Wenn sie nicht wie immer an die Decke gestarrt hätte, hätte er schwören können, dass sie ihm verschwörerisch zugrinste.

Richard, Röhrdanz' Chef aus der Firma, kannte zum Glück einen Burschen von der Johanniterhilfe, mit dem er immer Skat spielte. Sein Krankenwagen stand für die Hin- und Rückfahrt bereit, und Röhrdanz kam um die horrenden Transportkosten herum. Mit vier Mann schleppten sie die arme Angela auf einer Trage in den dritten Stock der Mietwohnung, die sie vor drei Monaten nichtsahnend verlassen hatte, um den Orthopäden aufzusuchen.

Natürlich gingen im Treppenhaus überall die Türen einen Spaltbreit auf, manche genierten sich überhaupt nicht und begafften das Spektakel unverhohlen.

Röhrdanz durchbohrte sie alle mit tödlichen Blicken, während ihm der Schweiß in die Augen rann. Angela konnte keinen Laut von sich geben, aber er ahnte, wie sehr sie bei diesem Transport durchs Treppenhaus litt.

Professor Leyen hatte ihm erklärt, dass der Gleichgewichtssinn bei Gehirnschlag-Patienten nachhaltig gestört ist. Und dass sie einen solchen Transport in etwa so erleben wie die Überquerung einer gähnenden Schlucht.

»Gleich haben wir es, Liebes. Noch eine halbe Etage.«

Wieder drehte die Mannschaft sich zentimeterweise im Treppenhaus, dann schulterten die beiden hinteren Träger ihre Last, während Röhrdanz und Richard, die vorne gingen, die Trage rückwärts die Stufen hinaufbalancierten. Wahrscheinlich schrie Angela innerlich vor Angst. Wahrscheinlich wollte sie vor Panik lieber sterben. Aber sie näherte sich – Zentimeter für Zentimeter – ihren Kindern.

Röhrdanz wusste, dass sie genau das wollte. Zu Hause bei ihren Kindern sein.

Wenn auch nur für genau vier Stunden.

Oben angekommen, legten die vier starken Männer Angela vorsichtig auf ihr Bett. Dort wurde sie sofort an ihre Apparate angeschlossen.

Der Johanniter spritzte ihr das bitter nötige Heparin, das ihr Blut verdünnte. Röhrdanz ließ Helga die Kleinen hereinbringen, die sich sofort zu ihr aufs Bett kuschelten. Philip krabbelte ungestüm darauf herum, Helga musste ihn festhalten, was ihn zu Zornesausbrüchen hinriss. Er wollte bei seiner Mama sein! Denise spürte, dass sie ganz vorsichtig sein musste, sie schmiegte sich, halb eingeschüchtert, halb dankbar, in ihre Armbeuge.

Röhrdanz lehnte erschöpft im Türrahmen und beobachtete die herzzerreißende Szene.

Angela strömten die Tränen nur so übers Gesicht – sie konnte ihre Kleinen nicht streicheln, nicht küssen, nicht berühren. Und das nach drei Monaten Trennung.

»Mama, warum sagst du nix?«, fragte Denise naiv.

»Mama schläft immer noch. Du weißt doch, sie ist wie Dornröschen!«

»Soll ich sie wachküssen?«, bot Denise an.

Röhrdanz nickte stumm.

Denise bedeckte ihre Mama mit tausend kleinen Kinderküsschen und ließ keine Stelle aus, die sie irgendwie erreichen konnte.

»Bist du sicher, dass das eine gute Entscheidung war?«, flüsterte Helga ihrem Schwiegersohn zu, die das kaum mit ansehen konnte. »Sie leidet doch entsetzlich!« Helga wandte sich ab und rannte in die Küche, um dort ihren Tränen freien Lauf zu lassen.

»Es ist Heiligabend«, sagte Röhrdanz leise. »Und es war ihr größter Wunsch.«

*A*m ersten Weihnachtstag schlief sich Röhrdanz zum ersten Mal seit Angelas Zusammenbruch richtig aus. Er war völlig erschöpft von Heiligabend. Helga hatte die Kleinen mit zu sich genommen, weil sie so schockiert über die Begegnung mit ihrer Mutter gewesen waren. Und Röhrdanz hatte später am Abend schweren Herzens mit ansehen müssen, wie sie Angela wieder abholten.

Um Mitternacht war er ganz allein in die Christmette gestapft und hatte einfach nur auf ein Zeichen gewartet. Ein Zeichen von Gott.

Ist das richtig, lieber Gott, was ich hier tue? Darf ich meine Frau so leiden lassen? Darf ich meinen Kindern das antun? Wird sie je wieder zu uns zurückkommen? Und wird das Baby gesund auf die Welt kommen? Was ist, wenn es schwerstbehindert sein wird? Wem werde ich das alles zumuten? Wie weit darf ich mich selbst über meine Grenzen hinaus belasten?

Bitte, gib mir ein Zeichen, lieber Gott. Gib mir ein Zeichen.

Als das Telefon klingelte, brauchte er einige Sekunden, um sich zurechtzufinden, so tief hatte er geschlafen. Ausgerechnet heute, am ersten Weihnachtstag, hatte er kein Kind zu versorgen und wollte erst am Nachmittag zu Angela gehen. Sie sollte sich ausruhen von den gestrigen Strapazen.

Vielleicht war es Helga, die ein Problem mit den Kindern hatte?

Oder wollte ihm etwa jemand »Frohe Weinachten« wünschen?

Schlaftrunken nahm er den Hörer ab, das Telefon stand direkt neben seinem Bett auf dem Nachttisch.

»Hallo?«

»Herr Röhrdanz? Professor Leyen am Apparat!«

»O Gott!« Röhrdanz saß sofort senkrecht im Bett, alle Fasern seines Körpers waren bis zum Zerreißen gespannt, und ein eiskalter Schreck durchfuhr ihn.

»Ist was mit Angela?«

»Das kann man wohl sagen! Ihr Zustand hat sich dramatisch verändert. Das hat sicher etwas mit ihrem gestrigen Besuch zu Hause zu tun …«

In seinen Ohren rauschte es plötzlich so stark, dass er kein Wort mehr verstand.

An den Rest des Gesprächs konnte sich Röhrdanz später kaum erinnern. Die Stimme des Arztes war so … anders, sie klang ernst, aber auch bewegt, und Röhrdanz fühlte nur, wie sich sein Magen schmerzhaft zusammenzog und er kaum noch Luft bekam.

»… und deshalb sollten Sie so schnell wie möglich kommen!«

»Bin schon auf dem Weg!« Röhrdanz fuhr panisch in seine Hose, die er einfach über die Pyjamahose zog, warf sich zitternd einen Pullover und eine Jacke über, griff im Gehen noch nach seinem Schal und dem Autoschlüssel und saß zwei Minuten später bereits im Auto.

Lieber Gott, sie hat den gestrigen Besuch nicht gut überstanden. Sie hat die Begegnung mit den Kindern nicht verkraftet. Wir hätten sie nicht nach Hause holen dürfen, das war ein Fehler. Denn erst jetzt hat sie gesehen, wie sehr die Kinder leiden. Sie hat sich selbst im Spiegel gesehen. Sie hat begriffen, welche Folgen ihr Zustand für die ganze Familie hat.

Von Selbstvorwürfen geplagt, rannte er kurz darauf über den Parkplatz und schaute fragend zu ihrem Fenster hinauf. Lebte sie überhaupt noch? Wenn Professor Leyen am ersten Weihnachtstag anrief, war er selbst in die Klinik gerufen worden. Dann war etwas wirklich Schwerwiegendes passiert.

Er stolperte aus dem Aufzug und taumelte den Flur entlang. Die Tür zu Angelas Zimmer stand offen. Er hörte sich keuchen, als er schließlich nassgeschwitzt um die Ecke bog.

Professor Leyen stand mit drei anderen Ärzten und zwei Schwestern an Angelas Bett.

Er sah nur ihre Rücken. Alle schwiegen.

Sie beugten sich über sie.

Angela war tot.

Wie in Zeitlupe drehten sie sich zu ihm herum. Ihre Gesichter waren nicht zu deuten. Überraschung? Trauer? Entsetzen?

»Kommen Sie mal her, Herr Röhrdanz!« Die Stimme von Professor Leyen war verändert, wie vorhin am Telefon. Sie klang viel tiefer als sonst, so als hätte jemand eine Schallplatte mit halber Geschwindigkeit abgespielt.

»Ihre Frau will Ihnen wohl auch ein Weihnachtsgeschenk machen …« Professor Leyen streckte die Hand aus und winkte Röhrdanz herbei. Auf einmal verließ ihn der Mut, weiterzugehen.

Jetzt streckten sich ihm auch andere Hände entgegen, und plötzlich erkannte er, dass die Leute … lächelten! Sie lächelten! War es Stolz, Freude, Triumph, was er in ihren Augen leuchten sah?

»Sie … ist gar nicht tot?«

»Aber nein, Herr Röhrdanz! Ihr gestriger Besuch zu Hause scheint wirklich etwas bewirkt zu haben. Schauen Sie mal!«

Nun beugte sich auch Röhrdanz über die reglose Angela, die in gewohnter Weise mit offenem Mund an die Decke starrte.

»So, Frau Röhrdanz, nun machen Sie es noch einmal.«

Nichts. Angela rührte sich nicht. Die Ärzte und Schwestern starrten sie an.

»Was soll sie noch mal machen?«, fragte Röhrdanz.

»Schauen Sie mal auf ihre rechte Hand.«

Alle starrten auf ihre rechte Hand.

»Frau Röhrdanz, jetzt bewegen Sie noch mal die Fingerkuppe! Ihr Mann ist jetzt da!«

Wieder sprach Professor Leyen wie mit einer Taubstummen.

»Frohe Weihnachten, mein Schatz«, sagte Röhrdanz ganz leise. »Du musst uns hier nichts vorführen, aber ich würde mich verdammt freuen …«

Einen Augenblick lang schien die Welt um ihn herum zu erstarren.

Und in genau diesem Moment bewegte Angela die Fingerkuppe.

Nur millimeterweise, fast so, als hätte das auch pure Einbildung des Betrachters sein können.

»Haben Sie das gesehen?«, frohlockte Professor Leyen, und die Schwestern umarmten sich gegenseitig vor Freude.

»Ja.« Röhrdanz verschlug es erst einmal die Sprache. »Ich kann das kaum glauben …«

»Da! Sie macht es schon wieder!«

Tatsächlich. Diesmal war es deutlich zu sehen. Angela hob den kleinen Finger ihrer rechten Hand, langsam wie eine Schnecke, die kurz aus ihrem Schneckenhaus kommt.

»Angela! Du kommst zurück! Du kommst zu uns zurück«, stammelte Röhrdanz benommen. Verstohlen wischte er sich die Tränen aus den Augen.

»Überfordern Sie sie nicht«, mahnte Professor Leyen. »Wir sehen aber, dass das gestrige Erlebnis unglaubliche Energien in ihr freigesetzt haben muss. Sie will zurückkommen. Bisher waren wir nicht sicher, ob sie leben will. Jetzt gibt sie uns ein Zeichen …«

Röhrdanz musste sich räuspern. »Ja dann, frohe Weihnachten allerseits!« Er blinzelte die Tränen weg, dann sah er, dass sämtliche Augen feucht waren.

Sie schüttelten einander die Hände, klopften sich auf die Schultern, und Röhrdanz umarmte plötzlich Professor Leyen, der gar nicht wusste, wie ihm geschah.

»Frohe Weihnachten, Frau Röhrdanz«, rief der Professor, »machen Sie weiter so!« Alle verabschiedeten sich von der Patientin, damit sie wieder zur Ruhe kam.

»Das kann ein Anfang sein«, meinte Professor Leyen schließlich, als Röhrdanz in seinem Sprechzimmer saß. »Es darf jetzt keinen Stillstand mehr geben. Ab sofort wird mit ihr trainiert.« Er lächelte fein: »Jetzt kann ich es Ihnen ja sagen, Herr Röhrdanz. Die Ärzte aus Düsseldorf haben mich ein paarmal angerufen. Sie konnten es nicht fassen, dass ich damals auf Sie gehört und die Geräte nicht abgestellt habe.«

Röhrdanz sah ihn fragend an.

»Sie sind sich alle einig, dass ich das Leiden Ihrer Frau

nur unnötig verlängert habe, und haben mir diesbezüglich schwere Vorwürfe gemacht.«

Röhrdanz presste die Lippen aufeinander und schwieg.

»Ich war mir selbst nicht sicher, ob es die richtige Entscheidung war, und habe mir unter den Kollegen einige erbitterte Feinde gemacht. Sie munkeln, ich wollte mich nur wichtigmachen und mit dem Fall Röhrdanz in die Geschichte eingehen.«

»Na und?«, sagte Röhrdanz unbeeindruckt. »Lassen Sie die Leute doch reden!«

Professor Leyen strahlte über das ganze Gesicht: »Da habe ich wohl von Ihnen noch etwas zu lernen, Herr Röhrdanz.« Sein Tonfall wurde wieder sachlich: »Es wird sicher Monate dauern, bis sich deutliche Fortschritte zeigen, aber wir dürfen nicht aufgeben.«

»Welche Auswirkungen hat das vermutlich auf das Baby?«, fragte Röhrdanz unvermittelt.

»Das kann ich Ihnen beim besten Willen nicht sagen. Wir tun unser Bestes. Aber machen Sie sich bitte nicht allzu große Hoffnungen.«

Röhrdanz senkte den Kopf. Hatte er sich zu früh gefreut?

Professor Leyen sah Röhrdanz ernst an. »Ohne Ihnen die Weihnachtsfreude verderben zu wollen: Haben Sie schon mal weitergedacht?«

»Wie … wie meinen Sie das?«

»Wer soll sich um das möglicherweise stark behinderte Kind kümmern? Ihre Schwiegermutter?«

»Nein.«

Röhrdanz verkniff es sich, Professor Leyen zu sagen, dass Helga auch so schon mit der Situation überfordert war.

»Sie müssten eine Kinderpflegerin einstellen, die speziell für behinderte Kinder ausgebildet ist. Haben Sie diesen Kostenfaktor mit einkalkuliert?«, riss ihn Professor Leyen aus seinen traurigen Gedanken. »Und hätte die Pflegerin in Ihrer Wohnung Platz?«

Röhrdanz senkte den Kopf und schwieg.

»Ihr Kind wird höchstwahrscheinlich ein sogenanntes Frühchen sein. Es wird im Brutkasten liegen, und unsere Klinik ist für solche Fälle nicht gerüstet. Das ist Ihnen alles bewusst, ja?«

Röhrdanz nickte stumm. Ja, das war ihm alles bewusst.

»Ich bin fest davon überzeugt, dass meine Frau nur deswegen noch lebt, weil sie weiß, dass sie ein Kind im Bauch hat.«

Professor Leyen nickte. Er stand auf, drückte ihm die Hand und sagte: »Ja, Herr Röhrdanz, das glaube ich auch. Sollen meine Kollegen reden, was sie wollen. Heute ist der erste Tag, an dem ich denke, dass wir alles richtig gemacht haben.«

*D*ie Wintertage schlichen dahin. Nach der ersten Aufregung um den Fall Röhrdanz hatten sich fast alle Nachbarn, Freunde und Bekannten zurückgezogen.

Der erste Besuch bei der entstellten Patientin war für fast alle auch der letzte gewesen.

Was Röhrdanz weit mehr schmerzte, war, dass man

ihn mit dem Haushalt und den Kindern schlichtweg im Stich ließ. Niemand kam auf die Idee, ihm einmal beim Putzen, Waschen, Bügeln oder Kochen zur Hand zu gehen. Das war alles nicht … sensationell genug. Nichts, womit man protzen konnte.

Röhrdanz war viel zu stolz, um jemanden um Hilfe zu bitten, und so nahm er Angelas Kochbücher zur Hand und wagte sich nach und nach an die einfacheren Gerichte. Gemeinsam mit Oliver schaffte er es meistens, eine essbare Mahlzeit zusammenzubrutzeln. Vater und Sohn kamen sich in dieser Zeit sehr nahe, und aus dem verwahrlosten jungen Burschen, den Röhrdanz bei seiner Exfrau vorgefunden hatte, wurde ein vernünftiger junger Mann. Wenn Philip nicht bei Helga war, holte Oliver seine kleinen Geschwister vom Kindergarten ab, spielte mit ihnen und kümmerte sich rührend um sie. In gewisser Weise schien er Angela so die Liebe zurückzugeben, die sie ihm und Christian damals geschenkt hatte.

»Die Frau, die dich mal abbekommt, kann froh sein«, knurrte Röhrdanz eines Abends, als Oliver am Bügelbrett stand und die winzigen Klamotten seiner kleinen Geschwister zusammenlegte.

»Ach, Papa, die Frau, die dich mal abbekommen hat, kann auch froh sein«, antwortete Oliver mit einem traurigen Lächeln. »Wenn du nicht so verbissen um sie kämpfen würdest, wäre sie schon längst unter der Erde.«

»Und der kleine Wurm auch«, sagte Röhrdanz, während er mit hochgekrempelten Hemdsärmeln die Herdplatten wienerte. Dann stellte er die Teller in den Schrank, räumte die restlichen Lebensmittel wieder in den Kühlschrank und fegte die Krümel unter den Kinderstühlchen auf. Denise und Philip hatten wieder ordentlich Dreck gemacht. Bald würde hier ein drittes Baby rumkrümeln …

»Den kleinen Wurm kriegen wir auch noch durch«, meinte Oliver schließlich. »Mit Babys kenne ich mich jetzt aus.«

»Wir werden das Kind schon schaukeln«, murmelte Röhrdanz, griff nach dem Müll und stellte ihn an die Tür, damit er am nächsten Morgen nicht vergaß, ihn rauszutragen.

Jeder ging schweigend seiner Arbeit nach. Oliver wickelte Söckchen ineinander und sortierte Hemdchen und Höschen, die unter seinen großen Jungenhänden seltsam anmuteten.

Röhrdanz hatte die Brille aufgesetzt. Er schrieb die Einkaufsliste für den nächsten Tag.

»Was sollen wir morgen essen?«

»Was wir immer essen«, sagte Oliver. »Bratkartoffeln mit Speck, Bratkartoffeln mit Hackfleischbällchen, Bratkartoffeln mit Spiegelei oder Bratkartoffeln mit Fischstäbchen.«

Das Mobile an der Küchendecke drehte sich leise in der Heizungsluft.

Röhrdanz bückte sich, sammelte das überall herumliegende Kinderspielzeug ein, räumte das Schaukelpferd in die Ecke, schlurfte müde durch den Flur und räumte die kleinen Wäschestapel in die Kommodenschubladen.

Oliver stand gebeugt am Bügelbrett und kämpfte gerade mit dem Kragen eines Oberhemdes. Plötzlich füllten sich seine Augen mit Tränen, und er wischte sich hastig mit einem Lätzchen über das Gesicht.

Röhrdanz legte seinem Sohn etwas unbeholfen die Hand auf die Schulter.

»Du vermisst Angela auch, was, Junge?«

Oliver unterdrückte ein Schluchzen. Er ließ das Hemd fallen, das er gerade zu bügeln versuchte, drehte sich um und sank seinem Vater an die Brust.

So standen sie da, zwei müde Krieger, um zehn Uhr abends in einer kleinen Wohnküche, erschöpft, ausgelaugt und unendlich traurig, wie zwei übrig gebliebene Figuren auf einem Schachbrett, nachdem die Königin schon verloren ist.

Es war ihnen beiden ein bisschen peinlich, aber es sah sie ja niemand. Ihnen fehlten die Worte, um sich zu trösten, sie hielten sich einfach nur aneinander fest.

Und das Mobile an der Küchendecke drehte sich immer noch.

24

»Herr Röhrdanz, es ist so weit.«

Der Gynäkologe und der Internist betraten Angelas Zimmer und machten einen ziemlich geschäftigen Eindruck. Der Internist, ein großer, dicklicher Mann mit Vollbart, den Röhrdanz nicht besonders mochte, hielt eine lange Nadel in der Hand.

»Was haben Sie vor?«, fragte er erschrocken. Irgendwie machte sich ein ungutes Gefühl in ihm breit.

»Wir leiten jetzt die Geburt ein. Es wird höchste Zeit, das Kind kann nicht länger drinbleiben, und mein Kollege wird die Fruchtblase sprengen.« Der Gynäkologe wies entschieden auf die Tür. »Gehen Sie bitte hinaus.«

»Sie werden … was?«

»Also, bitte jetzt, Herr Röhrdanz. Lassen Sie uns unsere Arbeit machen.«

Verdattert ging Röhrdanz hinaus, lehnte sich im Korridor gegen die kühle Wand und schloss die Augen. Was sollte die Riesennnadel? Sie wollten doch nicht … sie würden doch nicht etwa … Röhrdanz konnte sich einfach nicht vorstellen, dass sie Angela ohne Betäubung mit dieser Riesennadel in den Bauch stechen würden! Angela konnte nicht schreien.

Sie würde aber alles spüren! Schwer atmend versuchte er, einen klaren Gedanken zu fassen.

Er lehnte sein Ohr an die Tür, um zu hören, was da drinnen vorging.

»Frau Röhrdanz, wir stechen Ihnen jetzt einmal durch die Bauchdecke, bis wir die Fruchtblase treffen«, hörte er die sachliche Stimme des Internisten. Auch er sprach so laut, als sei Angela taubstumm. Oder eben in einer ganz anderen Welt.

Schmerz und Wut stiegen in Röhrdanz auf, und er rannte los, um Professor Leyen zu holen. Wenn sie das wirklich taten, wenn sie ihr das wirklich antaten, dann musste er ihr doch helfen. Er konnte doch nicht …

Professor Leyen saß an seinem Schreibtisch und diktierte Gutachten, als Röhrdanz nach heftigem Anklopfen hereinplatzte.

»Ich muss dringend mit Ihnen sprechen.«

»Wo brennt's denn, mein lieber Herr Röhrdanz?« Der Professor runzelte die Stirn.

»Sie sprengen meiner Frau die Fruchtblase! Ohne Betäubung!« Röhrdanz versuchte verzweifelt, den Klumpen in seinem Hals herunterzuschlucken.

Professor Leyen legte sein Diktiergerät beiseite und schwieg einen Moment, als müsste er sich seine Worte sehr gut überlegen.

»Sind Sie sicher?« Er zog die Augenbrauen hoch.

»Also das haben sie mir zumindest gesagt! Und diese Riesennadel, mit der sie bewaffnet waren …«

Professor Leyen griff sofort zum Telefon. Nach kurzem Nachfragen sagte er schließlich: »Ihre Frau ist schon unterwegs in den Kreißsaal. Man hat wohl in aller Eile einen dringenden Eingriff vorbereitet.«

Er versuchte, sich seine Überraschung nicht anmerken zu lassen. »Wir hatten Sie ja vorgewarnt, Herr Röhrdanz, dass es ein Frühchen wird …«

Angst schnürte Röhrdanz' Kehle zusammen.

»Ja, aber doch nicht aus vollkommen heiterem Himmel …« Röhrdanz versuchte, nicht zu zeigen, wie schockiert er war. Durften die das denn? Einfach so, ohne ihn zu informieren?

Und ohne Angela darauf vorzubereiten? Seine Knie waren so weich, dass er sich nur noch mit Mühe aufrecht halten konnte. »Sie ist doch erst im siebten Monat!«

»Wahrscheinlich fürchtet man Komplikationen.« Professor Leyens Stimme ließ ihn zusammenzucken. »Vermutlich kann der Brutkasten jetzt mehr leisten als der Körper Ihrer Frau.«

Das klang entsetzlich brutal.

»Herr Röhrdanz, Sie sollten vor dem Kreißsaal warten. Sie holen das Kind jetzt per Kaiserschnitt.«

Professor Leyen erhob sich eilig und machte ihm ein Zeichen, ihm zu folgen.

Mit wackeligen Beinen lief Röhrdanz dem Professor hinterher, der mit wehendem Kittel durch Treppenhäuser und Flure vor ihm hereilte.

»Warten Sie hier!«

Professor Leyen verschwand im Kreißsaal, aus dem kein Laut zu hören war.

Bei Denise und Philip hatte Röhrdanz Angela beistehen können, er hatte sie beruhigen, sie streicheln, sie loben und anfeuern können.

Jetzt stand er wie angewurzelt da, sah den Schwestern

und Ärzten hilflos hinterher, die wortlos kamen und gingen. Benommen sank er auf einen Stuhl. Er war am Ende.

Vielleicht starb Angela bei diesem Eingriff. Und das Baby mit ihr.

Bei diesem Gedanken durchbohrte ihn ein so heftiger Schmerz, dass er sich nicht mehr beherrschen konnte. Eine Träne lief ihm über die eingefallene Wange, und er vergrub sein Gesicht in der Armbeuge.

Dass wieder mal alles ganz ohne Vorwarnung passieren musste! Schon wieder veränderte sich sein ganzes Leben, seine ganze Welt!

Die Angst um Angela wurde unerträglich. Sie würden ihr doch nicht ohne Betäubung den Bauch aufschneiden?

Ihm blieb die Luft weg bei diesem entsetzlichen Gedanken. Reglos starrte er die Türe an, über der die Aufschrift »Nicht eintreten! Operation!« rot blinkte.

Energisch wischte er sich die Augen.

Nein. Diese Ärzte wussten, dass Angela alles spürte und hörte, was um sie herum passierte. Man würde ihr nicht unnötig wehtun.

Sofort fühlte er sich besser. Genau eine Sekunde lang. Dann wurde plötzlich die Tür aufgerissen, und die Ärzte und Schwestern kamen mit besorgten Gesichtern heraus. Keiner nahm ihn zur Kenntnis, alle schienen in großer Eile zu sein.

»Alles in Ordnung?«, fragte Röhrdanz betreten, als er Professor Leyen erkannte.

»Na ja … das wird sich noch herausstellen.« Der Professor biss sich auf die Unterlippe, und Röhrdanz befürchtete das Schlimmste.

»Kann ich Angela sehen?«

»Nein, mein Lieber.« Er atmete scharf aus. »Sie ist unter Vollnarkose.« Professor Leyen bemerkte seinen verängstigten Gesichtsausdruck und lächelte schwach. »Keine Sorge, Herr Röhrdanz. Ich habe mich darum gekümmert.« Er kam einen Schritt näher und flüsterte: »Sie hat nichts gespürt.«

»Und das … Baby?« Röhrdanz Stimme zitterte.

»Tut mir leid, Herr Röhrdanz …« Er machte eine Pause, als müsste er sich überlegen, wie er Röhrdanz die Lage erklären sollte.

Ja. Sie hatten ihn gewarnt. Sie hatten ihn immer wieder gewarnt.

»O Gott! Was ist … Ist es …?«

»Jetzt sind sie schon im Fahrstuhl auf dem Weg zum Nothubschrauber.« Professor Leyen riss das Telefon von der Wand und rief hinein: »Kommt noch mal zurück! Der Vater will sein Kind sehen!«

Röhrdanz wurde schwindelig. So verspannt hatte er Professor Leyen noch nie gesehen.

»Ist es …?« Ihm fehlten die Worte, er konnte das Unaussprechliche nicht sagen. »Schwerstbehindert?« Er schrie es fast.

»Es scheint ganz in Ordnung zu sein, aber sie fliegen es jetzt nach Köln, in eine Spezialklinik für Frühgeborene«, hörte er Professor Leyen murmeln.

Der Aufzug machte ping!, das Geräusch ließ Röhrdanz erstarren.

Die Türen öffneten sich, und vier hektisch aussehende Ärzte und Schwestern schoben eine Art winziges Aquarium heraus, in das Röhrdanz für drei Sekunden blicken durfte.

Oh, mein Gott. Was habe ich angerichtet? Er starrte hinein, mit rasendem Herzen.

Darin lag ein … bläulicher … winziger … vor lauter Schläuchen fast nicht zu erkennender Wurm, der … sich bewegte. Der irgendwie am Leben war. Das war also Angelas Baby. Sein Baby. So hutzelig und verschrumpelt und feucht und … unausgebrütet!

Die Aufzugtür schloss sich bereits wieder. Röhrdanz hatte das Gefühl, sich alles nur eingebildet zu haben.

»Es ist ein Junge«, sagte Professor Leyen und sank auf einen Stuhl. Er schien selbst ganz erschöpft zu sein. »Wir haben völlig vergessen, dass Sie hier draußen warten. Entschuldigung.«

»Ja aber … Wie behindert ist er?«

»Soweit wir das bisher beurteilen können, scheint er ganz gesund zu sein.« Professor Leyen drehte sich ganz langsam zu Röhrdanz um und sah ihm ernst ins Gesicht. »Ihre Frau scheint das Unfassbare fertiggebracht zu haben. Sie hat in ihrem Zustand ein gesundes Kind geboren. Das ist einmalig in der Geschichte der Medizin. Mir ist kein anderer Fall bekannt.«

»Sie meinen …«, Röhrdanz konnte es nicht fassen, »Sie meinen, dass der Junge leben wird? Dass er eines Tages …? Ganz normal …?«

Professor Leyen drückte seinen Arm, und Röhrdanz hörte so etwas wie ein kleines Schniefen.

Dieser Fall schien ihm unter die Haut zu gehen.

»Ihrer Frau wird das einen ungeheuren Antrieb geben«, sagte er schließlich mit gepresster Stimme. »Wir sind auf einem guten Weg.«

»Sie wacht auf.«

Der Anästhesist seufzte erleichtert, drückte Röhrdanz die Hand und verließ taktvoll den Raum.

Woran sollte Röhrdanz erkennen, dass seine Frau aufwachte?

Sie regte sich nicht, lag stocksteif in der gleichen Position da wie immer, hatte den Mund weit aufgerissen und starrte an die Decke.

»Angela? Liebes? Wie geht es dir?«

Nichts. Keine Reaktion. Ach so, dachte Röhrdanz. Eine Ja-Nein-Frage stellen.

»Geht es dir … ähm … gut?«

Ein Blinzeln war die Antwort.

»Du hast einen gesunden Jungen geboren, Angela!«

Sofort löste sich eine Träne aus ihrem Auge, dann noch eine, und dann kam ein ganzer Bach.

Röhrdanz musste auch weinen. Er zwang sich nicht mehr, sich vor Angela zusammenzureißen.

»Sind ja Freudentränen«, brachte er schluchzend hervor, »die sind erlaubt!«

Das Ehepaar Röhrdanz weinte zusammen. Wie alle Ehepaare, die gerade Eltern geworden sind.

Nur dass ihre Situation eine ganz andere war.

»Also, meine Liebe, wenn du dich einigermaßen fühlst, können wir ja mal über einen Namen nachdenken …« Röhrdanz stand auf und holte die Buchstabentafel. »Ich lasse dir völlig freie Hand.«

Wieder so eine unglückliche Formulierung, aber Röhrdanz fiel keine bessere ein.

»Der Kleine ist echt winzig und ganz schrumpelig, aber ich habe ihn gesehen in seinem Aquarium. Er hat sich bewegt, und ich glaube, er hat sogar gekräht.«

Röhrdanz sah seiner Angela ins Gesicht. Ob sie innerlich strahlte?

»Also, was könnte zu Denise und Philip passen? Ich weiß, du stehst auf moderne Namen, also nenn ihn jetzt bitte nicht Otto!«

Geduldig hielt Röhrdanz die Buchstabentafel über die Augen seiner Frau.

»Erste Reihe?« – Nein.

»Zweite Reihe?« Nein.

»Dritte Reihe?« Auch nein!

»P! Okay, weiter. Erste Reihe? Ja? A … A! Pa …

Paul? Du willst ihn ernsthaft Paul nennen?

Nein? Na da bin ich aber froh. Dann mal weiter. Erste Reihe? Nein. Zweite Reihe …? Dritte Reihe? Aha. T … Pat … Patrick? Ja?«

Ein Blinzeln.

»Patrick.« Röhrdanz lehnte sich erschöpft zurück. »Ein schöner Name. Meine Frau hat eben Geschmack.«

Er saß noch stundenlang am Bett seiner Frau, wie alle Väter, die ein Neugeborenes zu feiern haben, nur dass das Neugeborene in einer ganz anderen Stadt war.

»Sie haben es mit dem Hubschrauber nach Köln gebracht, in die Kinderklinik.«

Angela teilte ihm per Buchstabentafel mit: »Fahr hin!«

»Ja, klar fahre ich da hin. Wenn du mich im Moment nicht brauchst … Du weißt ja, dass du der wichtigste Mensch für mich bist und es auch immer bleiben wirst.«

*D*ie Klinik in Köln war ein alter roter Backsteinbau und wirkte irgendwie bedrohlich auf Röhrdanz.

Patrick lag ganz oben in der letzten Etage, in der hintersten Ecke der Frühgeburtenstation.

Ein junger Arzt führte Röhrdanz zu dem winzigen Brutkasten.

Der Wurm sah noch kläglicher aus, als Röhrdanz ihn in Erinnerung hatte. Dass er so rot und blau war! Überall an dem winzigen Wesen hingen Schläuche und Kabel, die Händchen waren nicht größer als Münzen, die Füßchen passten in eine Streichholzschachtel.

»Wir haben Ihren Kleinen gründlich untersucht. Es grenzt fast an ein Wunder, Herr Röhrdanz, aber der Bursche ist kerngesund!«

»Den Eindruck macht er gar nicht …«, stammelte Röhrdanz, der fassungslos in das Aquarium starrte.

»Er ist ein ganz normales Frühchen.« Der junge Arzt griff in das Aquarium und nahm das zerbrechliche Etwas mit geübtem Griff vorsichtig heraus. Es passte exakt in seine Männerhand.

»Wollen Sie Ihren Sohn mal halten?«

»Nein, nein, lassen Sie mal …«

»Nehmen Sie ihn, Herr Röhrdanz. Es kann nichts passieren! Sein Zustand ist stabil!«

Zu seinem grenzenlosen Erstaunen fühlte Röhrdanz plötzlich die warme, fast durchsichtige Haut auf seiner Hand. Mit dem Zeigefinger strich er so sacht wie möglich über das filigrane Köpfchen.

Sein Sohn krähte. Die Stimme war so zart wie die eines neugeborenen Vögelchens.

»Hallo Patrick«, stammelte Röhrdanz überwältigt, »Willkommen auf der Welt! Deine Mama kann dich heute noch nicht besuchen, aber wenn ich ihr von dir erzähle, wird sie sich wahnsinnig freuen …«

»Stimmt es, dass Patricks Mutter im Koma liegt?« Der junge Arzt konnte es gar nicht glauben.

»Ja, das stimmt«, murmelte Röhrdanz ganz verzückt von seinem Kind. »Sie ist Patrick zuliebe am Leben geblieben … Und sie wird es auch bleiben. Verlass dich drauf, mein Kleiner.«

»Das ist … absolut unglaublich.« Der junge Arzt schüttelte verwundert den Kopf. »Ich habe gedacht, man wollte mir einen Bären aufbinden.«

Röhrdanz legte das Würmlein behutsam in den Brutkasten zurück.

»Das haben alle geglaubt«, sagte er mit leisem Stolz in der Stimme. »Aber ich wusste, dass meine Frau es schaffen wird. Ich wusste es.«

25

Professor Leyen sollte recht behalten: Die Geburt von Patrick löste bei Angela einen neuen Energieschub aus. Nach der Fingerkuppe, die sie schon an Weihnachten ein winziges bisschen bewegt hatte, schaffte sie es nun, den rechten Arm ein wenig anzuheben, und dann, millimeterweise nur, den Kopf zu drehen. Nach links, nach rechts. Nur wer genau hinschaute, konnte es überhaupt bemerken. Professor Leyen sah es immer als Erster. Er hatte einen geübten Blick dafür.

Dann war wieder Stillstand. Tagelang, wochenlang. Nichts rührte sich. Ihre Beine wollten überhaupt nicht. Jeden Tag starrte Röhrdanz auf ihre Zehen. Vergeblich.

Professor Leyen stand besorgt an ihrem Bett: »Frau Röhrdanz, Sie dürfen jetzt nicht aufgeben! Sie haben schon Unglaubliches geschafft! Denken Sie dran: Ihr Kleiner wartet auf Sie!«

Irgendwann hob sie dann die ganze Hand. Wie in Zeitlupe, nur ein wenig.

»Habt ihr das gesehen?«, frohlockte Röhrdanz. »Die ganze Hand!«

»Bleiben Sie am Ball«, sagte Professor Leyen und legte ihm die Hand auf die Schulter.

»Sie sind ihr Motor. Ohne Sie würde gar nichts gehen.«

Unverdrossen übte Röhrdanz mit ihr, tagaus, tagein, so wie er sich das bei den Therapeuten abgeschaut hatte. Er drehte Angelas Arm ganz behutsam nach vorn, nach hinten, nach oben und nach unten. Dann kam der rechte Fuß dran und als Nächstes der linke. Das Knie beugen und strecken und so weiter, bis alle Gliedmaßen bewegt waren. Das dauerte jeden Tag mehrere Stunden.

»Du hast bestimmt schon ganz schön Muskelkater, mein Schatz. Aber du weißt ja: Nur die Harten kommen in den Garten.«

Das war einer ihrer früheren Lieblingssprüche gewesen, und Angela hatte sich oft genug darüber kaputtgelacht.

»Ich hoffe, ich tu dir nicht weh ... soooo. Noch ein Stückchen, und noch einmal zurück ...«

»Mahlzeit!« Eine freundliche Schwester kam mit einem Tropfbeutel herein und begrüßte Angela: »He, das sieht aber schon gut aus, Frau Röhrdanz! Aber wer Sport treibt, muss auch essen, nicht wahr?« Mit schnellen, geschickten Handbewegungen entfernte sie den Tropf, der über ihrem Kopf hing, ersetzte ihn durch den neuen und sprach dabei die ganze Zeit weiter: »Ich störe ja ungern das junge Glück«, hier zwinkerte sie fröhlich, »aber wenn Sie nachher mit Ihren Übungen fertig sind, müssen wir Sie mal wieder drehen, Frau Röhrdanz.«

Die Schwester zupfte die Laken zurecht und wandte sich dann an Röhrdanz:

»Wollen Sie heute dabei sein, wenn wir Ihre Frau drehen? Dann können Sie das auch gleich lernen!«

»Ja, natürlich.«

»Dann können Sie ihr gleich den Rücken einölen, wenn Sie wollen.«

»Selbstverständlich!«

»Nach und nach nehmen Sie uns hier die ganze Arbeit ab«, sagte die Schwester lachend. »Sie sind wirklich der einzige Ehemann, der sich so vorbildlich um seine Frau kümmert«, fuhr sie fröhlich fort, bevor sie sich wieder über Angela beugte: »Frau Röhrdanz, mit dem Mann haben Sie aber wirklich ins Schwarze getroffen!«

Angela blinzelte. Einmal.

»Gut, dass Sie das auch so sehen«, meinte die Schwester scherzhaft. »Sonst könnte ich Ihnen den glatt klauen!« Sie lachte wieder, und dann kamen noch zwei andere Schwestern herein. Mit vereinten Kräften drehte man Angela auf die Seite.

Das Krankenhaushemd klaffte an ihrem Rücken auseinander.

Mit schreckgeweiteten Augen starrte Röhrdanz auf ihre Haut.

Der ganze Rücken war schwarz.

*E*s folgten Wochen harten Trainings. Röhrdanz hatte heimlich einen Entschluss gefasst. Er würde Angela zu ihrem Baby bringen, ihr das Neugeborene an die Wange legen, damit sie einen Sinn darin sah, weiterzumachen. Nachdem er ihren Rücken gesehen hatte, war ihm klargeworden, was für eine Tortur es für Angela sein musste, nur zu liegen, lebendig eingemauert zu sein, aber jede Sekunde qualvoll bei wachem Verstand zu erleben. Das alles sprengte sein Vorstellungsvermögen. Doch jede noch so kleine Bewegung, die sie schaffte, würde sie ihrem Ziel, eines Tages wieder sitzen zu können, näher bringen.

Professor Leyen, der mit Angela Zunge und Kehlkopf trainierte, damit sie irgendwann ein winziges Löffelchen Joghurt schlucken konnte, sah das genauso.

»Ja, sie braucht wieder neue Motivation. Wenn sie ihren Kleinen gesehen hat, wird sie einen weiteren Entwicklungsschub machen.«

Und so wurde Angela in einen riesigen Spezialrollstuhl gepackt, festgeschnallt und mit dem Krankenwagen nach Köln gefahren. Zu ihrem Baby.

Röhrdanz schob den sperrigen Rollstuhl mit seiner gelähmten Frau durch die Krankenhausflure, die Leute starrten ihnen nach. Hier in der Kinderklinik war man den Anblick einer Frau, die mit weit aufgerissenem Mund und starrem Blick verkrampft in einem riesigen Spezialrollstuhl lehnte – denn von Sitzen konnte ja keine Rede sein – wirklich nicht gewohnt.

Die anderen jungen Eltern, die ihre Frühgeborenen im Arm hielten und streichelten, schauten erschrocken herüber, als Röhrdanz seine Angela tapfer in die hinterste Ecke schob, wo Patrick in seinem Brutkasten lag.

Der junge Arzt, den Röhrdanz schon kannte, sah Angela an: »Das ist aber jetzt nicht die Mutter?!«

Röhrdanz antwortete nicht. Die erste Begegnung von Mutter und Kind machte ihm große Sorgen. Er war aufgeregt, seine Hände zitterten.

»So, mein Schatz. Hier ist dein Sohn. Patrick, das ist deine Mama.«

Sehr vorsichtig hob er mithilfe einer Schwester den noch immer winzigen Patrick aus seinem Wärmebettchen und legte ihn Angela auf den Schoß. Sie starrte an die Decke, wie immer.

Röhrdanz zog es schmerzhaft das Herz zusammen.

Angela konnte den Kopf nicht senken, den Blick nicht auf ihr Kind richten! Sie konnte die Hand nicht heben, wie es jede Mutter dieser Welt instinktiv getan hätte, um ihr Kind zu halten, zu beschützen, es daran zu hindern, von ihrem Schoß zu fallen!

Röhrdanz kniete vor ihren Beinen, hielt das kleine Bündel vorsichtig fest.

»Ich halte ihn, spürst du ihn, Angela? Er ist leicht wie eine Feder, er wiegt gerade mal zweitausend Gramm ...«

Röhrdanz nahm den Winzling vorsichtig hoch und legte ihn zärtlich an Angelas Wange. Er hob das Köpfchen des Babys und hielt es an ihren Mund.

Sie konnte es nicht küssen. Sie konnte ihre Lippen nicht schließen. Durch ihren warmen Atem bewegten sich die kleinen Härchen des Babys wie eine winzige Blume im Wind. Angela liefen die Tränen aus den Augen. Das war ihre einzige Reaktion.

»Da, mein Herz. Du sollst ihn spüren, es ist dein Baby, um das du dir solche Sorgen gemacht hast. Du hast gedacht, es würde in deinem Bauch sterben. Du hast gefürchtet, es würde schwerbehindert sein. Schließlich hast du jedes Wort gehört, das die Ärzte gesagt haben. Aber du siehst ja selbst: Es lebt, mein Schatz. Du hast es geschafft, der kleine Bursche ist stabil!«

Er hob das Baby abermals hoch und hielt es vor die

starren Augen seiner Frau, die zur Decke blickten. »Da! Siehst du! Alles dran! Das hier sind Kabel und Schläuche, siehst du, am Kopf und an der Ferse. Aber der Arzt sagt, die braucht Patrick bald nicht mehr.«

Röhrdanz nahm ihre verkrampfte Hand, führte sie zum Gesicht des Babys und strich damit über die warme, weiche Haut.

»Ich weiß, ich halte es ungeschickt. Du kannst das wahrscheinlich gar nicht mit ansehen, denn obwohl ich fünffacher Vater bin, ist dieses Würmlein hier doch ganz besonders zerbrechlich. Du würdest das viel besser machen, so wie du auch mit Denise und Philip viel geschickter umgegangen bist als ich …«

Ihre Tränen flossen unablässig.

»Aber ich tu mein Bestes, glaub mir. Ich habe schon so viel dazugelernt, seit du …« Er schluckte.

Die anderen Menschen im Raum schauten unablässig herüber, aber das war Röhrdanz egal. Es war einer der berührendsten Augenblicke in seinem Leben. Er war erfüllt von Freude und Trauer zugleich und wusste, dass Angela diese Gefühle um ein Vielfaches stärker empfand.

Wie grausam musste es für sie als junge Mutter sein, ihr Kind nicht selbst in die Arme nehmen zu dürfen, es nicht an sich drücken, küssen und mit ihm schmusen zu können. Wie entsetzlich musste es für sie sein, das Kind nicht ansehen zu können.

Als das Würmlein anfing zu krähen, kam die besorgte Kinderschwester und nahm es Röhrdanz behutsam ab. »Es muss wieder in sein Wärmebettchen …«

Sie warf Angela einen verlegenen Blick zu.

»Komm, Angela. Wir fahren zurück.«

Entschlossen wendete Röhrdanz den sperrigen Rollstuhl und rangierte ihn zwischen den Brutkästen und Kinderbettchen hindurch zum Fahrstuhl.

»Ich hoffe, es hat dich nicht zu sehr mitgenommen, aber jetzt hast du dein drittes Kind gesehen.«

Er tupfte ihr noch einmal die Tränen ab, hüllte sie fürsorglich in ihre Decke und schob sie unter Aufbietung all seiner Kräfte über den Parkplatz. Dort stand der Krankenwagen, zwei Pfleger lehnten rauchend an dem Fahrzeug.

Da hörte Röhrdanz hinter sich eilige Schritte: »Hallo! Hallo Sie! Bleiben Sie bitte mal kurz stehen.« Röhrdanz drehte sich um. Ein älterer Arzt kam mit wehendem Kittel hinter ihnen hergerannt. »Ich bin Dr. Teubner, der Chefarzt der Kinderklinik. Mein Kollege von der Frühgeborenenstation hat mir gerade von Ihnen erzählt.«

Röhrdanz blieb abwartend stehen. »Ja. Und?«

»Darf ich fragen, an welcher Krankheit Ihre Frau leidet?«

»Locked-in-Syndrom.«

»Ähm … seit wann?«

»Seit vier Monaten.«

Der Arzt starrte ihn an, seine grauen Haare wehten im Aprilwind, hinter ihm bogen sich die Bäume.

»Das würde ja bedeuten, dass sie …« Er beugte sich vor und schaute Angela ins Gesicht.

»Kann sie mich hören?«

»Ja. Sprechen Sie mit ihr. Meine Frau mag es nicht, wenn man in der dritten Person über sie redet.«

»Das heißt, dass Sie das Kind in diesem Zustand geboren haben?«

Angela blinzelte. Einmal.

»Ja«, sagte Röhrdanz schlicht. »Sie hat gerade Ja gesagt.«

Der Arzt griff sich an den Kopf. »Das kann doch nicht sein, das gibt es doch gar nicht. Ich meine, der Kleine ist ja völlig gesund, das ist ja sensationell …«

»Für Sie vielleicht«, murmelte Röhrdanz. »Wir wären gern durch etwas anderes berühmt geworden.«

»Oh. Entschuldigung.« Dr. Teubner gab Röhrdanz verlegen die Hand. »Ich wünsche Ihnen – und Ihrer Frau natürlich – alles Gute …«

Dann machte er auf dem Absatz kehrt und lief wieder in seine Klinik.

Röhrdanz schob den Rollstuhl weiter.

Die Pfleger, die am Wagen lehnten, sahen sie kommen und traten ihre Zigaretten aus.

*W*ieder zurück in Leverkusen, musste Röhrdanz bei seiner Frau harte Aufbauarbeit leisten. Unablässig liefen ihr die Tränen übers Gesicht, und mit der Buchstabentafel wollte sie auch nicht mehr arbeiten. Außerdem bewegte sie nichts mehr – nicht einmal die Fingerkuppe des kleinen Fingers ihrer linken Hand. Dabei hatte sie vor Kurzem mit dem kleinen Finger eine Schnur berühren können, die dann einen Klingelton auslöste. Das war ihr Hilferuf gewesen. Dann musste ihr schnell Schleim abgesaugt werden, damit sie nicht erstickte. Manchmal war auch ein Insekt in ihren Mund gekrabbelt, oder sie hielt ihre Liegeposition einfach nicht mehr aus.

Es war aber auch vorgekommen, dass sie aus Versehen geklingelt hatte. Sie konnte den kleinen linken Finger noch immer nicht kontrolliert bewegen.

Dann hatten die Schwestern mit ihr geschimpft.

Jetzt klingelte Angela nicht mehr. Sie schien sich aufgegeben zu haben.

Professor Leyen beobachtete ihren Zustand mit Sorge.

»Vielleicht war der Besuch bei ihrem Baby doch zuviel für sie.«

»Nein«, Röhrdanz schüttelte hartnäckig den Kopf, »sie musste den Kleinen sehen. Und sie soll auch ihre anderen Kinder sehen. Glauben Sie mir: Jede Mutter entwickelt Löwenkräfte, wenn sie ihre Kinder bei sich haben will.«

Bisher hatte Professor Leyen es nicht erlaubt, die vierjährige Denise und den einjährigen Philip mit in die Klinik zu bringen. Aber jetzt war er mit seinem Latein am Ende.

»Herr Röhrdanz, Sie haben bis jetzt immer den richtigen Riecher gehabt. Also bringen Sie die Kinder in Gottes Namen am nächsten Wochenende mit.«

Denise war ganztags im Kindergarten untergekommen, Philip hatte Röhrdanz schweren Herzens bei Helga einquartiert. Oliver half ihm im Haushalt, sodass er nach wie vor seinem Job nachgehen und sich wenigstens abends um Denise kümmern konnte.

Bald würde das Baby nach Hause kommen. Dann

würde er nachts aufstehen und ihm die Flasche geben, es wickeln, baden und mit dem Kinderwagen ausfahren müssen. Er würde den kleinen Schreihals durch die Wohnung tragen, streicheln, beruhigen, ihm Nestwärme geben. So wie Angela es mit Denise und Philip gemacht hatte.

Er wusste nur nicht, wie er das schaffen sollte. Aber er würde es tun. Er würde Angela jeden Tag besuchen und ihr berichten, wie gut die Kinder sich entwickelten.

Keine Medizin der Welt würde Angela ins Leben zurückholen, das hatte er inzwischen begriffen.

Nur seine Liebe. Und die Kinder.

Glaube, Hoffnung, Liebe.

Das waren auch die Worte des Pfarrers auf ihrer Hochzeit gewesen. Und jetzt begriff er sie.

*D*ie Wochen vergingen, inzwischen war es Mai geworden, und am Wochenende war es dann soweit. Es war Angelas dreißigster Geburtstag.

Röhrdanz war sich nicht sicher, ob Angela das wusste oder ob es besser wäre, ihr das gnädig zu verschweigen. Angela hatte keinen Fernseher und kein Radio, damit sie nicht merkte, wie lange sie schon am Locked-in-Syndrom litt.

Oliver und Christian trugen die Kleinen durch den Krankenhausflur. »Psst! Ganz leise sein! Wir wollen die Mami überraschen!«

Röhrdanz hatte seiner Frau nicht angekündigt, dass er die Kinder mitbringen würde. Vielleicht wollte er Angela vorher nicht unnötig aufregen, er wusste es selbst nicht so genau. Vielleicht wollte er sich auch bis zur letzten Sekunde die Option offenhalten, es möglicherweise doch nicht zu tun.

Wie würde es auf die Kinder wirken, zum ersten Mal hier im Krankenhaus, auf der Neurologischen Station zu sein? Zum ersten Mal zu begreifen, wie ihre Mutter ihr Dasein fristete? Wie würde Angela auf die Kinder reagieren? Wie konnte sie überhaupt reagieren?

Ganz langsam öffnete Röhrdanz die Tür, nur einen winzigen Spalt. Sofort sah er, dass Angela weinte. Sie weinte immer, wenn er kam oder ging.

Dieses Weinen war für sie nicht mehr zu kontrollieren, sie weinte, wie andere »Hallo« oder »Tschüs« sagen. Auf ihre Tränen konnte sie sich verlassen.

Röhrdanz stand vor ihrem Bett, gab ihr einen Kuss und sagte zärtlich:

»Überraschung! Rate mal, wen ich mitgebracht habe? Ich glaube, da will jemand seiner Mami Hallo sagen!«

Angela weinte. Etwas anderes konnte sie nicht tun. Ob sie wusste, welcher Tag heute war?

Röhrdanz holte zuerst Denise herein, hielt sie seiner Frau über das Gesicht.

»Gib der Mama ein Küsschen, Denise!«

Die Vierjährige wollte ihre lange vermisste Mama stürmisch umarmen und küssen, und Röhrdanz musste sie bändigen: »Vorsicht, Süße. Tu der Mami nicht weh!«

»Wann kommt die Mama nach Hause?«, fragte die Kleine ratlos.

»Bald, mein Schatz. Sie muss erst gesund werden.«

Denise kletterte aufs Bett, genau wie an Weihnachten,

als Angela für ein paar Stunden zu Hause gewesen war. Unablässig streichelte sie mit ihren kleinen Händchen über das unbewegliche Gesicht ihrer Mama und plauderte mit ihrem hellen Stimmchen drauflos.

»Nicht weinen, Mami, du wachst ja wieder auf, wenn du groß bist …« Die Kleine benutzte das Vokabular, mit dem sie immer wieder getröstet worden war.

Röhrdanz musste schlucken. Er wandte sich brüsk ab, um Philip zu holen.

Der Kleine verstand nicht, was um ihn herum vorging, streichelte aber artig auf seiner Mama herum, gab feuchte Küsschen und wollte dann auf seinen dünnen Beinchen im Zimmer herumtorkeln. Als er auf seinen Windelpopo fiel, hob Röhrdanz ihn geflissentlich wieder auf, fast so, als wollte er den Vorführeffekt nicht vermasseln.

»Er kann schon laufen«, sagte Röhrdanz schlicht. »Deine Mutter sprintet immer hinterher … Aber es tut ihr gut, so auf Trab gehalten zu werden. Dann denkt sie nicht so viel an Gerd … Na ja, und Dagmar kümmert sich auch sehr lieb um unseren kleinen Mann, nicht wahr, Philip?«, sagte er.

Angela starrte wie gewohnt zur Decke, ihre Tränenflut wollte gar nicht mehr versiegen.

Die Kleinen patschten auf ihr herum.

»Und hier sind unsere Großen, Angela. Kommt rein, Jungs.« Mit fahrigen Bewegungen schob er einen zweiten Stuhl ans Bett, wobei er sich gleichzeitig bemühte, die Kleinen in Schach zu halten. Philip durfte auf keinen Fall an irgendeinem Kabel ziehen oder einen Schlauch herausreißen. Denise wollte die Instrumente und Geräte, an die ihre Mutter angeschlossen war, ebenfalls mit kindlicher Neugier untersuchen, und Röhrdanz musste sie mit sanfter Gewalt davon abhalten.

»Herzlichen Glückwunsch übrigens«, meinte Christian verlegen. »Heute ist dein dreißigster Geburtstag!«

»So, jetzt lassen wir die Mama wieder ein bisschen ausruhen«, ordnete Röhrdanz hastig an. Er sammelte seine Kinder ein, klopfte hier eine Hose ab und zog dort einen Anorak an: »Sagt Mami auf Wiedersehen.«

»Tschüs, Mami«, riefen die Kinder. Oliver musste Denise mit sanfter Gewalt aus dem Zimmer tragen, weil sie trotzte und wild mit den Beinen strampelte. Der kleine Philip winkte brav, wie man es ihm aufgetragen hatte, und lutschte, sich selbst tröstend, am Daumen.

Christian wischte sich verlegen die Augen. Angelas Anblick war einfach zu viel für den jungen Mann. Er konnte und wollte sich nicht vorstellen, was es für Angela bedeutete, in ihrem eigenen Körper eingeschlossen zu sein. Er dachte an seinen bisher längsten Flug nach Mexiko, wo er in der vorletzten Reihe eng eingezwängt zwischen anderen Passagieren über zwölf Stunden hatte ausharren müssen. Er hatte sich entsetzlich gefühlt und furchtbare Platzangst bekommen. Die Enge und Abhängigkeit vom Flugpersonal hatten ihn richtig aggressiv gemacht. Obwohl er gelesen, gegessen, getrunken und einen Film gesehen hatte, war er heilfroh gewesen, nach der Landung des Flugzeugs endlich aussteigen zu dürfen.

Aber das waren nur zwölf Stunden gewesen!

Angela befand sich seit Monaten in dieser Situation!

»Mach's gut, mein Schatz«, flüsterte Röhrdanz zärtlich. »Ich bring die Bagage jetzt nach Hause und schau später wieder vorbei.«

Angela konnte nicht rufen: »Bleibt doch noch!« oder »Zieh dem Kleinen die Kapuze über, es regnet!« oder »Ich liebe euch alle!« Sie spürte nur den kalten Windhauch, als sich hinter ihrer Familie die Türe schloss.

26

»Mein lieber Herr Röhrdanz, wir müssen Ihre Frau nun leider verlegen. Ein gutes Jahr ist sie nun bei uns … Hier in der Klinik haben wir das Budget längst überzogen«, seufzte Professor Leyen mit einem So-leid-es mir-tut-Gesicht. »Die Krankenkasse spielt nicht mehr mit.«

»Verlegen?« Röhrdanz raufte sich gequält die Haare. »Aber wohin denn?«

Hier in Leverkusen war seine Angela gut aufgehoben gewesen. Inzwischen kannte er das ganze Personal, fand den Weg zu ihrem Zimmer selbst im Stockdunkeln. Er vertraute den Ärzten, Schwestern, Pflegern. Angela schien sich mit ihrem neuen »Zuhause«, dem Zimmer, in das sie einst »zum Sterben« verlegt worden war, einigermaßen arrangiert zu haben. Die Einunddreißigjährige betätigte mit dem kleinen Finger, den sie bewegen konnte, die Klingel und teilte mithilfe der Buchstabentafel und Blinzeln ihre Bedürfnisse mit. Man konnte sie inzwischen verstehen, man wusste, wie man ihre Pein lindern konnte.

In ihrem Zimmer wurden alle Lieder von Udo Jürgens rauf und runter gespielt. Zuletzt hatte Professor Leyen bei »Mit 66 Jahren, da fängt das Leben an«, sogar ein paar Tanzschritte mit Schwester Brigitte gewagt.

Es hatte an Angelas Bett sogar heitere, unbeschwerte

Momente gegeben. Die Kinder waren in letzter Zeit immer öfter für einen kurzen Besuch bei ihr gewesen.

Obwohl sich ihr Zustand kaum gebessert hatte, war sie doch in ihrem Kokon, ihrem Bett, ihrem Zimmer irgendwie »zu Hause«. Und das sollte ihr jetzt auch noch genommen werden?

»In Bad Godesberg ist das nächstgelegene Pflegeheim für Komapatienten.« Professor Leyen lehnte mit unglücklicher Miene an seinem Schreibtisch. »Es tut mir wahnsinnig leid für Sie, aber mir sind die Hände gebunden …«

Wem die Hände gebunden sind, wissen wir beide, dachte Röhrdanz. Meiner Frau. Im wahrsten Sinne des Wortes.

»Aber Bad Godesberg ist hinter Bonn, das sind achtzig Kilometer!«

»Tja.« Professor Leyen putzte seine Brille mit dem Kittelzipfel, und in seinem Gesicht lag aufrichtiges Bedauern. »Da werden Sie Ihre Frau nicht mehr jeden Tag besuchen können. Das wird eine harte Umstellung für Sie werden …«

»Dort kommen die hoffnungslosen Fälle hin.« Röhrdanz spürte, wie seine Knie weich wurden. »Sie stirbt mir, wenn sie mich nicht mehr täglich sieht!«

Professor Leyen presste die Lippen zusammen. »Sie wird dort nicht die einzige Komapatientin sein«, sagte er schließlich, wobei er den Kopf gesenkt hielt. »Sondern nur eine von vielen. Da ist nicht viel Leben in der Bude, um mit Ihren Worten zu sprechen.«

Röhrdanz sank auf einen Stuhl. »Das können Sie mir nicht antun, Herr Professor Leyen. Mir nicht und meiner

Frau erst recht nicht! Und den Kindern nicht. Bitte«, flehte er. »Wir haben doch schon genug durchgemacht!«

»Das weiß ich nur zu gut …« Professor Leyen kaute ratlos an seinem Brillenbügel. »Aber wir sind ein ganz normales Krankenhaus. Wissen Sie, was der Aufenthalt Ihrer Frau hier die Krankenkasse täglich kostet?«

Röhrdanz senkte den Kopf und schwieg. Das wollte er lieber nicht wissen.

»Schauen Sie sich die Einrichtung doch mal an, Herr Röhrdanz.«

»Nein. Da kommt sie mir nicht hin!« Röhrdanz war entschlossen zu kämpfen, wie er vom ersten Moment an gekämpft hatte. Seine Liebe zu Angela war unerschütterlich. Er würde nicht zulassen, dass man sie so weit weg brachte.

»Ich kann mir schon vorstellen, wie es dort aussieht.« Er machte eine weit ausholende Geste. »Da stehen die Rollstühle im Flur, im Garten, überall. Nichts als leblose Gestalten. Da gibt es kein Leben, keine Kinder, kein Lachen, wie Angela es hier gewohnt ist. Da geht sie mir ein …«

Professor Leyen bekam feuchte Augen. Er hatte die tapfere Patientin und ihren unbeugsamen Mann, der ihr nicht von der Seite wich, längst ins Herz geschlossen.

»Herr Röhrdanz, ich weiß selbst, dass Angela das nicht überleben wird.« Der Professor rieb sich müde die Augen. »Sie und Ihre Frau liegen mir wirklich ganz besonders am Herzen. Ich werde …«

Er verstummte und schüttelte ratlos den Kopf.

»Sie werden eine Lösung finden …?« Röhrdanz hob

hoffnungsvoll den Blick. Am liebsten hätte er den Arzt beim Kittelkragen gepackt und geschüttelt. »Bitte, Professor Leyen!« Seine Stimme wackelte bedenklich.

»Es gibt da eine Tagesklinik, in Köln …«, überlegte Professor Leyen laut. »Ein neurologisches Therapiezentrum, in dem täglich mit den Patienten gearbeitet wird. Wo sie wieder üben, die gelähmten Gliedmaßen zu bewegen. Sie lernen dort mithilfe gezielter Therapien zu schlucken und zu sprechen. Aber das sind viel leichtere Fälle …« Professor Leyen verstummte. »Ich darf Ihnen keine falschen Hoffnungen machen.«

»Es gibt keine falschen Hoffnungen«, widersprach Röhrdanz. »Die Hoffnung ist das Einzige, was Angela am Leben hält. Die Hoffnung und die Liebe.«

»Es ist eine Tagesklinik, Herr Röhrdanz. Das heißt, die Patienten gehen abends NACH HAUSE.«

»Ja«, sagte Röhrdanz. »Nach Hause. Da gehört sie hin.«

»Sie kann sich nicht bewegen. Sie kann nicht schlucken. Sie kann sich nicht artikulieren. Sie kann sich nicht selbst drehen«, zählte Professor Leyen an seinen Fingern auf, als ob Röhrdanz das nicht selbst wüsste. »Sie braucht jede Stunde eine Heparin-Spritze. Sie muss künstlich ernährt werden. Man muss ihr den Schleim absaugen.« Er hielt inne, weil ihm die Luft ausging. »Sie haben drei kleine Kinder, darunter ein Risikobaby, das monatelang im Brutkasten lag. Wie um alles in der Welt wollen Sie das schaffen?«

»Es gibt drei Dinge, die mir die Kraft dazu geben«, antwortete Röhrdanz schlicht.

Er richtete seinen Blick auf Professor Leyen, der auf die Schreibtischkante gesunken war und sich mit einem Taschentuch den Schweiß von der Stirn wischte.

Wieder fielen ihm die drei Worte ein, die ihm über die letzte Zeit hinweggeholfen hatten. Sie standen irgendwo in der Bibel, und der Pfarrer hatte sie auf seiner Hochzeit gesagt:

»Glaube, Hoffnung, Liebe.«

Professor Leyen nickte. Diese Worte kamen ihm bekannt vor.

»Also gut. Ich sehe, was ich tun kann.« Der Professor griff zu einem Aktenordner und blätterte darin. »Der Chefarzt dieser Tagesklinik ist zwar nicht gerade mein bester Freund …«

Er fuhr mit dem Zeigefinger eine Telefonliste entlang. »… aber vielleicht weckt eine Komapatientin, die ein gesundes Kind geboren hat, sein Interesse.«

Röhrdanz sah ihn wenig begeistert an. »Der scheint mir aber nicht sehr sympathisch zu sein …«

»Der Mann ist okay, und es ist unsere einzige Möglichkeit, Ihre Frau vor der Klinik in Bad Godesberg zu retten.« Mit einem Ruck klappte Professor Leyen den Aktenordner zu und sah Röhrdanz über den Brillenrand prüfend an: »Ich rufe den Kollegen von der Tagesklinik an. Aber Sie müssen sich darüber im Klaren sein, was für eine Verantwortung Sie da übernehmen.« Er griff zum Hörer und wählte.

Ja, nickte Röhrdanz dankbar.

Dr. Roth war ein temperamentvoller Mann mit eng stehenden grauen Augen und spitzem Kinn. Er war etwa Ende vierzig, hatte filigrane Hände und einen hervorstehenden Adamsapfel, der ständig in Bewegung war.

Der ganze Mann erschien Röhrdanz hyperaktiv. Alles, was er sagte, unterstrich er mit theatralischen Gesten wie ein Dirigent, der ein riesiges Orchester zu bändigen versucht. Er hatte etwas Selbstgefälliges, aber eines musste Röhrdanz ihm lassen: Er untersuchte Angela lange und gründlich. Kurzum: Er gab sein Bestes.

Er allein hatte über ihr weiteres Schicksal zu bestimmen, und Röhrdanz kam es so vor, als würde Dr. Roth sich selbst eine kleine Sensation gönnen, als er schließlich theatralisch beschied: »Sie kann morgen früh um acht Uhr wiederkommen.«

»Na großartig«, seufzte Röhrdanz, dem ein ganzer Sack Zement vom Herzen fiel.

Er hatte nervös auf dem Flur gewartet, denn es war ungewohnt für ihn, dass der Arzt ihn nicht mit einbezog, wie es Professor Leyen vom ersten Moment an getan hatte.

»Und was kommt hier auf meine Frau zu?«, wagte er dennoch zu fragen.

Dr. Roth sah ihn wohlwollend an und leierte in medizinischem Fachchinesisch herunter: »Hemmung und Abbau pathologischer Haltungs- und Bewegungsmuster, Koordination, Umsetzung und Integration von Sinneswahrnehmungen, Verbesserung der zentral bedingten Störungen von Grob- und Feinmotorik zur Stabilisierung sensomotorischer und perzeptiver Funktionen einschließlich der Verbesserung von Gleichgewichtsfunktionen, neuropsychologischen Defiziten und Einschränkungen der kognitiven Fähigkeiten wie Aufmerksamkeit, Konzentration, Merkfähigkeit, Handlungsplanung, Erfassen von Raum, Zeit und Personen. Das Erlernen von Ersatzfunktionen, Entwicklung und Verbesserung der emotionalen Fähigkeiten in den Bereichen der emotionalen Steuerung, der Affekte oder der Kommunikation, Training von Alltagsaktivitäten im Hinblick auf häusliche Tätigkeiten wie den Gang zur Toilette oder das selbstständige Ausspucken, Ergotherapie nach Perfetti, Bobath, Affolter, Feldenkrais oder Castillo Morales. Und natürlich Logopädie – also Schluck- und Sprechtraining. Ihre Frau kann sich ja aufgrund von Lähmungen der Artikulationsorgane nach wie vor nicht verbal verständlich machen. Wir fangen also mit anderen Kommunikationswegen wie der Buchstabentafel an – aber das kennen Sie ja schon –, danach arbeiten wir zum Wiedererlangen der Verbalsprache mit komplexeren Geräten. Aber erst einmal geht es darum, die Einatmung zu vertiefen und die Ausatmung zu verlängern. Artikulatorisch ist für Ihre Frau das Üben der Verschlusslaute und der Gaumensegelfunktion zunächst das Wichtigste.«

»Alles klar«, sagte Röhrdanz und kratzte sich am Kopf.

»Noch Fragen?«

Röhrdanz schaute fasziniert auf Dr. Roths spitzes Kinn. »Fürs Erste nicht.«

»Na, dann sehen wir uns morgen früh um acht.«

Dr. Roth schüttelte Röhrdanz die Hand, wobei er ihm nicht ins Gesicht sah.

27

»Schau, mein Schatz, Patrick ist frisch gebadet und hat gerade sein Breichen bekommen …«

Behutsam legte Röhrdanz den Kleinen neben seine Frau. »Hier, so kannst du ihn spüren. Philip ist wieder bei deiner Mutter. Ich hoffe, dass dir das recht ist. Er hat sich ja schon an Helga gewöhnt.«

Röhrdanz spürte seinen Rücken, als er sich wieder aufrichtete, um zurück zum Bügelbrett zu gehen. Seine Bandscheibe meldete sich. Er ignorierte den Schmerz. »Aber Denise und Patrick bleiben natürlich hier. Genau wie du. Jetzt bist du wieder zu Hause. Freust du dich?«

Er wusste, dass das Angelas einzige Chance war. Das schier Übermenschliche, das das Schicksal Angela abverlangt hatte, verlangte er sich nun selbst ab. Für drei Kinder da sein, eine schwerstbehinderte Frau pflegen und dann noch täglich seinem Job nachgehen.

Normalität musste Einzug halten.

»Sag mal, dieses Dampfbügeleisen zischt zwar wie der Teufel, spuckt aber immer so schwarze Krümel aus … Habe ich das richtige Wasser eingefüllt? Du hast immer destilliertes Wasser genommen, aber ich wusste nie, wozu das gut sein sollte …«

Alltag. Was immer »Normalität« in diesem Wahnsinn bedeutete.

Angela »wohnte« endlich wieder zu Hause. Reglos lag sie im Bett, starrte an die Decke und rührte sich nicht.

»Ich hab das destillierte Wasser gefunden«, rief Röhrdanz vom Bügelbrett, das er sicherheitshalber im Flur der Wohnung aufgestellt hatte, um Angela samt dem Kleinen im Auge behalten zu können.

»Das stand ja auf der Waschmaschine!« Er bügelte mit Vehemenz den Kragen seines Bürohemdes. »Übrigens meint Helga, Philip hätte heute zum ersten Mal ›Mama‹ gesagt! Sie hat ihm gleich erzählt, dass Mama zu Hause im Bett liegt und schläft und dass sie die OMA ist! Das hat er auch ganz schnell kapiert.«

Der Winzling fing an zu krähen, Röhrdanz stellte das Bügeleisen auf die Abstellfläche, wischte sich die Hände am Hosenboden ab und hob den Kleinen aus Angelas Bett.

»Ich glaube, der braucht jetzt mal eine neue Windel. Hast du es gerochen?« Er hielt den kleinen feuchten Popo vor Angelas Nase. »Schätze, da ist was Großes drin. Was meinst du?«

Angela antwortete nicht. Sonst hätte sie vielleicht gesagt: »Der hat schon seit zwei Stunden die Hosen voll, aber er ist so geduldig und lieb, dass er jetzt erst anfängt zu weinen.«

Aber sie konnte es nicht. Sie konnte nur weinen. Das war das Einzige, das ihr Gehirn ihr noch gestattete.

Röhrdanz kümmerte sich um die Kinder, so gut er konnte. Er war inzwischen ein geschickter Hausmann, jeder Handgriff ging ihm routinemäßig von der Hand.

Morgens um sechs weckte er die Kinder, nachdem er Angela bereits versorgt hatte.

Dann half er Denise beim Anziehen, ertrug geduldig ihre Launen, wickelte und fütterte Patrick, wobei ihm Oliver half, machte Frühstück und brachte die beiden Kleinen zu Helga, wo Philip immer noch wohnte. Helga hatte viel Arbeit mit den drei Kleinkindern, aber sie war ihm eine große Hilfe und liebte ihre Enkel.

Röhrdanz und Oliver wuschen Angela gerade in ihrem Bett und zogen ihr einen Trainingsanzug an. Es war nicht einfach, die bewegungsunfähige Frau zu drehen. Rücken und Hinterteil bedurften besonderer Aufmerksamkeit und Pflege.

Röhrdanz stellte sich manchmal vor, wie es gewesen war, als Angela morgens leichtfüßig aus dem Bett gesprungen und unter die Dusche gehüpft war. Wie sie sich vor dem Fenster angezogen hatte. Wie sie ihre leichten, duftigen Sommerkleider aus dem Schrank geholt und auf das Bett geworfen hatte: »Dieses oder dieses?«

»Du siehst in beiden hinreißend aus.«

»Nein, du sollst es mir sagen!«

»Na gut, das da!« Röhrdanz hatte eines der Fähnchen vorsichtig hochgehoben. Es roch nach Lavendel, nach Frühling, nach Angela.

Angela hatte genau das andere genommen, es lachend angezogen und gesagt: »Das ist doch total out! Wo bleibt denn da dein modisches Gespür? Wolltest du deine Frau wirklich so rumlaufen lassen?«

Sie hatte vor diesem Spiegel hier gestanden, sich das

lange seidige Haar gebürstet und mit ihrem Lippenstift einen Kussmund auf dem Glas hinterlassen.

Nun lag sie da. Einen Meter vom Spiegel entfernt. Und starrte mit offenem Mund an die Decke. Ihr Lippenstiftabdruck war immer noch schwach zu erkennen. Er hatte ihn nie weggewischt.

Um halb acht standen zwei kräftige Sanitäter vor der Wohnungstür: Mit Röhrdanz' und Olivers Hilfe schleppten sie Angela das Treppenhaus hinunter.

»Zu-gleich! – Und rechts und Vorsicht! Das Geländer! Jetzt du, Oliver, hinten hoch, vorne waagerecht, und zu-gleich! Erste Stufe, habt ihr's? Nächste Stufe, noch drei, bis zum Absatz, dann Pause, verschnaufen, geht's? Und zu-gleich ... Vorsicht, sie ist doch kein Klavier! Achtung, nicht an die Wand stoßen ...«

Das Keuchen und Ächzen der schwitzenden Männer begleitete Angela für die nächste halbe Stunde. Millimeterweise balancierten die vier ihre kostbare Fracht nach unten. Die Nachbarn im Mietshaus öffneten neugierig die Tür, die meisten warfen sie unwillig wieder zu. Was für ein Theater das wieder war! Nur an den Wochenenden war Ruhe im Treppenhaus.

Die Wochenenden waren grausam, denn da wurde Angela nicht abgeholt.

Da lag sie 24 Stunden in ihrem Bett und starrte an die Decke. Und musste gefüttert, gewaschen, gedreht, entschleimt, gepflegt, gesäubert, getröstet und unterhalten werden. Bei Regen und bei Sonnenschein. Von einem alleinerziehenden Vater. Röhrdanz und die Kleinen konnten die Wohnung an solchen Tagen nicht verlassen.

28

»*Also eines muss der Neid* Ihnen lassen, Röhrdanz: Sie sind der einzige Ehemann, der seine Frau täglich besucht!«

Dr. Roth hielt Röhrdanz die Tür auf, um ihn mitsamt dem Rollstuhl und seiner Frau passieren zu lassen. »Jede Mittagspause des vergangenen Jahres sind Sie hier aufgekreuzt, Hut ab, guter Mann!«

»Aber das ist doch selbstverständlich …«

»Mitnichten, Herr Röhrdanz. Mitnichten. Die anderen Ehepartner meiner Patienten kommen oft wochenlang nicht. Aber Sie kommen immer. Respekt!«

»Ich glaube einfach, dass Angela mich braucht«, antwortete Röhrdanz schlicht, während er den Rollstuhl in den Lift schob, der sie zur Unterwassergymnastik bringen würde. »Sie würde das für mich auch tun.«

»Sie macht jedenfalls enorme Fortschritte. Haben Sie gemerkt, dass sie manchmal schon verständliche Silben sprechen kann?«

»Ja, klar. Sie sagt ›Bee‹ für ›Baby‹, ›Ee‹ für ›essen‹ und ›au‹ für Schmerzen. Ich kann sie sehr gut verstehen.«

»Auch die Füße hat Ihre Frau schon bewegt«, fuhr Dr. Roth fort. »Die Stehübungen an der Stange können bald beginnen. Sie ist unglaublich motiviert, und ich bin sicher, das liegt an Ihnen. Sie weiß, dass sie sich auf Sie verlassen kann. Übrigens können Sie den Gang zur Toilette jetzt probieren. Wir haben mit ihr den Schließmuskel trainiert.« Der Arzt nickte Röhrdanz aufmunternd zu und ließ ihm mit dem Rollstuhl den Vortritt. »Jedenfalls hat Ihre Frau ein ganz normal ausgeprägtes Empfinden, NICHT WAHR, FRAU RÖHRDANZ?«

»Nur schade, dass sie nie lacht«, erwiderte Röhrdanz. Er beugte sich trotz seiner heftigen Rückenschmerzen vor und strich seiner Frau über das immer noch starre Gesicht. Ihre Augen waren glasig, der Mund war zwar nicht mehr so weit aufgerissen, aber bewegen konnte sie ihn immer noch kaum. Speichel troff heraus, und Röhrdanz wischte ihn mit einer selbstverständlichen Handbewegung weg.

»Sie hat früher so gern gelacht. Und mich auch ziemlich oft ausgelacht.« Er sah Angela direkt in die Augen: »Sogar auf unserer Hochzeit hast du mich ausgelacht. Weil ich so verkatert war. Bestimmt hatte ich schrecklichen Mundgeruch bei ›Sie dürfen die Braut jetzt küssen‹.«

»Aaah«, machte Angela.

»Und das sagst du mir erst jetzt?«, entrüstete sich Röhrdanz. Dann lachte er aus vollem Hals.

»Auf Wiedersehen, Doktor, schönes Wochenende!«

Dr. Roth schüttelte bewundernd den Kopf, als sich die Fahrstuhltür schloss: »Was für eine Liebe«, murmelte er, fast neidisch. »Was für eine große Liebe.«

»Also, mein Schatz, wenn du so weit bist, versuchen wir das mit der Toilette.«

Röhrdanz hatte nun mehrmals die Windel leer vorgefunden, als er Angela säuberte. In der Reha hatte man Beckenboden- und Schließmuskel mit ihr trainiert, und sie machte gute Fortschritte.

»Du bist jetzt auf jeden Fall weiter als Patrick. Mit seinen zwei Jahren ist der natürlich noch nicht stubenrein …«

Der ältere Philip war unter der Woche noch immer häufig bei Oma Helga und Schwägerin Dagmar. Der kleine Kerl war kaum noch zu bändigen. Er hatte einen ungeheuren Bewegungsdrang und brauchte Aufmerksamkeit. Wie sollte Röhrdanz dem allen noch gerecht werden?

Am Wochenende holte Röhrdanz den Jungen zwar in die Wohnung, aber dann kam es vor, dass er fremdelte, Angst vor dem unheimlichen Anblick seiner eigenen Mutter hatte und nach seiner Oma verlangte. Dann weinte Angela bitterlich, was Philip dazu brachte, sich noch mehr vor seiner Mama zu fürchten. Es waren schreckliche Momente für Angela, und Röhrdanz litt mit ihr.

Andererseits war Angela ungeheuer dankbar, dass er sie nicht nach Bad Godesberg geschickt hatte. Dort wäre sie vor Einsamkeit und Sehnsucht gestorben.

»Da-he.« Danke, dass ich daheim sein darf. Danke, dass ich meine Kinder hören und fühlen darf. Danke, dass du dich um mich kümmerst. Dass ich deine liebevollen Hände auf mir spüren darf, deine Stimme hören und deinen Atem riechen. Danke, mein Mann. Ich liebe dich.

Immer wieder kam dieses rührende »Da-he«.

Und er murmelte dann, dass sie sich bei der Hochzeit doch etwas versprochen hätten. So ganz genau hätte er das zwar wegen seines Katers nicht mitbekommen, aber es hätte etwas mit guten und schlechten Zeiten zu tun gehabt.

»Dass die Zeiten so schlecht werden würden, konnte der Pfarrer schließlich nicht wissen, sonst hätte ich mit dem Burschen noch mal verhandelt«, scherzte er manchmal, wenn er sich das schmerzende Kreuz rieb.

Es war Mitternacht. Oliver hatte soeben das Licht in seinem Zimmer gelöscht, seine ohrenbetäubende Musik war verstummt, auch die Spieluhr im Kinderzimmer drehte sich nicht mehr, die Kleinen schliefen. Die Küchenuhr tickte. Das Mobile an der Decke drehte sich. Angela lag reglos auf dem Sofa, die Augen starr zur Decke gerichtet.

»Sollen wir?« Röhrdanz spuckte symbolisch in die Hände.

»Nein!«, protestierte Angela in Panik.

»Du mit deinem schlimmen Rücken«, hörte er Angela in Gedanken schimpfen. »Fang gar nicht erst damit an! Es reicht schon, wenn sie mich in der Reha mit dem Flaschenzug aufs Klo hieven.«

»Also los.« Röhrdanz legte Angelas Arme um seine Schultern, wo sie wie Wackersteine liegen blieben. Er verstand seine Frau genau. Sie hatte Angstzustände, ihr Gleichgewichtssinn war gestört, ihr war schwindelig, sie fürchtete und schämte sich. Er sollte ihr nicht den Hintern abputzen.

Aber das Gute an der ganzen Situation war: Er konnte so tun, als ob er sie nicht verstanden hätte. Und stoisch ignorieren, was sie ihm mitteilen wollte.

So wie damals, vor knapp drei Jahren, als sie zwei Stunden dazu gebraucht hatte, ihm ihren ersten Satz per Lidschlag zu diktieren:

»Lasst mich sterben.«

Fehlermeldung. Nicht angekommen. Leider.

»Ich habe folgenden Plan …« Röhrdanz ignorierte seine stechenden Rückenschmerzen, während er sich mühsam mitsamt seinem Mühlstein um den Hals zentimeterweise erhob. »Du hängst dich an mich, ich packe dich um die Hüften, wie sie es uns in der Reha gezeigt haben – gestatten, gnädige Frau, ich greife mal beherzt hier an die Jogginghose –, und wir trippeln Schrittchen für Schrittchen da am Tisch vorbei, du vorwärts, ich rückwärts.«

Angela gab einen panischen Laut von sich. Röhrdanz ignorierte ihn ebenso wie seine Bandscheibe.

In der Reha konnte man Angela durch breite, geflieste Gänge schieben. In der Enge der verwinkelten Wohnung waren solche Manöver viel komplizierter. Überall lagen und standen Gegenstände herum, unten versuchten andere Mieter zu schlafen, und die eigenen Kinder wollte man möglichst auch nicht aufwecken.

Aber wann, wenn nicht jetzt?, dachte Röhrdanz. Üben, üben, üben!

»Verlass dich auf mich, ich bringe dich sicher ins Bad … erst links durch die Küchentür, dann drei Meter durch den Flur, Vorsicht: die Kleiderhaken und der Spiegel, dann habe ich schon die Klinke von der Klotür in der

Hand, so, jetzt drehen wir uns einmal … fast so elegant wie damals bei unserem Hochzeitswalzer …, und dann lasse ich dich ganz langsam … Ach so, 'tschuldigung, erst Hose runter … Ja, das schaffen wir, nicht jammern jetzt, denk an was Schönes, Schatz, denk an Schloss Burg und wie du mir in die Arme gesprungen bist, damals, als du auf dem Felsen herumgeklettert bist. Weißt du noch, du hattest diesen durchsichtigen braunen Rock an und die Seidenbluse, und ich hab gedacht, darf ich diese wunderschöne junge Frau irgendwann mal anfassen?« So schleppte und hievte Röhrdanz sie ins Bad und wieder zurück durch die Wohnung. Wir schaffen das, wir schaffen das, wir schaffen das.

Was mache ich, dachte er, was mache ich hier bloß? Ich könnte auch ein Klavier allein durch die Wohnung schleppen und versuchen, es auf die Klobrille zu hieven.

»Erinnerst du dich noch an das feine Hotel in Baden-Baden, wo wir Irene gesehen haben? Was die wohl jetzt macht?« Er ächzte, weil sie die Kurve am Flurspiegel kriegen mussten. »Die hat bestimmt goldene Wasserhähne, weiß aber das Wasser nicht zu schätzen, das da rauskommt. Ich sage dir, die ist bestimmt nicht halb so glücklich wie wir.«

Jemand stieß von unten mit dem Besenstiel an die Decke. »Ruhe da oben! Das ist nächtliche Ruhestörung!«, kreischte eine aufgebrachte Frauenstimme.

»Reg dich ab, Frau Seidl«, schrie Röhrdanz zurück. »Meine Frau geht nach drei Jahren zum ersten Mal wieder aufs Klo!«

Zu hören war das schwere Poltern ihrer vier Füße, das

möglichst unbefangene Plaudern von Röhrdanz und das angstvolle Stöhnen Angelas.

Olivers Tür ging auf, und sein zerzauster Strubbelkopf erschien im Halbdunkel: »Spinnt ihr? Was macht ihr denn für einen Krach?«

»Wir waren nur kurz auf dem Klo«, sagte Röhrdanz beiläufig, indem er Angela möglichst elegant um die Kurve manövrierte. »Kannst du mal abziehen? Das haben wir wohl im Eifer des Gefechts vergessen.«

*I*m Neurologischen Therapiezentrum übte Angela Tag für Tag, Stunde um Stunde die kleinsten Bewegungen, und Röhrdanz besuchte sie wie gewohnt in jeder Mittagspause.

»Na Mahlzeit!«, rutschte es ihm begeistert heraus, als er eines Tages gerade dazukam, als eine Pflegerin ihr winzige Mengen Joghurt auf einem Löffel in den Mund schob.

»Du kannst ja schlucken! Da ist dein erstes Schnitzel nicht mehr weit!«

»Sie macht gute Fortschritte«, sagte die Pflegerin, die Röhrdanz wegen seines trockenen Humors schon lange ins Herz geschlossen hatte. »Aber eile mit Weile, lieber Herr Röhrdanz. Die Schluckmuskeln, die Zunge und der Kehlkopf müssen noch trainiert werden! Wenn sie sich verschluckt, kann das richtig böse enden …«

»Aber es geht doch schon ganz fantastisch!« Röhrdanz nahm der Pflegerin den Löffel aus der Hand, kniete sich vor Angela auf den Fußboden und schob ihr eine winzige Portion Joghurt in den Mund. »So, mein Schatz. Stell dir vor, das wäre Kaviar, und wir beide wären auf einem Kreuzfahrtschiff in der Südsee. Gleich spülen wir mit Champagner nach und gehen auf unsere Kabine …«

Die Schwester lachte. »Das stelle ich mir auch gern vor, Herr Röhrdanz …«

Angela rollte mit den Augen und bemühte sich sehr, den Vorführeffekt nicht zu vermasseln. Endlich schaffte sie es, ihre Zunge dazu zu bringen, den Joghurt in den hinteren Rachenraum zu schieben und den Schluckreflex zu aktivieren. Die Anstrengung hatte sie rot anlaufen lassen. Ihr Atem ging schwer.

»Hurra! Du kannst wieder alleine essen!« Röhrdanz klatschte übermütig Beifall. »Dann bestelle ich schon mal einen Tisch in der Goldenen Krone!«

»Nun, Herr Röhrdanz, das bedarf doch noch monatelanger Übung«, bremste die Pflegerin seine Begeisterung. »An Kauen ist vorerst noch gar nicht zu denken! Die Speisen müssen ganz fein püriert sein, wenn überhaupt.«

Angela liefen die Tränen aus den Augen, wie immer, wenn sie eine Gefühlsregung hatte. Ob sie vor Freude weinte, vor Anstrengung, Verzweiflung, Frust oder Scham konnte Röhrdanz nicht ermessen.

»Fest steht, dass meine Frau ganz tolle Fortschritte macht.« Röhrdanz erhob sich ächzend, wobei er den bekannten stechenden Schmerz im Rücken spürte. Er versuchte, nicht das Gesicht zu verziehen, außer zu einem Lächeln. »Wenn sie wieder schlucken kann, werde ich sie auch zu Hause füttern. Was meinst du, Angela? Schaffen wir das?« Zärtlich fuhr Röhrdanz seiner Frau mit den Fingerrücken über die Wange.

»Lassen Sie es langsam angehen, Herr Röhrdanz. Überstürzen Sie nichts«, warnte die Pflegerin alarmiert. »Versprechen Sie mir das?«

»Klar! Was meinst du, mein Schatz? Wir packen das!«

»Sie müssen niemandem etwas beweisen«, sagte die Pflegerin, wobei sie besorgt über ihre Brillenränder schaute. »Was Ihre Frau geschafft hat, grenzt ohnehin an ein Wunder.«

»Wem sagen Sie das«, antwortete Röhrdanz, wobei er hinter Angelas Rollstuhl trat und ihr von hinten die Hände auf die Schultern legte. »Wem sagen Sie das.«

29

»*Oliver, kannst du mal Patrick* zu dir ins Badezimmer holen?«

Im Radio lief leise Musik. Es roch nach Gulasch mit Zwiebeln. Die Fensterscheiben waren von innen beschlagen. Wäre nicht der dicke, klobige Rollstuhl mit der unbeweglichen massigen Frau darin, wäre es ein ganz normales Familienidyll gewesen. Die Küchenuhr an der Wand tickte. Es war kurz nach sechs. Freitagabend. Wochenende. Die Oma hatte Philip gebracht, und der hatte wieder vor Angst geweint, als er seine Mutter mit weit aufgerissenen Augen im Rollstuhl sah. Deshalb hatte Röhrdanz Denise und ihn erst mal in die Badewanne abkommandiert. Dort spritzten und planschten die Kinder unter Olivers Aufsicht und ließen eine Schwimmente quietschen. Gelächter.

Röhrdanz stand in der kleinen Wohnküche am Herd, auf dem die Nudeln vor sich hin köchelten, hob den Deckel des Gulaschtopfs, rührte das Essen um und putzte sich geschäftig die Hände an seiner altmodischen Küchenschürze ab. Er hatte etwas vor.

Etwas Bestimmtes. Dazu musste Patrick aus der Küche verschwinden, denn den Kleinen durfte man keine Sekunde aus den Augen lassen.

»Kannst du nicht auf ihn aufpassen? Ich bin gerade

dabei, Philip und Denise die Haare zu waschen.« Oliver klang so routiniert wie eine dreifache Mutter.

»Hol den Kleinen einfach dazu«, rief Röhrdanz in den Flur. »Ich muss hier mal was mit Angela ausprobieren.«

Kurz entschlossen nahm Röhrdanz seinen Jüngsten, ging ins Bad und drückte ihn seinem großen Halbbruder Oliver in den Arm. »Du kannst ihn ja gleich mitbaden. Aber vorsichtig, hörst du. Guck erst mal, ob das Wasser nicht zu heiß ist.«

»Also drei so Winzlinge … ich garantiere für nix!«

In der Küche stieß Angela klagende Laute aus.

»A-la!« Das hieß wohl »schade«. Oder »gefährlich«?

Sie liebte es, ihren Jüngsten auf dem Schoß zu haben, ihn zärtlich zu berühren, seine warme, weiche Haut zu fühlen und seine Nähe zu spüren. Sie konnte ihren kleinen Sohn riechen, wie sie auch die anderen beiden Kinder fühlen, riechen und hören konnte. Das gab ihr die Kraft und den Durchhaltewillen, der für alle ihre kleinen, aber verblüffenden Fortschritte verantwortlich war. Nur ein Lächeln, dachte Röhrdanz, das will sich immer noch nicht einstellen. Ihr Blick ist nach wie vor starr. Kein Wunder, dass Philip sich vor ihr fürchtet und lieber zu seiner Oma will. Aber je schneller wir Fortschritte machen, desto eher können wir Philip wieder zu uns holen.

Aus dem Badezimmer hörte man den Vierjährigen unwillig plärren, wahrscheinlich war ihm Seife in die Augen gekommen. Denise, die Siebenjährige, tröstete ihn, und es kehrte wieder Ruhe ein.

»So, Liebes.« Auf diesen Moment hatte Röhrdanz gewartet. »Jetzt werden wir mal vom Gulasch probieren. Das kann ich nämlich inzwischen richtig gut.«

Röhrdanz gab eine kleine Portion Gulasch und etwas Sauce in den Mixer, mit dem er früher die Babynahrung püriert hatte. Der Mixer lärmte so, dass er nicht mehr mitbekam, was im Bad vor sich ging.

Röhrdanz kippte das pürierte Fleisch auf einen Unterteller, nahm einen Eierlöffel zur Hand und schob den Küchenstuhl ganz nahe an Angelas Rollstuhl heran.

»Bitte sag mir ganz ehrlich, was da noch an Gewürzen fehlt.«

Röhrdanz pustete vorsichtig, hielt sich den Löffel erst einmal selbst an die Lippen und schob dann ganz behutsam das pürierte Gulasch in Angelas offen stehenden Mund.

»So, Liebste. Und jetzt sag deinem alten Herrn mal, wie dir dieses Gulasch schmeckt.«

Angela rollte mit den Augen, arbeitete mit ihrer Zunge und schaffte es, den Bissen in den Rachen zu schieben. Der Schluckreflex trat in Kraft. Es war geschafft. Sie hatte den ersten Bissen Gulasch nach drei Jahren heruntergeschluckt! Ihre Augen waren zwar zur Decke gerichtet, aber sie strahlten!

»A – la!«

»Lecker?«

»Ah!«

»Angela! Du spachtelst ja schon wieder wie ein Bergarbeiter nach acht Stunden Schicht!«

Röhrdanz schob den zweiten Löffel hinterher. Vielleicht ein bisschen zu eifrig. Vielleicht ein bisschen zu schnell. Angela konnte sich nicht wehren. Sie konnte nicht »Stopp« sagen, oder »Nicht so hastig!« Zunge und Kehlkopf vollführten einen schnellen Tanz.

»Das war zu heiß, oder?« Röhrdanz pustete auf den dritten Löffel. »'tschuldigung. Die Pflegerin hat noch gesagt, eile mit Weile.« Er führte den Eierlöffel behutsam ein drittes Mal an ihre Lippen und steckte ihn ihr in den Mund. »Sag jetzt nicht, da muss noch Maggi dran.«

»Ah!«

»Ja? Gut? Mehr?«

Röhrdanz blickte schelmisch, auch eine Spur stolz. »Ich habe es genau nach deinem Rezept gekocht. Na?«

Angela gab ein Gurgeln von sich. Ob es ein Laut der Freude, des Lobes, der Anerkennung war oder ob es bedeutete, dass sie noch mehr wollte, konnte Röhrdanz nicht erkennen.

»Und jetzt noch ein Löffelchen für Patrick … und dann noch ein Löffelchen für Philip …«

Es funktionierte! Angela brauchte zwar eine halbe Minute pro Eierlöffel, aber sie schluckte brav. Ein feines Rinnsal Sauce lief ihr über das Kinn, und Röhrdanz tupfte es mit dem Zipfel seiner Küchenschürze weg. Eine ganz selbstverständliche Geste, die jeder Mutter vertraut ist, die ihr Kind füttert.

»So, und jetzt noch das allerletzte Häppchen für die liebe Denise …«

»Papaaaaa!« Das war Olivers Stimme. Panisch, sich überschlagend, aus tiefster Not.

Die Badezimmertür flog auf, und nun war die Stimme ganz nah. »Papaaaa!«

Wie ein Messer durchschnitt das schrille Quietschen von Denise die Luft, gefolgt von hysterischem Gebrüll. »Papaaaaa!«

Innerhalb von Sekundenbruchteilen war Röhrdanz aufgesprungen, der Unterteller zerbrach auf dem Küchenboden, Gulasch und Sauce ergossen sich über seine Hose. Er achtete nicht darauf, sondern stürzte zitternd ins Badezimmer. Dort sah er nur ein Gewirr aus nackten Kinderbeinchen und Ärmchen, die verzweifelt um sich traten. Geistesgegenwärtig riss Röhrdanz Patrick, der Oliver entglitten war, aus dem Wasser.

»Der Schaum! Es war so glitschig«, schrie Oliver in Panik, und die drei Kinder brüllten sich vor lauter Schreck die Seele aus dem Leib.

»Ist ja gut, ist ja nix passiert. Ganz ruhig, was sollen denn die Nachbarn denken …« Der Schock war Röhrdanz so in die Glieder gefahren, dass er zitterte wie Espenlaub. Er hüllte Patrick, aus dessen Mund Seifenblasen quollen, in ein Handtuch. Er hatte wohl Schaum in Augen und Nase bekommen. Ja, der arme Kleine hatte richtig Wasser geschluckt. Philip klammerte sich hysterisch heulend an Oliver, und Denise saß leichenblass auf dem Badewannenrand.

»He, ihr drei!«, versuchte Röhrdanz beruhigend auf sie einzuwirken. »Die Mama denkt ja sonst was, wenn ihr so brüllt! Ist doch nix passiert.«

Er wandte den Kopf nach hinten: »Ist nix passiert!«, schrie er in Richtung Küche.

»Die Mama isst Gulasch«, versuchte er seine heulende Meute abzulenken.

»Drei Winzlinge in so einer Wanne – das kannst du mir echt nicht zumuten«, schrie jetzt auch Oliver. »Die wären mir fast ersoffen!«

»Ist ja gut, ist ja gut.« Röhrdanz wischte sich mit dem Hemdsärmel den Schweiß von der Stirn. »Tut mir leid, Kinder, tut mir leid.« Er seufzte laut. »Bitte hört auf zu schreien, ich werde sonst wahnsinnig.«

Seine Brille war so beschlagen, dass er gar nichts mehr sehen konnte. Er hatte sich mit dem Handrücken eine Spur Gulaschsauce ins Gesicht gewischt und sah nun aus wie ein Pirat.

»Ich kümmere mich ja schon um euch …« Seine Bandscheibe stach, sein Trommelfell flatterte. Er war nun fast fünfzig, und seine Nerven lagen blank.

»Oli, bitte geh in die Küche und schau nach Angela …«

»Ich geh jetzt in mein Zimmer«, schnaubte Oliver, der von oben bis unten nassgespritzt war. »Lass mich wenigstens ein trockenes Hemd anziehen!«

Denise saß immer noch zitternd auf dem Wannenrand. Sie streckte die Arme nach ihrem Vater aus und begehrte trotzig, endlich auch einmal beachtet zu werden.

»Ich komme sofort«, schrie Röhrdanz in Richtung Küche. »Angela! Lass mir auch noch was übrig!«

Das sollte natürlich ein Scherz sein, denn Angela konnte noch lange nicht den Löffel allein zum Mund führen.

»Alles im grünen Bereich!« Nun wurde auch Denise von Schluchzern geschüttelt. Das Kind braucht viel mehr Beachtung, ging es ihm durch den Kopf. Als er versuchte, der weinenden Siebenjährigen in den Bademantel zu helfen, schlug sie nach ihm. »Der ist auf links! Ich will den richtig herum anziehen! Der ist auf links, und der kratzt!« Röhrdanz bemühte sich, nicht die Nerven zu verlieren. Ich darf diesem Kind keine Ohrfeige geben, befahl er sich mit zusammengekniffenen Lippen. Das hat es nicht verdient. Denise kann am allerwenigsten dafür, und sie kommt immer zu kurz. Während er sie eine Spur zu fest an sich drückte, versuchte er, den nackten Philip daran zu hindern, schreiend wegzulaufen. Er würde in der Küche noch lauter brüllen als hier!

»He! Hiergeblieben! Was sollen denn die Nachbarn von uns denken? Dass ich euch nicht im Griff habe oder was? Die olle Frau Seidl klopft gleich wieder an die Decke ...«

In seiner Not versperrte er dem Kleinen mit seinem Bein den Weg. Daraufhin fiel dieser der Länge nach auf die Badezimmerkacheln und schlug sich die Stirn auf.

»Oliver!, brüllte Röhrdanz in letzter Not. »Komm sofort her!«

Olivers erster Gang war in die Küche gewesen, und nun stand er im Flur, leichenblass. Röhrdanz sah die vor Entsetzen geweiteten Augen seines Sohnes im Flurspiegel. Oliver starrte auf Angela im Rollstuhl. Er wollte schreien, aber es kam kein Laut über seine Lippen.

»Was ist?«, stieß Röhrdanz verzweifelt hervor. Er stolperte über seine kleinen Söhne und riss sich von der klammernden Denise los. Alle drei brüllten wie am Spieß.

Drei Schritte durch den Flur bis in die Küche. Der Garderobenständer fiel um. Jacken, Mützen und Mäntel, die Kindergartentaschen – alles landete auf dem Parkett.

Angela saß mit einem rotblau angelaufenem Gesicht im Rollstuhl und starrte hilflos an die Decke. Sie gab ein würgendes Geräusch von sich, und ihr Gesichtsausdruck war so fassungslos, so ungläubig, dass er sie in Gedanken fragen hörte: »Nach allem, was war, lässt du mich jetzt hier verrecken?«

Das Fleisch, durchzuckte es Röhrdanz. Das Gulasch. Das letzte Stückchen.

Die Adern an ihrem Hals traten deutlich hervor. Sie rang verzweifelt nach Luft, schnappte wie ein Fisch auf dem Trockenen.

Röhrdanz fühlte eine plötzliche Taubheit in den Gliedern, nahm alles um sich herum wie in Zeitlupe wahr. Das Schreien seiner drei Kinder. Der entsetzte Blick Olivers. Und die nackte Todesangst in den Augen seiner Frau. Minuten schienen zu vergehen, bis er einen klaren Gedanken fassen konnte. Sie erstickt, ging es ihm durch den Kopf.

Mit einem Schlag hörten alle drei Kinder auf zu schreien. In der plötzlichen Stille hörte man nur noch die Küchenuhr ticken.

Mit zwei Schritten war Röhrdanz bei Angela, riss sie aus dem Rollstuhl und versuchte, sie zum Erbrechen zu bringen. In nackter Verzweiflung hieb Röhrdanz auf Angelas Rücken ein.

»Nicht! Nicht sterben! Spuck es aus, um Gottes willen, spuck es aus!«

Oliver hatte sich gefangen, riss die schwere Frau hoch,

schlang ihren Arm um seine Schulter. In hilfloser Panik schlug er der Halbtoten ebenfalls auf den Rücken. Vergeblich. Ihr Gesicht wurde dunkelviolett. Die Augen quollen ihr immer mehr aus dem Kopf.

»Sie stirbt. Papa, sie stirbt!!«

Zu seinem Entsetzen nahm Röhrdanz aus dem Augenwinkel wahr, dass die Kinder mit weit aufgerissenen Mündern in der Küchentür standen und die Mutter bei ihrem verzweifelten Todeskampf beobachteten.

Röhrdanz taumelte auf allen vieren zur Wohnungstür, riss sie verzweifelt auf und brüllte ins Treppenhaus: »Hilfe! Meine Frau erstickt! Hilfe!«

Da unten wohnt doch eine Krankenschwester, fiel es ihm siedend heiß ein. Die grüßt zwar nie, aber sie wird uns helfen … »Hilfe, ein Notfall! Meine Frau bekommt keine Luft mehr!!«

Als sich nichts tat und noch nicht mal ein Licht anging, schlug er mit der Faust auf den Lichtschalter im Treppenhaus, flog auf zitternden Beinen die Treppen hinunter, hämmerte an jede Wohnungstür: »Aufmachen! Hilfe! Meine Frau erstickt!«

Das ist der Albtraum, ging es ihm durch den Kopf, lieber Gott, mach, dass ich das nur träume.

Nichts rührte sich. In allen vier Stockwerken blieben die Wohnungstüren verschlossen. Immer wieder ging das Licht aus, und Röhrdanz tastete sich im Dunkeln weiter durchs Treppenhaus, bis er wieder laut weinend auf einen Lichtschalter einschlug.

»Hilfe«, flehte er tonlos, »sie stirbt mir! Sie stirbt mir unter den Händen weg!«

Anschließend hörte er nur noch seinen keuchenden Atem.

Angela war ihm elendig verreckt. Nach allem, was er für sie getan hatte. Nach tausend schlaflosen Nächten, nach hunderttausend heimlich geweinten Tränen, nach unendlichen Mühen und Qualen, nach unzähligen Gebeten, die er in seiner Verzweiflung gen Himmel geschickt hatte.

Lieber Gott, das hast du mir nicht angetan.

Seine Beine waren taub. Er würde nie wieder aufstehen können. Nie mehr die vier Treppen nach oben schaffen. Nie mehr auch nur einen Handgriff da oben in diesem Wahnsinnshaushalt tun können. Nie mehr dem Brüllen und Schreien seiner Kinder Einhalt gebieten können.

Da kroch von oben ein schmaler Lichtschein durch das Dunkel des Flurs, wie ein Hoffnungsschimmer von irgendwoher, und er hörte Olivers Stimme zu ihm herunterschallen: »Papa! Sie atmet wieder! Papa! Sie hat's ausgespuckt! Papa! Du kannst raufkommen, es ist alles in Ordnung!«

30

Nach diesem grauenhaften Erlebnis, das Röhrdanz bis in seine Träume verfolgte, konnte er nicht aufhören, sich entsetzliche Vorwürfe zu machen. Per Buchstabentafel hatte Angela ihm später mitgeteilt, dass sie schon »das weiße Licht gesehen« habe und dass es »schön« gewesen sei. Nur wegen der Kinder sei sie noch einmal zurückgekommen. Sie habe sich »warm und geborgen« gefühlt in der »anderen Welt«, aber gespürt, dass ihre Zeit noch nicht gekommen sei.

»Du brauchst für solche Notfälle irgendwas, womit du dich bemerkbar machen kannst«, stellte Röhrdanz entschlossen fest. »Um Hilfe rufen kannst du nicht, und ich schaffe es nicht, dich jede Sekunde im Auge zu behalten. Nicht bei drei kleinen Kindern.«

Er musste sich abwenden, um seine aufsteigenden Tränen zu verbergen. »Sosehr Oliver mir auch hilft. Auch deine Mutter kann nicht Tag und Nacht in unserer kleinen Wohnung herumwuseln, da werde ich wahnsinnig. Du weißt, wie sehr ich Helga schätze, und ohne sie wären wir aufgeschmissen.« Er schluckte einen riesengroßen Kloß herunter. »Aber wir haben auch so schon zu wenig Platz in der Wohnung, es ist alles ein entsetzliches Chaos hier …« Er hob wahllos ein paar herumliegende Wäschestücke, Kinderspielzeug, abgegessene Teller und leere Becher hoch, bevor er sie wieder fallen ließ. Trotz seiner Bemühungen, alles halbwegs sauber zu halten, wurde er den schier übermenschlichen Anforderungen dieses »Alltags« nicht mehr Herr. Er fühlte sich wie Sisyphos, der dazu verdammt ist, bis in alle Ewigkeit einen schweren Stein den Berg hinaufzurollen. Wieder musste er mitten im Satz abbrechen, um nicht loszuheulen. Er hatte seine Angela unbedingt zu Hause haben, seine Kinder um keinen Preis in fremde Hände geben wollen. Er hatte seinen Job nicht aufgeben wollen. Wie denn auch – wo ihn die Miete und andere Fixkosten für die siebenköpfige Familie schier auffraßen.

»Ich habe gedacht, wir packen das. Aber wir packen es nicht. Ich will dich aber nicht in dieses Heim für Komapatienten stecken, denn da gehst du mir zugrunde …« Er wischte sich die Tränen und den Schweiß mit dem Hemdsärmel ab.

»U-he!«

»Ruhe? Du meinst, ich soll Ruhe bewahren? Bist du sicher, dass das ein guter Ratschlag ist?«

Angela blinzelte unter Tränen heftig mit den Augen, was immer hieß, dass sie ihm etwas Wichtiges mitteilen wollte.

Also zog Röhrdanz die Buchstabentafel hervor. Sie lag auf der Heizung, unter einem Stapel Kinderbilderbüchern, Brettspielen und alter Zeitungen.

»H-U-P-E«, lautete ihre Botschaft, die Röhrdanz nach mehreren Fehlversuchen schließlich entzifferte. Es war wieder mal weit nach Mitternacht, der einzige Zeitpunkt, zu dem ein so zeitraubendes Unterfangen wie diese »Unterhaltung« mit seiner Frau überhaupt möglich war.

»Hupe?« Röhrdanz kratzte sich fragend am Kopf. »Ach, jetzt weiß ich, was du meinst! Du kannst die Finger bewegen, und wenn wir dir so eine Fahrradhupe wie an Denises Kinderfahrrad in die Hand drücken, kannst du dich im Notfall immer bemerkbar machen.«

Angela zwinkerte einmal für »Ja«.

»Das ist eine geniale Idee, Liebste!« In Röhrdanz' Augen funkelte schon wieder ein Hoffnungsschimmer. »Wir lassen uns nicht unterkriegen. Gleich morgen früh geht Oliver in ein Spielzeuggeschäft und kauft dir so ein Ding. Dann kann uns so eine furchtbare Katastrophe nie mehr passieren.«

Aufseufzend nahm Röhrdanz seine Angela in den Arm. »So, und jetzt bringe ich dich ins Bett. Meinst du, wir schaffen das noch mit der Toilette?«

*D*ie Idee mit der Hupe funktionierte tatsächlich. Oliver hatte die letzte noch vorrätige Kinderfahrradhupe im Spielzeugladen erstanden, und nun lag der kleine schwarze Gummiball in Angelas verkrampfter Hand. Sie »übte« offensichtlich fleißig das Zusammendrücken der Finger, denn ab sofort hupte es so ziemlich ununterbrochen aus der Küche, wo sie in ihrem Rollstuhl neben der Heizung saß.

Röhrdanz, der gerade bei den Kleinen am Bett gesessen hatte und die eingeforderte Gutenachtgeschichte vorlas, schoss sofort herbei.

»Nur im Notfall drücken, hörst du?«

Die Antwort war ein Hupen.

»Was hast du denn?«

Ein Blick genügte, und Röhrdanz wusste Bescheid. Da war eine Fliege, die um die Deckenlampe herumsummte! Einer von Angelas größten Albträumen war der, dass ihr wieder ein Insekt in Mund oder Nase krabbeln würde. Sie konnte es nicht verscheuchen, weder mit den Händen noch mit dem Mund.

Dieses Horrorszenario kannte Röhrdanz noch aus dem Krankenhaus.

Sofort sprang er mit einer Zeitung bewaffnet auf die Küchenbank und jagte die Stubenfliege, bis er das strampelnde Insekt schließlich erlegt hatte. Angela liefen die Tränen aus den Augen.

»Da-he!«

»Ist ja alles wieder gut, Liebes. Ist ja alles wieder gut.« Röhrdanz zitterte vor Erschöpfung, es kam ihm vor, als hätte er ein wildes Tier erschlagen. Und genau so war es ja auch: An dieser »harmlosen« Stubenfliege, die er nun in den Abfalleimer warf, hätte seine Frau in einem unbeobachteten Moment genauso ersticken können wie an dem winzigen Stückchen Gulasch, das ihr im Hals stecken geblieben war.

Zum Trost setzte Röhrdanz seiner Frau Patrick auf den Schoß. Er nahm ihr behutsam die Hupe weg, führte ihre Hand zu Patricks Gesicht und ließ ihre zitternden Finger über seine weiche Haut streicheln. Der Kleine vermochte Angela bei Angst und Niedergeschlagenheit auf wundersame Art zu trösten.

»Ich gehe jetzt zu Denise und Philip und lese die Geschichte zu Ende. Und du bleibst hier mit Patrick solange sitzen. Passt gut auf euch auf, ihr beiden!«

Wäre sie nach Bad Godesberg in die Komaklinik gekommen, dachte er, wäre sie längst tot.

Aber sie wird eines Tages richtig zu uns zurückkehren. Ich weiß das. Jede Mutter will zu ihren Kindern zurück. Das ist ein Naturgesetz.

Im Weggehen drehte er sich noch einmal zu Angela um. Er sah ihre Tränen auf Patricks Gesicht tropfen. Der kleine Kerl saß erstaunlich ruhig auf Angelas Schoß. Erleichtert ging Röhrdanz ins Kinderzimmer, um Philip und Denise den Rest ihrer Gutenachtgeschichte vorzulesen.

»*W*ie lange willst du das eigentlich noch durchhalten?« Richard, sein Chef, stand besorgt neben dem Aufzug, als Röhrdanz morgens im Büro erschien. »Ich habe dich vom Fenster aus beobachtest. Wie du aus dem Auto steigst. Du krümmst dich vor Schmerzen. Weißt du eigentlich, wie du aussiehst? Leichenblass, von deinen schwarzen Ringen unter den Augen einmal abgesehen. Du siehst aus wie der Tod.«

»Tut mir leid«, stieß Röhrdanz zerknirscht hervor. In letzter Zeit hatte er ziemlich nah am Wasser gebaut, und er wollte vor seinem Chef nicht losheulen. Natürlich kam er auch heute wieder über zweieinhalb Stunden zu spät. Patrick hatte wegen Windpocken zum Kinderarzt gemusst, und Denise hatte ihn vor dem Schultor nicht gehen lassen.

»Komm doch mal zu mir ins Büro.« Richard hielt ihm einladend die Türe auf. Seine Vorzimmerdamen wies er an: »Jetzt bitte keine Anrufe durchstellen!«

Mit hängenden Schultern schlich Röhrdanz hinter seinem Vorgesetzten her. Wenn er ihm jetzt kündigen würde, war es endgültig aus mit ihm. Dann konnte er sich die Kugel geben.

Er würde es seinem Chef noch nicht mal verübeln können … Bei allem Verständnis … Seit drei Jahren arbeitete er unregelmäßig und musste oft vertreten werden, sosehr er sich auch bemühte, den Anforderungen seines Jobs gerecht zu werden. Aber es hatte offensichtlich nicht gereicht.

»Setz dich«, wies Richard ihn an. Die aufsteigenden Tränen seines leichenblassen Mitarbeiters ignorierend, machte er sich an einem Aktenschrank zu schaffen und förderte zwei Gläser und eine angebrochene Flasche Whisky hervor.

»Am frühen Morgen?«, wehrte Röhrdanz ab. »Ich hab noch nicht mal gefrühstückt!«

»Es gibt Situationen, in denen frühstücken Männer Whisky«, antwortete Richard. »Ich habe dir nämlich etwas mitzuteilen.«

Also doch. Dieser Satz traf Röhrdanz wie ein Magenschwinger.

Wir sind kein Wohltätigkeitsverein, hörte er Richard schon sagen. Wir sind ein florierendes Unternehmen.

»Ich bin gefeuert.« Röhrdanz wagte gar nicht mehr aufzublicken. »Das war ja zu erwarten.«

Zu seinem Erstaunen hörte er, wie Richard die beiden

Gläser leise aneinanderklirren ließ: »Das glaubst du ja wohl selbst nicht, Mann. Prost!«

»Nein …?«

»Du bist einer meiner besten Mitarbeiter! Selbst in den letzten schweren Jahren hast du mich noch nie enttäuscht!« Der Chef drückte dem verdutzten Röhrdanz mit sanfter Gewalt das Glas in die Hand: »Und jetzt hopp – auf ex!! Ich hab nämlich Neuigkeiten für dich!«

»Ja … wenn ich nicht gefeuert bin … Bin ich dann womöglich«, er versuchte einen seiner trockenen Scherze und setzte das entsprechende Gesicht auf, »befördert?«

Die beiden Männer kippten den Whisky mit einem Schluck hinunter und schüttelten sich fast synchron.

»Ich hab mir das alles mal durch den Kopf gehen lassen«, begann Richard, stand auf und ging mit den Händen in den Hosentaschen zum Fenster, wo er wie beiläufig hinaussah. »Was du in den letzten drei Jahren geleistet hast, ist schier unvorstellbar. Du weißt, wie sehr wir deine Angela mögen und schätzen. Dass du sie in ihrem Zustand nach Hause geholt hast – toll! Wer hätte sich das sonst zugemutet – noch dazu mit drei kleinen Kindern. Wir alle hier haben den größten Respekt vor deiner Leistung.« Er sah sich zu Röhrdanz um, der abwartend auf seinem Stuhl saß. »Aber dass du deine Frau jeden Morgen drei Etagen hinunterschleppst und jeden Abend wieder rauf, das geht so nicht weiter. Du steigst aus deinem Auto wie ein Tattergreis.«

»Fahrstuhl haben wir leider keinen …«

»Deine Bandscheibe ist ein Fall für den Chirurgen.«

»Ich weiß. Aber ich kann unmöglich ins Krankenhaus, da würde ich ja für Wochen ausfallen …«

»Und dass du auf achtzig Quadratmetern hausen musst, mit vier Kindern und einer schwerstbehinderten Frau, kann ich auch nicht länger mit ansehen.«

Röhrdanz schwieg, fast schuldbewusst. Ganz zu schweigen von Frau Seidl, dachte er. Mit ihrem Besenstiel und ihren Drohungen, dem Vermieter einen Rauswurf nahezulegen.

Richard machte eine Pause. Dann sagte er langsam: »Und deshalb hat die Firma dir ein Haus gekauft.«

Röhrdanz schnappte nach Luft. Bevor er überhaupt begriffen hatte, was sein Chef da gesagt hatte, liefen ihm die Tränen über die Wangen.

»Ja Mensch, glaubst du denn, ich kann mir das noch länger ansehen? Du gehst mir doch kaputt«, brummte Richard, der selbst ein bisschen damit kämpfen musste, dass seine Stimme nicht zitterte. »Jeder andere hätte das Handtuch geworfen, die Frau ins Pflegeheim gegeben oder die Kinder ins Kinderheim. Oder aber er hätte den Job gekündigt und Sozialhilfe beantragt. Aber du beißt seit drei Jahren die Zähne zusammen, schläfst nur wenige Stunden pro Nacht, kümmerst dich um den Haushalt, die Kinder und kommst täglich zur Arbeit. Und die Mittagspause verbringst du bei Angela in der Reha.«

Röhrdanz saß schweigend da und zuckte nur mit den Schultern.

»Das Häuschen ist zwar keine Villa …« Richard nahm die Wanderung durch sein Büro wieder auf, weil er Röhrdanz Gelegenheit geben wollte, sich zu fassen. »Es ist ein nettes Einfamilienhaus mit einem kleinen Garten, damit deine Kinder endlich mal an die frische Luft kommen. Die haben ja noch nicht viel von ihrer Kindheit gehabt.«

»Nein, ich weiß … Aber das Wichtigste ist doch, dass ihre Mutter zu Hause ist.«

»Ja, aber die müssen doch mal mit ihren Rädern fahren, im Sandkasten buddeln oder seilspringen – was Kinder eben so machen!«

»Die waren die ganze Zeit in der Wohnung«, musste Röhrdanz zugeben. »Eigentlich hocken sie immer bei Angela. Ich schaffe es doch nicht, auch noch mit ihnen spazieren zu gehen!«

»Das dachte ich mir. Aber die Kinder gehören an die frische Luft. Und Angela kannst du dann auf die Terrasse schieben. Pass mal auf! Wenn die an die Sonne kommt, macht ihre Genesung bestimmt Fortschritte.«

»Ach, Richard!« Röhrdanz fehlten die Worte. Er kramte hastig nach einem Taschentuch.

Richard räusperte sich. »Wie gesagt. Nix Dolles, aber ich hoffe, ich kann dir damit helfen.«

»Aber die Kosten …« Röhrdanz schluckte einen riesigen Kloß herunter.

»Mach dir darüber keine Gedanken. Du zahlst dasselbe, was du bisher an Miete gezahlt hast, und den Rest übernimmt die Firma.«

»Mensch Richard, wie kann ich dir bloß danken?«

»Indem du der Firma erhalten bleibst. Trotz allem holst du noch wichtige Aufträge für uns rein. Du arbeitest effektiv und gewissenhaft, und ich würde dich gern zum Verkaufsleiter befördern.«

Röhrdanz stand auf, nahm die Hand, die Richard ihm reichte.

»Du kannst dich auf mich verlassen, Mann.«

Richard lächelte. »Das weiß ich. Aber jetzt nimmst du dir erst mal ein paar Tage frei. Den Umzug spendiert dir die Firma. Ist schon alles organisiert.«

»Danke, Richard«, stammelte Röhrdanz immer wieder. »Ich weiß gar nicht, was ich sagen soll ...«

»Musst nix sagen. Bist ja sowieso kein Mann der großen Worte. Genau das schätze ich so an dir.«

Röhrdanz konnte nicht anders. Er umarmte seinen Chef. Und Richard tätschelte ihm verlegen den Rücken. Die Sekretärin, die die ganze Zeit vor der Türe gelauscht hatte, tupfte sich eine Träne aus dem Augenwinkel. Sie schaffte es gerade noch, beiseitezutreten, bevor die Bürotür aufging. Es war das erste Mal seit drei Jahren, dass sie Röhrdanz über das ganze Gesicht strahlen sah.

*D*as Einfamilienhaus brachte unzählige Verbesserungen mit sich. Röhrdanz konnte es kaum fassen: Jedes der Kinder hatte ein eigenes Zimmer, und Oliver hatte im ausgebauten Dachboden sein eigenes Reich.

Es gab zwei kleine Bäder, ein helles, geräumiges Wohn- und Esszimmer, eine moderne Küche mit Blick auf den Garten – und das Beste: eine sonnige Terrasse.

Die elende Schlepperei durch das Treppenhaus hatte ein Ende.

Das Gärtchen bot immerhin Platz für eine Schaukel, einen Sandkasten und ein kleines Trampolin. Endlich konnten die Kinder nach Herzenslust toben. Im Sonnenschein saß Angela nun jeden Nachmittag nach der Rehaklinik auf der Terrasse und konnte ihren Kindern beim Spielen zusehen. Das übermütige Lachen der Kleinen, das Quietschen des Dreirads auf den Steinplatten, das Vogelgezwitscher – all das holte Angela weiter ins Leben zurück. Sie begann, den Kopf zu drehen, um ihre Kinder nicht nur hören, sondern auch sehen zu können. Als einmal ein selbst gebastelter Papierflieger an ihrem Gesicht vorbeischwirrte, hob sie reflexartig den ganzen Arm. Ihre Finger schafften es, den Papierflieger zu greifen. Sie zerdrückte ihn zwar bei dem ungestümen Versuch, ihn zu halten, und Philip weinte bittere Tränen, weil sein kleines Kunstwerk zerstört war, aber Röhrdanz jubelte und klatschte. Angela weinte, vielleicht vor Freude, vielleicht auch, weil es ihr leidtat, dass sie das Spielzeug ihres Sohnes kaputt gemacht hatte. Ein paar Tage danach wippte sie im Takt zu ihren Lieblingsliedern mit den Füßen, und wieder einige Wochen später schaffte sie es, die Knie zu bewegen. Die Fortschritte waren nun deutlich sichtbar, und die Kinder motivierten sie täglich, etwas Neues zu schaffen.

Röhrdanz übte unermüdlich mit ihr, zog sie immer wieder aus dem Rollstuhl, bewegte sie zentimeterweise über den Rasen. Er schob sie sacht rückwärts, so wie er es schon in der Wohnung gemacht hatte. Sie vertraute sich ihm an. Sie hatte auch keine andere Wahl, denn er ließ einfach nicht locker. Ihre inzwischen hundertdreißig Kilo lasteten auf seinen Schultern. In der Tagesklinik hatte er sich von den Pflegern alle Übungen und Griffe abgeschaut. Er führte Angela quer durch den kleinen

Garten und lehnte sie an einen Baum, legte ihre Arme um seinen Stamm. Anfangs knickte sie ein, und er zog sie immer wieder hoch. Die Kinder feuerten sie an. »Mama, du schaffst es! Nicht aufgeben, Mama!«

Es kam der Tag, an dem sie wieder stehen konnte. Sie hielt sich nicht mehr am Baumstamm fest, sie stand, ganz allein! Ein ungläubiges Lachen kam aus ihrem Mund, es klang wie ein Schluchzen. Sie konnte es selbst nicht begreifen.

Die Kinder sprangen jubelnd um ihre Mutter herum, und Röhrdanz wischte sich die Augen.

Er hatte es geschafft. Er hatte geschafft, was ihm keiner je zugetraut hatte. Mit der Kraft eines Löwen, mit dem Vertrauen in seine ganze Liebe, mit einer Unerschütterlichkeit, die andere nur belächelt hatten.

Aber es war ihm auch klar, dass sie noch lange nicht am Ziel waren. Angela musste immer noch unendlich viel lernen.

31

»Herr Röhrdanz, haben Sie mal eine Minute?«

Die Grundschullehrerin kam an den Gartenzaun geeilt, als Röhrdanz Denise gerade ins Auto steigen lassen wollte. Er richtete sich erstaunt auf.

»Hat sie was angestellt?«

»Nein, natürlich nicht. Denise ist ein sehr liebes Mädchen. Nicht wahr, Denise?«

Denise klammerte sich ängstlich an die Hand ihres Vaters und verbarg ihr Gesicht hinter seinem Rücken.

»Kommen Sie einen Moment herein?«

»Ja natürlich, obwohl ich nicht sehr viel Zeit habe …« Röhrdanz wollte der Lehrerin folgen, aber Denise klammerte sich an seiner Hand fest. »Lass doch, Denise! Setz dich ins Auto. Ich komme sofort!«

»Sehen Sie, genau darüber wollen wir mit Ihnen sprechen …« Die Lehrerin nahm Denise mit ins Gebäude. »Sie hat entsetzliche Angst vor dem Alleinsein.«

Röhrdanz nahm auf einem der winzigen Stühle im nunmehr leeren Klassenzimmer Platz. Schwitzend knöpfte er seinen Mantel auf.

Eine große schlanke Dame im Kostüm betrat den Raum, lächelte kurz und gab Röhrdanz die Hand.

»Die Kinderpsychologin, Frau Dr. Herfurth«, stellte die Lehrerin sie vor.

Röhrdanz erschrak. »So schlimm?«

Die Kleine klebte förmlich an ihm dran, und ihm wurde noch heißer.

»Wir kennen Ihre familiäre Situation, und wir bemühen uns sehr um Denise. Trotzdem leidet sie an panischen Ängsten, insbesondere an Verlustängsten.«

»Ist ja logisch, irgendwie.« Röhrdanz wippte verlegen mit den Schuhspitzen und schaute zu Boden.

»Sie hat nie viel von ihrer Mutter gehabt, nicht wahr?«

»Nein. Wie denn auch! Als andere Muttis mit ihren Kindern ins Schwimmbad, auf den Spielplatz oder zu Kindergeburtstagen gingen, musste unsere Denise helfen, ihre Mama zu füttern. Oder sich um ihre kleinen Brüder kümmern.«

»Das ist das Problem«, sagte die Kinderpsychologin ernst. »In ihrem zarten Alter muss sie schon so eine schwere Verantwortung schultern. Das Kind ist damit total überfordert, findet keinen Anschluss an Gleichaltrige, kapselt sich ab.«

»Was soll ich denn machen?« Hilflos strich Röhrdanz seiner Tochter über das Haar. »Auch mir ist klar, dass sie keine normale Kindheit hat …«

»Sie wohnen doch neuerdings in einem Haus.«

»Ja.«

»Mit Garten.«

»Ja.«

»Wie wäre es zum Beispiel mit einem Hund?«

Denise sprang auf und umarmte ihren Vater stürmisch. Ein Temperamentsausbruch, den er so schon lange nicht mehr von ihr kannte. »Ja, Papa, bitte, ein Hund, ein Hund!«

»Meine Damen, ich kann meinen Alltag bereits jetzt kaum bewältigen!« Röhrdanz hob abwehrend die Hände: »Seit drei Jahren schlafe ich keine Nacht länger als zwei Stunden. Nix für ungut, aber ich säubere schon meinen Söhnen und meiner Frau fünfmal am Tag den Hintern – meinen Sie, da bleibt mir noch Zeit zum Gassigehen?«

»Das mache ich, Papa, ganz allein. Ich bringe ihn in den Garten!«

»Sie braucht ein Wesen, das nur für sie da ist«, sagte die Psychologin ernst. »Wir wissen, welche Zumutung das für Sie ist. Aber denken Sie bitte auch an die Entwicklung von Denise.«

»Ein Hund, Papa, bitte, ein Hund!«

»Das kommt jetzt alles etwas … äh … überraschend …« Röhrdanz blickte nervös auf die Uhr.

»Dann würde ich mich auch nicht mehr so im Dunkeln fürchten!« Denises Augen leuchteten vor Hoffnung und Freude. »Der würde mich ja beschützen, und immer für mich da sein …«

Röhrdanz war unglaublich gerührt, als er seine kleine Tochter so sah. Schlagartig wurde ihm bewusst, wie oft Denise zurückstehen musste, wie viel er seinem geliebten Mädchen zugemutet hatte. Schwere Schuldgefühle lasteten auf ihm. Er wurde doch nicht weich?

»Denise, das geht doch nicht … Die Mama braucht Ruhe, und wir müssen uns alle auf sie konzentrieren. Du bist doch schon so vernünftig …«

Denises Augen füllten sich mit Tränen. Zornig wandte sie sich ab.

»Immer nur die Mama, die Mama, die Mama …«

»Denken Sie in Ruhe darüber nach, Herr Röhrdanz.« Die Psychologin erhob sich und drückte ihm die Hand. »Sie ist erst sieben. Sie hat ein Recht auf eine heile Kindheit. Ein Hund könnte ihr ein Stück davon wiedergeben.«

»*B*essy! Komm! Bring Stöckchen! Bessy! Sei ein braves Hündchen …«

Röhrdanz erkannte seine schüchterne Denise kaum wieder. Ihre helle Stimme hallte den ganzen Tag durch den Garten. Das ehemals blasse, magere Kind hatte rosige Wangen und sogar ein bisschen zugelegt. Seit sie ihr heiß geliebtes Hundebaby bei einem Züchter hatte aussuchen dürfen, war sie wie ausgewechselt.

Mit kindlicher Zärtlichkeit schmiegte sie sich an das wuschelige Hundeknäuel, neckte es und befand sich in einem ständigen Dialog mit dem Tier. Sogar Röhrdanz hatte das kleine kläffende Wesen irgendwie ins Herz geschlossen, und auch Angela reagierte mit rauem Lachen auf den Hund. Immer wieder sprang das Fellknäuel übermütig auf ihren Schoß, und Denise half Angela, ihren kleinen Liebling zu streicheln. Es war ein rührendes Bild, und Röhrdanz musste sich ein paarmal über die Augen wischen: seine zwei Mädels in Liebe vereint mit dem kleinen Köter. Bessy hatte ihnen neue Lebensfreude geschenkt. Sie war keine weitere Bürde, sondern ein echter Sonnenschein im Hause Röhrdanz. Sehr pflichtbewusst und ernsthaft ging das Mädchen alle zwei Stunden mit dem Tier zu einem bestimmten Baum am Ende des Gartens.

»Bist ein braver Hund«, brummte Röhrdanz zufrieden, wenn sich der Hund an seine Waden schmiegte.

Sobald er sich unbeobachtet fühlte, warf er ihm – ganz gegen seine Vorsätze – auch mal einen fetten Wurstzipfel zu.

*D*as Schlafzimmer des Röhrdanzschen Hauses lag im ersten Stock, eine Treppe war also immer noch zu bewältigen. Eine junge Therapeutin kam täglich ins Haus. Sie hieß Marianne, eine sanfte junge Frau mit einem langen dunkelblonden Zopf. Sie schaute sich kopfschüttelnd an, mit welchem körperlichen Einsatz Röhrdanz seine Frau die Treppe hinaufwuchtete, und sagte: »Dass Sie noch nicht entzweigebrochen sind, ist ein Wunder. Lieber Mann, wenn Sie nicht selbst im Rollstuhl landen wollen, lassen Sie Ihre Frau ab sofort alleine arbeiten.«

»Wie soll denn das funktionieren?« Röhrdanz schwitzte und keuchte, als er Angela auf der obersten Stufe absetzte.

»Sie wird jetzt alleine wieder herunterkrabbeln.« Marianne lächelte.

Angela stieß einen gequälten Laut aus. »Iih! Niiiimaaa!«

Röhrdanz deutete ihn als »Das schaffe ich nie und nimmer!«

»Ich weiß, welche Ängste Sie jetzt ausstehen, Frau Röhrdanz.« Marianne zog Angelas Popo mit geübtem

Griff an den Rand der Treppe, nahm beherzt ihre Füße und stellte sie energisch auf die zweite Stufe. »Sie sehen einen entsetzlich steilen Abgrund, Ihnen ist schwindelig, und Sie haben einfach nur Panik. Das geht am Anfang allen Hirnpatienten so.«

»Neeeeiiii!«

Angela ließ sich protestierend auf den Rücken fallen und schrie wie ein trotziges Kleinkind.

»So kommen wir nicht weiter, Frau Röhrdanz. Sie müssen auf Ihren Mann Rücksicht nehmen. Der kann Sie unmöglich noch länger herumschleppen.«

Das Argument war zwar nachvollziehbar, doch die nackte Panik ließ Angela hysterisch schreien und heulen. »An – nich!«

»Kann nicht? Doch, du kannst. Geht nicht, gibt's nicht!« Beruhigend redeten Röhrdanz und Marianne auf sie ein.

Angela schüttelte den Kopf und presste die Fäuste gegen ihre Schläfen. Es dauerte fast eine halbe Stunde, bis sie bereit war, sich wieder aufrichten zu lassen.

»Schlingen Sie Ihre Arme um meine Schultern und rutschen Sie mit dem Po bis ganz an den Rand der obersten Stufe …«

Gellende Schreie, Gurgeln, Rotanlaufen waren die Folge.

»Jetzt umschlingen Sie das Treppengeländer … so!« Die Therapeutin führte Angelas Hände, und Angela klammerte sich wie eine Ertrinkende an ihre Arme.

So muss es jemandem gehen, der zum ersten Mal Bungeejumping macht. Nur dass Angela durch kein Seil gesichert war, dachte Röhrdanz. Er konnte die Qualen seiner Frau kaum mit ansehen.

»Halten Sie sich hier fest, Frau Röhrdanz. Ich zeige Ihnen die genaue Stelle.«

Tränen liefen über ihre Wangen, Spucke über das Kinn.

»Komm, Angela, versuch es doch wenigstens …«

»Frau Röhrdanz, hier, an das Treppengeländer … Nein, nicht an die Hosenbeine Ihres Mannes. HIER halten Sie sich fest, Frau Röhrdanz …« Marianne legte die klammernden Finger energisch um das Geländer, aber Angela wehrte sich mit aller Gewalt. Seit Jahren war sie es gewohnt, dass ihr Mann sie trug und jede Sekunde für sie da war. Sie hatte verlernt, aus eigener Kraft etwas in Angriff zu nehmen.

Es war ein tragisches Schauspiel, das für Kinderaugen nicht geeignet war. Aber die drei Kleinen verfolgten die Prozedur ängstlich. Röhrdanz wünschte, sie hätten diese Szene nicht mit ansehen müssen, und auch wenn er immer wieder rief: »Geht raus, spielen«, standen sie spätestens beim zweiten tierischen Schrei ihrer Mutter an der Fensterscheibe und drückten sich die Nasen platt. Es war ein Wunder, dass nicht auch noch die Nachbarn zum Schauen vorbeikamen.

»So, Frau Röhrdanz, das machen Sie prima. Nicht mehr zittern, Frau Röhrdanz. Es passiert Ihnen nichts. Wir fangen Sie auf, falls Sie ausrutschen. Nein, nicht mehr weinen. Sie schaffen das. So. Ruhig. Prima.« Selbst Marianne schnaufte inzwischen vor Anstrengung. Auf ihrer Stirn glänzte der Schweiß. »Ganz ruhig ein- und ausatmen. Gut. Jetzt lassen Sie die linke Hand los … ja, geben Sie mir Ihre linke Hand. Ganz ruhig, keine Panik … Gut so. Und jetzt stützen Sie sich neben dem Po auf dem Boden auf …«

Ein Schrei, der wie das Heulen eines Wolfes klang, unterbrach Mariannes Ausführungen. Angela musste sich fühlen, als sollte sie auf einem Seil von einem Wolkenkratzer zum anderen balancieren.

»Nicht nach unten schauen, Frau Röhrdanz. Schauen Sie mir in die Augen!«

Der kleine Hund kläffte angsterfüllt dazwischen.

»Kinder, geht mit Bessy spielen!«, rief Röhrdanz nach unten. Die Kinder stoben erschrocken davon.

Denises entsetztes Gesicht würde er nie mehr vergessen. Sie drückte ihren kleinen Hund so fest an sich, dass er laut winselte.

»Ich weiß, das ist grausam für dich, Schatz, aber du musst da durch.«

Endlich war die erste Stufe geschafft. Angelas mächtiger Popo saß nun auf der zweitobersten Stufe. Ihre Beine zitterten vor Angst und Anstrengung.

»So, das haben Sie gut gemacht, Frau Röhrdanz. Jetzt nehmen Sie beide Beine und stellen sie auf die nächste Stufe. Ja, das müssen Sie selbst machen.«

Mühsam ging es so weiter, Zentimeter für Zentimeter. »Mit der rechten Hand umfassen Sie das Geländer, mit der linken stützen Sie sich neben Ihrem Gesäß ab …«

Angelas Gesicht war noch verzerrter als sonst, aus ihrem halb geöffneten Mund tropfte ein zäher Speichelfaden. Aber nach einer Stunde, in der Marianne nicht nachgegeben hatte, saß sie endlich auf der untersten Treppenstufe.

Alle drei waren schweißgebadet. Röhrdanz hatte Herzstechen.

Die Kinder klebten längst wieder mit den Gesichtern an der Scheibe. Der kleine Hund wedelte wie verrückt mit dem Schwanz.

»Na sehen Sie, wie Sie das können!«, lobte Marianne, während Röhrdanz seiner Frau eine Schnabeltasse mit Tee an die Lippen hielt. »Jetzt trinken Sie mal einen Schluck, und dann nehmen wir den Rückweg in Angriff.«

Angela brach in Tränen aus und ließ sich wie ein Mehlsack nach hinten fallen.

Bessy kläffte.

Röhrdanz war mit seinen Nerven am Ende. Sein Trommelfell flatterte, sein Rücken stach. »Meinen Sie nicht, dass es für heute reicht? Sollen wir nicht morgen weitermachen?«

»Wissen Sie was, Herr Röhrdanz? Warum gehen Sie nicht mal eine Runde mit den Kindern und dem Hund in den Park? Wir beide schaffen das ganz alleine. Ihre Frau krabbelt da heute wieder hoch, das schwöre ich Ihnen!«

Trotz des entsetzten Angstgeheuls seiner Frau nahm Röhrdanz diesen Ratschlag dankend an. Er warf sich eine Jacke über, schnappte sich die Kinder und setzte jedes auf einen fahrbaren Untersatz: Dreirad, Fahrrad und Rollschuhe. Der kleine Hund umsprang sie freudig bellend. Nichts wie weg hier. Er hatte das Bedürfnis, einfach nur abzuhauen.

Als er zurückkam, hatte er sich sichtlich entspannt und fand zu Hause eine völlig erschöpfte, aber freudestrahlende Angela vor – und zwar auf der obersten Treppenstufe!

Angela fristete ihr Dasein im ausgeleierten Jogginganzug. Das war das einzig passende Kleidungsstück für die mittlerweile Dreiunddreißigjährige. Erstens, weil sie so korpulent geworden war, zweitens, weil es das einzig praktische Kleidungsstück für ihren Alltag war. Während andere Ehepaare mit ihren Kindern zu fröhlichen Familienausflügen aufbrachen, abends mit Freunden ausgingen, an Wochenenden Radtouren unternahmen und in den Ferien in Urlaub flogen, waren ihre ehelichen Zweisamkeiten auf das pure Überleben ausgerichtet. Röhrdanz musste seine Frau mehrmals täglich zur Toilette bringen. Oft half der inzwischen einundzwanzigjährige Oliver seinem Vater bei dieser Prozedur. Für Schamgefühle war weder Zeit noch Gelegenheit.

Durch das tägliche Training im Neurologischen Therapiezentrum gelang es Angela irgendwann, selbst wieder einen Löffel zum Munde zu führen, wobei die nach wie vor pürierte Nahrung oft danebenging und gar nicht erst in ihrem Mund landete. Es gab Abende, da konnten sie alle herzlich über die Situation lachen, während Bessy dazu mit dem Schwanz wedelte. Das waren eindeutig die besten Abende.

Röhrdanz hatte beschlossen, seinen Kindern nie das Lachen zu verbieten, auch wenn es das Lachen über ihre eigene Mutter war. Angela stand körperlich immer noch auf der Entwicklungsstufe eines Kleinkinds. Sie lallte, weinte, krabbelte die Treppe hinauf, machte sich zwischendurch in die Hose, verschluckte sich, spuckte und war genauso auf Röhrdanz angewiesen wie ihre gemeinsamen drei Kinder.

Das Schlimmste war der unsägliche Frust, den sie tagtäglich zu bewältigen hatte. Trotzdem erschien es Röhrdanz immer noch besser, sie lachten gemeinsam über ihre Missgeschicke, als dass sie über ihr Schicksal weinten. Die Kinder hatten nie etwas anderes erlebt als eine Mutter, die bei sämtlichen Verrichtungen ungeschickter war als sie selbst. Röhrdanz fiel es oft schwer, ihnen Grenzen zu setzen. Sie gerieten außer Rand und Band, aus Lachen wurde Weinen, weil sie so überdreht und überfordert waren. Aber wenigstens klopfte nie wieder ein Nachbar mit dem Besen an die Decke. Sie hatten ihre eigenen vier Wände.

Sie konnten Krach machen, so viel sie wollten.

Ihnen allen fehlte Schlaf, Erholung, eine Auszeit. Doch Röhrdanz hatte sich geschworen, nicht aufzugeben.

Irgendwie ging es immer weiter. Jeden Tag aufs Neue. Er setzte einen Fuß vor den anderen. Er machte eine Sache nach der anderen. Er zwang sich, zu funktionieren. Eines Tages würde Angela ins Leben zurückkehren. Eines Tages würde sie wieder die Frau sein, die er einmal kennen- und lieben gelernt hatte. Dessen war er ganz sicher.

Vielleicht würde sie nie wieder so jung und hübsch aussehen. Vielleicht würde sie nie mehr hüpfen und tanzen. Nie mehr von einem Felsen in seine geöffneten Arme springen.

Aber sie würde wieder seine Frau sein. Wieder mit ihm schlafen können. Eines Tages. Eines Nachts. Und diese Hoffnung war alles wert.

32

»Papa, die Mama spuckt Blut!«

Denise kam ihrem Vater schon am Gartenzaun entgegengelaufen und hatte wie immer ein Fellknäuel im Arm.

Röhrdanz war gerade einkaufen gewesen und ließ die Tüten prompt auf den Asphalt fallen.

»Sofort ins Auto mit ihr!«

Mit vereinten Kräften zogen sie den Rollstuhl über die Steinplatten, während Angela einen Blutschwall nach dem anderen erbrach. Mit geübtem Griff setzte Röhrdanz seine Frau in den Wagen. Hektisch rief er über seine Schulter hinweg: »Schaffst du das, allein mit deinen Brüdern?«

»Ja, Papa! Ich hab ja Bessy! Die passt auf uns auf!«

»In Ordnung. Ich verlass mich auf euch!«

Denise mühte sich mit den Einkaufstüten, und Röhrdanz gab Gas. Ständig sandte er prüfende Blicke zu Angela hinüber, die hustend auf dem Beifahrersitz saß und Angstschreie ausstieß. Das Autofahren war für sie schon unter normalen Umständen eine Qual. Viel zu schnell zog rechts und links die Landschaft vorbei, sodass alles vor ihren Augen verschwamm.

»Tut mir leid, mein Schatz, aber darauf kann ich jetzt keine Rücksicht nehmen!«

Beim nächstbesten Arzt lud Röhrdanz seine hilflose Frau in den Rollstuhl und trabte direkt ins Sprechzimmer. »Ein Notfall! Meine Frau spuckt Blut!«

Der Arzt, ein behäbiger kleiner Dicker, schenkte ihm einen unwilligen Blick: »Immer schön der Reihe nach, Herr …«

»Röhrdanz«, sagte die Sprechstundenhilfe und reichte seine Versicherungskarte durch den Türspalt. Sie warf einen befremdeten Blick auf die unförmige Patientin im Rollstuhl, deren Bluse so unappetitlich vollgespuckt war.

»So etwas kommt schon mal vor.« Der Dicke maß Angelas Blutdruck: »Hat sie sich über etwas aufgeregt?«

»Unnn!«

»Hund«, übersetzte Röhrdanz. »Wir haben einen kleinen Hund.«

»Bei Ihnen in der Familie geht es sicher turbulent zu, da kann schon mal ein Äderchen platzen. Das würde ich jetzt nicht so ernst nehmen.«

Angela wollte etwas sagen, da überkam sie ein Hustenanfall. Wieder gab sie einen ganzen Schwall Blut von sich.

»Und das soll ich nicht ernst nehmen?«, schrie Röhrdanz entsetzt.

»Das muss gar nichts bedeuten.« Der Arzt winkte ab. Er rollte mit seinem Bürostuhl zum Schreibtisch und kritzelte etwas auf einen Rezeptblock: »Damit gehen Sie jetzt in die Apotheke. Das ist ein blutdrucksenkendes Mittel, homöopathisch und ganz ohne Nebenwirkungen. Bald wird sie sich wieder beruhigen.« Gönnerhaft klopfte er Röhrdanz auf die Schulter, drückte ihm das

Rezept in die Hand und schob ihn quasi mitsamt seiner Gattin hinaus.

»Und Sie wischen mir den Boden sauber«, wies der Arzt seine Helferin an.

Schon auf dem Weg zur Apotheke strömte Angela das Blut nur so aus dem Mund. Röhrdanz bekam Panik. Er verfrachtete die stöhnende Angela erneut ins Auto und raste über die Autobahn nach Leverkusen, zu dem einzigen Mann, dem er blind vertraute. Zum Glück war Professor Leyen noch da.

Angela wurde sofort auf die Intensivstation gebracht, wo es endlich gelang, die Blutung zu stoppen. Eine Woche lang behielt man Angela da. Sie lag wieder in der kleinen Zelle, in der man anfangs keinen Pfifferling mehr für ihr Leben gegeben hatte.

Röhrdanz wurde fast wahnsinnig vor Angst.

»Was hat sie, Doktor, bitte, was fehlt ihr denn?«

»Wir haben alle möglichen Gehirnuntersuchungen gemacht«, sagte Professor Leyen ernst. Er schüttelte ratlos den Kopf: »Wir haben auch mit anderen Kliniken telefoniert. Es besteht der Verdacht auf Staublunge.«

»Aber ich putze wie verrückt! Oliver und ich gehen jeden Tag mit dem Staubsauger durchs ganze Haus …«

»Haben Sie sich vielleicht ein Tier zugelegt? Eine Katze möglicherweise?«

»Einen Hund.« Röhrdanz schluckte.

»Da haben wir's.« Professor Leyen runzelte tadelnd die Stirn. »Wenn Ihre Frau nur einen Tag länger in der Nähe des Hundes geblieben wäre, hätte sie einen Blutsturz bekommen und wäre an den Folgen möglicherweise erstickt.«

»Was heißt das?« Röhrdanz lief es eiskalt den Rücken herunter.

»Das Tier muss sofort aus dem Haus.«

»Aber Denise …« Röhrdanz brach es das Herz. Sein armes kleines Mädchen hatte sich so sehr an Bessy gewöhnt! Sie war so aufgeblüht, hatte wieder Vertrauen und Mut gefasst …

»Sie müssen Ihr Haus gründlich desinfizieren, und zwar mehrmals. Am besten, Sie beauftragen dafür eine Firma. Da gibt es Spezialisten, die arbeiten mit Handschuhen und Masken. Erst wenn kein einziges Hundehaar und kein noch so winziges Hautpartikelchen von dem Hund mehr im Haus ist, kann ich Ihre Frau guten Gewissens nach Hause lassen.«

Mit hängendem Kopf schlich Röhrdanz aus dem Krankenhaus. Unten vor dem Eingang standen zwei Telefonzellen. Er wusste noch genau, wie er damals schweren Herzens seine Schwiegermutter Helga angerufen hatte. Vor vier Jahren, als alles begann.

Jetzt rief er sie wieder an. Ob sie Denise für ein paar Tage zu sich nehmen könne. Er müsse den Hund zum Züchter zurückbringen.

»Warum habt ihr Bessy weggebracht? Warum?«

»Weil die Mama sonst noch kränker geworden wäre, Denise. Das haben wir dir doch schon so oft erklärt!«

»Die Mama ist doch sowieso immer krank!« Denise warf sich schluchzend auf ihr Bett und verbarg das Gesicht im Kissen. Hier hatte sie immer mit Bessy gekuschelt, hier war sie mit dem Tier eingeschlafen und aufgewacht.

»Liebling …«, Röhrdanz setzte sich auf die Bettkante und versuchte, das tränenüberströmte Kind mit seinen Argumenten zu erreichen. Er streichelte Denises Hinterkopf, aber die wehrte seine Hände wütend ab. »Die Mama hat Blut gespuckt, und sie wäre fast gestorben.«

»IMMER geht es nur um die Mama, NIE geht es einmal um mich!«

»Du bist doch schon so groß und vernünftig. Wenn du dich entscheiden müsstest – die Mama oder Bessy, was würdest du dann sagen?«

Röhrdanz wusste nicht, ob es sinnvoll war, mit einem Kind so ein Gespräch zu führen.

Ihm fiel einfach nichts anderes ein, womit er seine Tochter hätte überzeugen können.

»Ich will Bessy, ich will meine Bessy, ich will Bessy …!«

»Sei froh, dass du deine Mama wiederhast. Die wäre uns fast gestorben!«

»Ich will aber meine Bessy!«

Die Kleine schluchzte und weinte, auch die beiden Jungen standen total verstört an der Kinderzimmertür und wischten sich die Tränen aus den Augen.

Wie soll man drei kleinen Kindern erklären, warum der süße kleine Hund, den alle so ins Herz geschlossen haben, wieder aus dem Haus muss? War es richtig, die Mama gegen den Hund in die Waagschale zu werfen? Stellte er seine Kinder damit nicht vor einen unlösbaren

Konflikt? Sie brauchten dringend psychologische Betreuung. Aber wie sollte er das auch noch organisieren? Es reichte schon, wenn jeden Tag diese Therapeutin kam!

Röhrdanz rieb sich verzweifelt die Schläfen. Sein Herz stach in seiner Brust, und er wusste nicht, ob es der pure Seelenschmerz war, oder ob sich sein Herz langsam gegen die übermenschlichen Belastungen wehrte. Doch er hatte keine Zeit, sich darum zu kümmern. Er musste einfach funktionieren.

Also beschloss er, Denise ausweinen zu lassen. Angela musste schließlich gewaschen werden. Müde verließ er das Kinderzimmer.

»Können wir Bessy wenigstens besuchen?«, fragte Denise nach Tagen des völligen Rückzugs hoffnungsfroh. Der Hunger hatte sie aus ihrem Zimmer getrieben, und sie stand mager und blass in der Küchentür.

Röhrdanz fütterte gerade wieder einmal seine Frau. Seit Stunden saß er schon hier und übte mit ihr das Löffelhalten und Zum-Munde-Führen, das Kauen und Schlucken.

Durfte er dem Kind Hoffnungen machen? Sollte er ihr versprechen, jetzt auch noch mehrmals wöchentlich ins Tierheim zu fahren? Ihr ständiges Gebettel würde ihn um den Verstand bringen. Letztlich würde er ihr damit erst recht das kleine Herz brechen. Da war es besser, jede Hoffnung im Keim zu ersticken.

»Bessy ist jetzt bei einer anderen Familie«, sagte er schließlich.

Denise sank in sich zusammen, das Glänzen in ihren Augen erlosch.

»Gibt es da ein anderes Mädchen?«, flüsterte sie kaum hörbar.

Röhrdanz hielt ratlos den Löffel in der Hand. Angela wollte etwas sagen, wollte ihre Tochter trösten, aber Denise war noch nicht bereit, sich ihrer Mutter wieder zuzuwenden. Schließlich war es Mamas Schuld, dass der kleine Hund gehen musste.

»Ja, da gibt es ein anderes Mädchen«, sagte Röhrdanz schließlich.

Angela wimmerte.

Aber Röhrdanz zog Denise lieber den Zahn mitsamt seiner Wurzel, auch wenn es im Moment unglaublich wehtat. Alles war besser, als dem Kind Hoffnung auf ein Wiedersehen zu machen.

»Das andere kleine Mädchen hat Bessy mit nach Hamburg genommen. Das ist ganz weit weg. Wir können Bessy nicht besuchen. Du kannst Bessy aber ein Bild malen und ihr einen Brief schreiben. Den schicken wir dann nach Hamburg.« Röhrdanz nahm das Füttern seiner Frau wieder auf.

Denise rannte laut weinend aus der Küche. Dann knallte ihre Zimmertür.

Angela wandte sich ab. Sie fühlte sich entsetzlich schuldig.

Angela traute sich tagsüber nicht unter die Leute, denn ihre Gesichtslähmung ließ sie für Außenstehende Furcht erregend aussehen. Sie wusste, wie sie auf andere Menschen wirkte. Oft waren fremde Kinder erschrocken vor ihr davongelaufen. Und wenn sie morgens neben dem Krankenwagen auf ihre Abholung wartete, hatten auch vorübereilende Erwachsene sie entsetzt angestarrt. Angela, die früher so gern unter Menschen und wegen ihres bezaubernden Lachens so beliebt gewesen war, Angela, die so grazil und anmutig durchs Leben gesprungen war, hatte sich in eine einsame, entstellte, menschenscheue Person verwandelt. Nichts in ihrem Gesicht deutete auf eine menschliche Regung hin, ob sie sich nun freute oder über etwas staunte, ob sie traurig war oder neugierig, deprimiert oder überrascht: Ihre Augen waren immer noch starr nach oben gerichtet, und ihr Gesicht wirkte wie eine Maske.

Zum Glück waren ihre eigenen Kinder den Anblick gewohnt, sie hatten ihre Mutter ja gar nicht anders in Erinnerung. Denise hatte sich noch mehr in sich zurückgezogen. Oft lag sie apathisch auf ihrem Bett. Überall an den Wänden hingen selbst gemalte Bilder von Bessy, mit denen Denise oft stille Zwiesprache hielt.

Abends, wenn es draußen dunkel war und die Kinder längst in ihren Betten schliefen, schob Röhrdanz seine Frau im Rollstuhl durch die stillen Vorstadtstraßen.

Lallend gab sie Röhrdanz zu verstehen, wohin sie auf ihren nächtlichen Spaziergängen gebracht werden wollte: »Einkaufszentrum!«

Typisch Frau, dachte Röhrdanz dann im Stillen, und er musste sogar grinsen. Wenn sie wieder Schaufenster gucken will, dann geht es mit ihr aufwärts.

Im Schein der erhellten Schaufenster, in denen die elegant gekleideten Puppen standen und ihnen aus leblosen Augen entgegenstarrten, zogen sie um die Geschäfte, und Angela versuchte einen Blick auf die neue Sommermode zu erhaschen, die aber auch dieses Jahr wieder ungetragen an ihr vorbeiziehen würde.

Seit vier Jahren hatte sie kein hübsches Sommerkleid mehr angehabt, seit vier Jahren waren die beiden nicht mehr Mann und Frau gewesen. Das letzte Mal, dass wir uns geliebt haben, dachte Röhrdanz sehnsüchtig, während er seine Frau durch die menschenleere Fußgängerzone schob, war, als Patrick entstanden ist.

Wenn sie um Mitternacht heimkamen, wartete Oliver, um Röhrdanz beim Ausziehen und Waschen seiner Frau behilflich zu sein.

Die Toiletten-Prozedur musste auch noch überstanden werden, und dann brachten Oliver und Röhrdanz ihre schwere Patientin mit vereinten Kräften zu Bett. Ihre Haut wurde jeden Abend sorgfältig eingecremt, denn noch immer gelang es Angela nicht, sich selbstständig im Bett umzudrehen, und es gab am ganzen Körper schmerzende und entzündliche Druckstellen.

Bevor er Angela einen Gutenachtkuss gab, drückte Röhrdanz seiner Frau immer noch die unvermeidliche Hupe in die Hand.

So wagte er es, wenigstens für ein paar Stunden fest zu schlafen.

33

»*Sie glauben gar nicht, wie* stolz ich auf Sie bin!« Professor Leyen stand strahlend am Gartenzaun, als seine berühmte Lieblingspatientin vorsichtig, Schritt für Schritt, an Röhrdanz' Arm auf ihn zuspazierte. Sie bemühte sich wahnsinnig, nicht zu straucheln, und ihr liefen die Tränen der Anstrengung, vielleicht auch der Rührung, aus den Augen.

»Meine liebe Angela, vor vier Jahren hätte ich das niemals für möglich gehalten.« Professor Leyen schüttelte ungläubig den Kopf, trat durch das Gartentor und breitete bewegt die Arme aus.

Mit starrer Miene torkelte Angela auf ihren Retter zu, um ihm dann schließlich an die Schulter zu sinken. Er umarmte sie und küsste sie auf beide Wangen. »Na, nun heulen Sie doch nicht, Mädchen. Sie sollten jubeln und lachen! Und wissen Sie, wem Sie das alles verdanken, Sie verrückte Nudel, Sie? Dem da!«

Professor Leyen zeigte lachend auf Röhrdanz, der Angela unauffällig stützte, damit sie den guten Doktor nicht zu Fall brachte. »Der war ja wirklich unbelehrbar! Nee, hat er gesagt, hier wird nix abgestellt, meine Frau ist schwanger. Und davon hat er sich keinen Millimeter abbringen lassen! Alle meine Kollegen und alle Schwestern reden immer noch von einem Wunder!«

Vorsichtig führten Arzt und Gatte ihre Lieblingspatientin zurück zum Rollstuhl und setzten sie behutsam hinein.

Sie betrachteten sie wie einen seltenen Schmetterling.

»Wir alle hielten sie damals für so gut wie tot«, raunte Professor Leyen ungläubig.

»Tote kriegen keine Kinder«, antwortete Röhrdanz sachlich. »Sehen Sie selbst: Inzwischen kann sie schlucken und wieder normal essen, macht große Fortschritte beim Sprechen, und wenn das so weitergeht, wird sie auch bald wieder richtig laufen.«

Dagegen wusste der Professor nichts einzuwenden.

Die beiden Jungen tobten besonders wild im Garten herum. Sie hatten schon viel von dem berühmten Arzt gehört, der ihrer Mutter und natürlich Patrick das Leben gerettet hatte, und wollten ihm nun irgendwie imponieren. Denise drückte sich verlegen an der Terrassentür herum. Sie war noch immer nicht über den Verlust ihres Hundes hinweg, und natürlich gab sie insgeheim ihrer Mutter die Schuld dafür.

»Nun kommen Sie doch erst mal rein, Doc«, sagte Röhrdanz verlegen. »Wir haben einen Kuchen gebacken – oder es doch wenigstens versucht …«

Es war Muttertag, und Angela hatte sich einen besonderen Gast gewünscht: »Proh … eiiieeee!« Professor Leyen.

Dieser kam nur zu gern und war nicht nur mit einem Blumenstrauß bewaffnet, sondern hatte sich auch richtig in Schale geworfen.

»Wo ist denn unser Wunderkind?«

»Da.« Hoch oben auf dem Klettergerüst hockte der kleine Bursche.

»Der da?« Professor Leyen war beeindruckt.

»Kaum zu glauben, was?« Röhrdanz errötete und rückte mit hastigen Bewegungen die Kaffeetassen zurecht. »Denise, jetzt hilf mir doch mal! Hol schnell noch die Kuchengabeln!«

Denise schlich wortlos davon.

»Wir haben ihm alle keine Chance gegeben.« Der Professor schüttelte den Kopf. »Ihm nicht und Ihrer Frau auch nicht.«

»Tja ...« Röhrdanz war sichtlich überwältigt. Auf diesen Moment hatte er lange gewartet.

»Aber Sie waren ja nicht unterzukriegen. Geht nicht, gibt's nicht, das waren Ihre Worte.«

»Sind sie auch heute noch. Ich durfte sie nicht gehen lassen«, antwortete Röhrdanz. »Sie ist doch die Mutter meiner Kinder!«

In diesem Moment kam Denise wieder herein und knallte wortlos die Kuchengabeln auf den Tisch.

Als Philip sechs wurde und in die Schule kam, holte Röhrdanz seinen Sohn wieder nach Hause.

Helga tat sich schwer, den Jungen wieder herzugeben, denn sie hatte sich an ihn gewöhnt.

»Er ist doch mein Kind«, weinte sie, als Röhrdanz ihn in sein Auto setzte. »Ihr könnt das doch gar nicht schaffen!«

»Bitte versteh mich, Helga, er gehört doch nach Hause«, sagte Röhrdanz unsicher. »Wir sind dir sehr dankbar für das, was du in den letzten Jahren auf dich genommen hast, aber er wird dort eingeschult, wo wir wohnen.«

Helga weinte bitterlich, als er mit Philip davonfuhr, und er fragte sich, ob seine Entscheidung richtig war.

Aber Angela hatte immer wieder nach ihm gefragt, und er hatte ihr versprochen, den Jungen zurück nach Hause zu holen, sobald sie wieder ein paar Schritte gehen konnte.

Philip gehörte doch zu seiner Mutter! Auch seine Geschwister fehlten ihm. Wie sollte man auch vor dem Jungen rechtfertigen, dass ausgerechnet er, der Mittlere, aus dem Familienkreis »entfernt« worden war?

Nein, Röhrdanz war sich ganz sicher, das Richtige zu tun.

Dem Sechsjährigen war der Anblick seiner Mutter inzwischen vertraut, und er fürchtete sich nicht mehr vor ihr. Stolz saß er mit seiner Schultüte auf ihrem Schoß, als Röhrdanz den Rollstuhl in die Aula schob, wo sich alle Schulanfänger mitsamt ihren Eltern versammelt hatten.

Natürlich gafften alle zu ihnen herüber, aber Röhrdanz war es gewohnt, mit seiner kinderreichen Familie und seiner sichtbar behinderten Frau angestarrt zu werden.

Es bringt ja nichts, sich zu verstecken, ging es ihm durch den Kopf. Wir sind eben so.

Die größten Sorgen machte sich Röhrdanz um Denise. Das Mädchen kapselte sich immer mehr ab. Ihr war so ein Auftritt in der Öffentlichkeit sichtlich peinlich. Sie drückte sich errötend hinter dem Rollstuhl herum und konnte den vielen Blicken nicht lange standhalten. Irgendwann war sie im Gewühl der Kinder verschwunden.

Eigentlich gehört sie wirklich zu einem Jugendpsychologen, dachte Röhrdanz, als er ihr Fehlen bemerkte. Aber wie soll ich das auch noch bewältigen? Denise würde es schon irgendwie schaffen. Das mit dem Hund hatte sie ja auch überwunden. Letztlich. Sie war zäh.

Schon früh suchte sich das Mädchen andere Bezugspersonen, aber ihre Bindungen hielten nie lange. Im Kindergarten hatte sie sehr an ihrer Betreuerin gehangen, später an der Mutter einer Freundin. Nach der Schule war sie oft mit zu einer anderen Familie gegangen, wo sie auch Mittagessen bekommen hatte, bis die Freundin eifersüchtig geworden war und sie im Streit weggeschickt hatte. Das Mädchen war tief verletzt. Ständig wurde es zurückgewiesen, nie stand es im Mittelpunkt. Aber Röhrdanz hatte keine Kraft mehr für ihre Zicken.

Verärgert rannte er durch die ganze Schule. Seine Söhne saßen schon abfahrbereit auf Angelas Schoß, er hatte den Rollstuhl bereits nach draußen geschoben.

Alle Eltern und Kinder bedachten das seltsame Bild mit argwöhnischen Blicken. »Die Monster-Mutter«, wisperte es aus allen Ecken. Und »Die armen Kinder!«

Röhrdanz wurde immer ungehaltener, je länger seine Suche nach der davongelaufenen Denise dauerte. Schließlich fand er sie im Geräteschuppen der Turnhalle, apathisch auf einer Matte liegend.

»Da bist du ja, wieso versteckst du dich? Ich hab dich in der ganzen Schule gesucht!« Ungeduldig zog Röhrdanz seine Tochter am Arm in die Höhe.

»Weil alle die Mama anstarren. Das ist mir peinlich. Au! Du tust mir weh!«

»Komm jetzt, wir müssen nach Hause«, schimpfte Röhrdanz. »Beeil dich! Die Mama muss auf die Toilette.«

»Warum muss sich immer alles um die Mama drehen!« Denise stampfte wütend mit dem Fuß auf. »Die Mama ist mir einfach peinlich!«

»Sag das nie wieder!« Röhrdanz starrte seine Tochter böse an. »Du weißt genau, dass die Mama nichts dafür kann. Komm jetzt endlich!«

Unter den Augen ihrer Klassenkameraden wurde Denise von ihrem Vater ungeduldig aus der Schule gezerrt.

»Denise muss zu ihrer Monster-Mutter!«, rief ein Mädchen gehässig hinter ihnen her. Das schreckliche Wort, das nun die anderen Kinder kichernd wiederholten, hallte ihnen noch lange in den Ohren.

Ein gutes Jahr später, es war wieder Ende August, begleiteten sie Patrick, ihren Jüngsten, zum ersten Schultag. Der Kleine war stolz wie Oskar, die Schultüte war fast größer als er selbst. Mit leuchtenden Augen schritt er vor seinen Eltern und Geschwistern her.

Der eigentliche Grund, stolz zu sein, war jedoch, dass Angela nicht mehr im Rollstuhl saß. Am Arm ihres Mannes setzte sie humpelnd einen Fuß vor den anderen.

Fast sieben Jahre nach ihrem plötzlichen Fall ins Koma kämpfte sie sich wieder aus eigener Kraft vorwärts. Natürlich war der Anblick dieser Frau, die sich mit weit ausholenden Bewegungen fortbewegte, immer noch Grund genug für alle herbeiströmenden Erstklässler und deren Eltern, sie ungeniert anzustarren. Es wurde getuschelt und gemurmelt: »Da ist die Frau, die im Koma lag.« – »Der Kleine wurde im Koma geboren.« – »Nicht vorzustellen, was dieser Mann mitgemacht hat.«

Röhrdanz sah, dass die zwölfjährige Denise die vielen Seitenblicke nach wie vor schwer ertrug. Mit hochrotem Kopf stand sie das qualvolle Spießrutenlaufen durch. Als sie während der Feierlichkeiten in der Aula im Schulchor mitsang, mied sie bewusst den Blick ihrer Eltern. Röhrdanz wusste, wie peinlich es Denise war, mit ihrer Mutter gesehen zu werden, aber dulden wollte er es nicht.

Wenige Wochen zuvor waren sie alle zusammen zum ersten Mal in Urlaub gefahren, nach Holland, ans Meer. Es war richtig schön gewesen, denn es war ein heißer, trockener Sommer, und Angela hatte die meiste Zeit mit den beiden Jungs im Sand gesessen. Röhrdanz war überglücklich gewesen, dass er seine ganze Familie endlich wieder um sich versammelt hatte und seine Frau halbwegs gesund geworden war. Doch dann hatten sie einen gemeinsamen Spaziergang an der Strandpromenade gemacht. Als ihnen eine Frau mit extrem vorstehenden Zähnen und einem Gesicht wie ein aufgeplatztes Schlauchboot entgegenkam, machte Röhrdanz Angela gegenüber eine entsprechende Bemerkung. Daraufhin fing diese fürchterlich an zu lachen, zugegebenermaßen ziemlich laut und schrill. Dieses Lachen ging dann in Weinen über und wurde ein richtiger Heulkrampf. Alle Leute blieben stehen und gafften, woraufhin sich Angela auch noch in die Hose machte. Und was tat Röhrdanz? Er lachte, um die Situation zu entspannen. Auch Philip und Patrick schütteten sich aus vor lauter Lachen. Nur Denise hatte sich weggedreht und so getan, als ob sie nicht dazugehören würde. Als ob Angela nicht schon genug leiden musste!, dachte Röhrdanz. Jetzt musste sie auch noch mit ansehen, wie sich ihre eigene Tochter für sie schämte. Umso mehr bewunderte er seine Frau dafür, dass sie Denise anschließend in den Arm nahm und sich bei ihr entschuldigte. Zum x-ten Mal hatte er Denise erklärt, dass Nervenlähmungen dafür verantwortlich waren, wenn Angela lallte oder sich in die Hose machte. »Das hat was mit ihrem Gehirn zu tun, sie kann bestimmte Dinge einfach nicht steuern. Sie kann nichts dafür.«

Doch Denise hatte nur trotzig gesagt: »Ich kann auch nichts dafür, dass ich so eine Mama habe.«

Und gedacht hatte sie wahrscheinlich: Patrick, das Wunderkind, entbunden von einer Komapatientin. Und dann der arme Philip, der eine Ewigkeit bei der Oma wohnen musste. Alle sind irgendwie was Besonderes, nur ich, Denise, bin überhaupt nichts Besonderes.

Seufzend beschloss Röhrdanz, sich in nächster Zeit vermehrt um Denise zu kümmern.

34

»*Angela, das ist die falsche* Seite. Rechts ist der Beifahrersitz.« Röhrdanz schüttelte lachend den Kopf, während er den Kofferraum aufschloss und die schweren Einkäufe einlud. Der Samstagvormittag war die einzige Möglichkeit, mit Angela den Wocheneinkauf für ihren kinderreichen Haushalt zu erledigen.

Sein Rücken schmerzte, und er hatte immer häufiger Herzstechen. Aber er ignorierte beides seit Jahren. Mühsam richtete er sich auf: »Hallo? Geh auf deine Seite! Oder willst du etwa fahren?«

»Ja!« Zu seiner grenzenlosen Überraschung hielt Angela fordernd die Hand auf. Ihre Augen blitzten, und sie lachte ihn schelmisch an.

»Aber Liebes, dir ist ständig schwindelig, und du zitterst auf dem Beifahrersitz vor Angst!«

»Ich will dir etwas zeigen.« Diese Worte kamen schon sehr verständlich über ihre Lippen.

Andererseits waren inzwischen weitere vier Jahre vergangen. Vier Jahre unermüdlichen Trainings.

Die mittlerweile vierzigjährige Angela konnte wieder laufen und sprechen, wenn auch beides mühsam. Und sie hatte über zwanzig Kilo abgenommen.

»Also gut …« Verdutzt ließ Röhrdanz den Autoschlüssel in ihre ausgestreckte Hand fallen.

Angela setzte sich wie selbstverständlich ans Steuer, stellte noch etwas umständlich den Sitz richtig ein und steckte den Schlüssel ins Zündschloss.

Eilig lief Röhrdanz um das Auto herum und ließ sich auf den Beifahrersitz fallen.

»Und du bist dir wirklich sicher …« Hastig knallte er die Tür zu. Seine Angela. Immer wieder für eine Überraschung gut. Wahrscheinlich würde sie demnächst mit ihm Walzer tanzen.

Angela schaute in den Rückspiegel und ließ den Motor an.

»Du musst mir hier nix beweisen oder so …« Sie wollte doch nicht ernsthaft … losfahren?

Röhrdanz' Trommelfell flirrte, und sein Herz stolperte.

Angela legte den Rückwärtsgang ein, ließ die Kupplung kommen, es ruckelte, der Motor heulte unwillig, aber dann … rollte der Wagen tatsächlich rückwärts!

»Liebling! Wie in aller Welt …?« Röhrdanz staunte.

»Ich habe heimlich Fahrstunden genommen!« Jetzt legte Angela den Vorwärtsgang ein und ließ den Wagen ganz langsam und vorsichtig vom Supermarktparklatz rollen.

»Du hast … was?!« Röhrdanz' Handflächen waren ganz nass.

»Ich habe dem Fahrlehrer erklärt, was mit mir los ist, und dann haben wir geübt. Zwanzig Fahrstunden hat er mir gegeben …« Angela entfuhr ein triumphierendes Lachen, als sie in Röhrdanz' verdutztes Gesicht sah. »Ich kann es wieder!«

Tatsächlich. Langsam, ganz langsam tuckerte das Familienauto nun über die Straße.

Angela konzentrierte sich so sehr, dass sie sich auf die Unterlippe biss. Hinter ihr betätigte jemand ungeduldig die Lichthupe.

Röhrdanz drehte sich nervös um: »Immer mit der Ruhe, du Idiot! Meine Frau lag jahrelang im Koma!«

Zu seiner Frau gewandt sagte er: »Lass ihn überholen, Schatz. Leg dich nicht mit ihm an!« Er wollte ihr schon ins Lenkrad greifen, als sie seine Hand wegschlug: »Ich fahre, klar?«

»Donnerwetter«, sagte Röhrdanz heiser, während sie mit Tempo dreißig nach Hause tuckerten. Das Hupen und Blinken der Hintermänner ignorierte er. Schließlich hatte er schon ganz andere Dinge ignoriert. Es konnte nur noch besser werden.

»*Wo* ist Denise?« Röhrdanz hatte einen langen Arbeitstag hinter sich. Seit es mit Angela wieder aufwärts ging, gab er in der Firma hundertfünfzig Prozent. Patrick und Philip hockten in Socken vor dem Fernseher. Sie waren inzwischen zehn und elf.

»Keine Ahnung!«, antworteten die beiden, ohne den Blick von der Mattscheibe zu lösen. Im Fernsehen fielen irgendwelche Kampfroboter mit lautem Geschrei übereinander her und schossen sich gegenseitig zu Brei. Die Jungs fuchtelten mit ihren Joysticks, anscheinend waren sie in ein Computerspiel vertieft.

Oliver war inzwischen ausgezogen und lebte mit seiner Freundin zusammen. Er kam immer samstags zum

Putzen. Röhrdanz konnte wirklich stolz auf seinen Sohn sein. Ohne ihn hätte er das alles niemals geschafft.

Röhrdanz warf seine Aktentasche in die Ecke und lockerte seine Krawatte.

»Und wo ist Mama?«

»Bei den Weight Watchers.«

Das war toll. Angela war unglaublich konsequent. Inzwischen hatte sie es schon wieder auf neunzig Kilo geschafft. Sie war mit Recht wahnsinnig stolz darauf. Mit ihrer neuen Frisur und den neuen Klamotten sah sie wieder richtig weiblich aus.

Röhrdanz erinnerte sich grinsend, wie er mit Angela dieses Modegeschäft für »Starke Frauen« auf der Düsseldorfer Kö aufgesucht hatte. Seine Frau hatte die Situation mit Humor genommen, sich in Größe 48 vor dem Spiegel gedreht und so getan, als wäre sie Claudia Schiffer. Die Zeiten im Jogginganzug waren endgültig vorbei, und Röhrdanz hatte seine Frau so begehrenswert und sexy gefunden wie nie zuvor.

Angela sprach zwar noch manchmal mühsam, aber kein Außenstehender wäre auf die Idee gekommen, dass sie so lange im Koma gelegen hatte. Auch ihr Gang war noch schleppend, aber sie kämpfte tapfer weiter. Das Leben war ihr zum zweiten Mal geschenkt worden, doch für dieses Geschenk hatten sie beide entsetzlich hart gearbeitet. Währenddessen hatten ihre Kinder weitestgehend auf eine normale Kindheit verzichten müssen. Aber das lag hinter ihnen.

Angela wollte einfach von vorne anfangen. Sie wollte kein Mitleid und kein besonderes Interesse. Röhrdanz liebte sie mehr denn je. Sie war nun nicht mehr das unbeschwerte Mädchen, das er einst geheiratet hatte. Nach ihrem gemeinsam errungenen Sieg über das Schicksal war sie eine gereifte, erwachsene Frau, der er den allergrößten Respekt entgegenbrachte. Die schweren Zeiten, die hinter ihnen lagen, hatten das Ehepaar so eng zusammengeschweißt, dass keine Briefmarke mehr dazwischenpasste, wie er sich seinen Kollegen gegenüber gern ausdrückte.

Röhrdanz zog sich lächelnd im Flur die Schuhe aus.

Im Dezember hatten sie beide ein traumhaftes, romantisches Wochenende in Hamburg verbracht, Angela hatte ihn mit zwei Karten für das Musical »Buddy Holly« überrascht, und sie hatten die unbeschwerten Tage und Nächte sehr genossen. Sie waren über den Weihnachtsmarkt gebummelt, hatten Einkäufe für die Kinder gemacht, Glühwein getrunken und das Lichtermeer der adventlich geschmückten Großstadt bestaunt. Er hatte ihr einen zweiten Ring geschenkt und sie ihm eine wunderschöne Liebesnacht. Wie lange er sich nach diesem Moment gesehnt hatte! Endlich waren sie wieder Mann und Frau gewesen. Sie hatten sich ungestüm geliebt. Nie im Leben hätte Röhrdanz zu träumen gewagt, dass es einmal wieder so schön werden könnte. Dass sie es wirklich schaffen würden, wieder eine normale, erfüllte Ehe zu führen.

Eigentlich war alles wie früher.

Fast.

Sie hatten Federn gelassen. Alle. Auch die Kinder.

Vor allem Denise. Wo steckte sie bloß?

*R*öhrdanz stapfte die Treppe hinauf und öffnete nach kurzem Klopfen Denises Zimmertür.

Wie befürchtet kam keine Antwort. Das Bett war unberührt. Angela hatte die Kissen liebevoll aufgeschüttelt und die Decke glattgezogen. Auf dem Kopfkissen lag ihr unentbehrlicher Stoffhase, inzwischen fünfzehn Jahre alt.

Kopfschüttelnd ging er die Treppe wieder hinunter. Er fühlte sich müde und alt.

»Die kann doch nicht einfach abhauen!«

Er griff zum Telefon und rief bei dieser Klassenkameradin an, die er überhaupt nicht leiden konnte. Dieses freche Ding war kein guter Umgang für Denise.

Die Mutter meldete sich nach endlosem Klingeln.

»Gesecke!« Ihre Stimme klang heiser und unwirsch.

»Röhrdanz hier, guten Abend. Ich frage mich gerade, ob Denise bei Ihnen ist.«

»Nein«, raunzte die Mutter unfreundlich. »Meine Jasmin ist auch nicht da!« Offensichtlich hatte die Mutter getrunken, sie lallte jedenfalls. Sofort gingen bei Röhrdanz alle Alarmglocken an.

»Hören Sie, Frau Gesecke, es ist fast zehn Uhr abends, die Mädchen können sich um diese Zeit doch nicht einfach irgendwo herumtreiben! Oder haben Sie das erlaubt?«

»Nee. Aber auf mich hört die Jasmin schon lange nicht mehr.«

»Denise soll sofort nach Hause kommen!«, bellte Röhrdanz erregt in den Hörer.

»Sagen Sie ihr das doch selbst, wenn Sie sie finden«, lallte die Mutter und legte auf.

Röhrdanz stand einen Moment lang da wie erstarrt. Sein Herz stach ihm in der Brust, der Schmerz zog bis in die linke Schulter und den Rücken hinunter.

Denise. Seine einzige Tochter. War sie ihm abhanden-gekommen im Trubel der Ereignisse, im Eifer des Gefechts?

»Patrick, Philip! Macht jetzt sofort das Ding aus und geht ins Bett! Wenn Mama nach Hause kommt, ist das Licht aus! Verstanden?!«

Widerwillig trollten sich die Jungs die Treppe hinauf. Aber sie gehorchten. Seine Söhne hatte Röhrdanz im Griff. Nur seine Tochter offensichtlich nicht mehr. Dem Mädchen fehlte jeder Halt. Hatte es denn je Halt gehabt? Hatte er je Zeit für sie gehabt?

Ohne auf seine Herzstiche zu achten, sprang er noch einmal ins Auto. Diese Mutter von Jasmin wusste mehr, als sie zugeben wollte. Er würde sie jetzt zur Rede stellen.

Sein Herz raste, als er mit überhöhter Geschwindigkeit über die Stadtautobahn sauste.

Die schäbige Sozialsiedlung am Stadtrand sah nicht gerade einladend aus, die Klingelschilder waren entweder verschmiert oder gar nicht vorhanden. Röhrdanz schleppte sich durch das schwach beleuchtete Treppenhaus in den vierten Stock. Oben hämmerte er mit den Fäusten an die Wohnungstür.

So hatte er schon einmal an eine Wohnungstür gehämmert. Als Angela fast erstickt war.

Jetzt war es Denise, die Hilfe und Fürsorge brauchte.

Wann würde er, Röhrdanz, endlich Zeit haben, sich um sich selbst zu kümmern?

Sein Herz stolperte. Ihm war gar nicht gut. Er musste dringend einmal richtig schlafen.

Endlich öffnete ihm eine Frau mit Lockenwicklern im Haar.

»Wat is denn, um diese Uhrzeit?«

»Ich bin der Vater von Denise!«

»Ja und?« Die Frau wollte die Tür schon wieder schließen. Im Hintergrund entdeckte Röhrdanz einen Kerl im Unterhemd, der mit der Bierflasche vor der Glotze saß.

Es lief irgendeine Talkshow, in der sich Leute gegenseitig beschimpften.

»Sie sagen mir jetzt, wo die Mädchen sind!« Röhrdanz schob energisch seinen Fuß zwischen die Tür. Dabei fühlte er sich extrem schlapp. Kein Wunder, nach einem vierzehnstündigen Arbeitstag.

»Eh! Dat is Hausfriedensbruch!«, keifte die Frau. »Kalle! Komma her!«

Der wenig sympathisch wirkende Zeitgenosse kam herangeschlurft. Röhrdanz zog es vor, einen Schritt zurückzuweichen.

»He, wenn du Ärger haben willst – den kannst du kriegen!«, drohte der Kerl und unterstrich seine Aussage mit einem lauten Rülpsen.

»Ich will nur wissen, wo meine Tochter ist!«

»Ich zähle jetzt bis drei«, röhrte der bullige Mann. »Wenn du dann nicht weg bist, fliegen hier Zähne. Eins … zwei …«

Röhrdanz fühlte sich nicht in der Lage, diese Konversation fortzusetzen. Widerwillig zog er ab und stand bald darauf schwer atmend unten auf der Straße.

»Das lass ich mir nicht bieten«, murmelte er nach dem ersten Schrecken. »Ich hol die Polizei!«

Keine zehn Minuten später klingelte er erneut an der Tür des reizenden Ehepaars, diesmal in Begleitung zweier Polizisten. Der eben noch so großspurige Kerl wurde sehr kleinlaut, als er die Uniformen sah.

»Wir möchten wissen, wo sich die beiden minderjährigen Mädchen um diese Uhrzeit aufhalten«, begann der eine Beamte.

Frau Gesecke zog sich auf ihr abgewetztes Sofa zurück und wimmerte: »Am Rhein sind se! In Leverkusen! Zelten tun se! Mit ein paar Jungs!«

Da Röhrdanz nicht mehr in der Lage war, Auto zu fahren, weil seine Hände so zitterten und sein Herz so stach, saß er kurz darauf im Polizeiauto.

Das Zelt unter der Rheinbrücke war schnell gefunden. Die Polizisten und Röhrdanz näherten sich auf leisen Sohlen. Röhrdanz wurde schlecht. Dort drin war doch nicht etwa sein kleines schüchternes Mädchen, seine kindlich-unschuldige Denise? Der Mond war im Nebel verschwunden, der matte Laternenschein von der Rheinuferstraße sorgte für eine gespenstische, ja unheimliche Szenerie. Im Zelt sah man ein Feuerzeug aufflackern. Von drinnen kamen eindeutige Geräusche.

Röhrdanz fürchtete, ohnmächtig zu werden.

Die Polizisten rissen den Eingang zum Zelt auf, darin erkannte Röhrdanz zu seinem grenzenlosen Entsetzen vier oder fünf ineinander verkeilte Menschenleiber, die halbnackt auf den Luftmatratzen lagen. Es roch süßlich nach Gras oder Haschisch oder wie das Zeug hieß, und als sich die jungen Leute erschrocken aufrappelten, kullerten ihm leere Flaschen entgegen. Röhrdanz steckte seinen Kopf in die Luke.

Ganz hinten, an der Zeltwand, auf einem abgewetzten Schlafsack, lag seine Denise. Ihre Augen waren vor Entsetzen weit aufgerissen, und ihr Schrei, als sie ihren Vater erkannte, zerriss sein Herz. Ein heftiger Schmerz durchzuckte seinen Brustkorb.

Danach spürte Röhrdanz nichts mehr. Um ihn herum wurde alles schwarz.

35

»*Sie haben einen schweren Herzinfarkt* nur knapp überlebt«, sagte der Arzt, der an seinem Bett saß. Röhrdanz hörte seine Stimme wie von ganz weit weg. »Wissen Sie eigentlich, wie viel Glück Sie gehabt haben?«

»Ich? Glück?!«, rang sich Röhrdanz von den ausgedörrten Lippen. Da war doch was gewesen, etwas Bedrohliches, etwas, dem er sofort Einhalt gebieten musste … Dann kehrte die Erinnerung gnadenlos zurück.

»Wo ist Denise?« Er versuchte sich aufzusetzen, sank aber kraftlos auf sein Kissen zurück. Jetzt erst wurde ihm bewusst, dass er an Schläuche und Kabel angeschlossen war. Irritiert sah er an sich herunter. Er hatte einen dieser Krankenhauskittel an, die auf dem Rücken mit Schlaufen zusammengebunden werden. Einen Kittel, wie sie frisch Operierte tragen.

»Wir mussten Sie operieren«, informierte ihn der Arzt mit einer Stimme, die einfach nicht näher kommen wollte. »Wir haben Ihnen eine Gefäßprothese, einen Stent, eingesetzt. Sie müssen sich schonen, Herr Röhrdanz, Aufregung schadet Ihnen jetzt ganz immens!«

»Angela! Wo ist Angela?!« Wieder versuchte Röhrdanz sich aufzurichten, doch der Arzt drückte ihn mit sanfter Gewalt in die Kissen zurück.

»Ihre Frau und die Kinder waren schon hier«, hörte Röhrdanz ihn mit wabernder Stimme sagen.

»Denise …?«

»Denise war auch dabei.« Die Stimme klang beruhigend, sie entfernte sich so weit, als käme sie von einem anderen Planeten.

Angela war hier gewesen. Mit den Kindern. Mit Denise.

Das waren seine letzten Gedanken, bevor er in einen langen, erholsamen Schlaf fiel.

Zwei Wochen später wurde Röhrdanz mit dem Krankenwagen in die Rehaklinik gefahren, wo er noch viele Wochen bleiben musste.

Angela und die Kinder besuchten ihn jeden Tag. Sie brachten ihm selbst gebackenen Kuchen, die Post und jene persönlichen Dinge, die ihm das Leben hier erleichtern sollten.

Nun war er der Patient, und Angela kümmerte sich rührend um ihn.

War ihre Ehe nicht eine große Symphonie in Moll?

So wie er früher bemühte sich seine Frau um einen lockeren, heiteren Ton und plauderte über den Alltag zu Hause. Gut gelaunt erzählte sie, dass sie sich zu einem Schwimmkurs angemeldet und bei den Weight Watchers weitere fünf Kilo abgenommen hätte.

»Das ist mir nicht mal schwergefallen«, sagte sie lachend, während sie Röhrdanz' frisch gewaschene Wäsche in den Schrank räumte. »Wenn mein lieber Mann nicht zum Essen nach Hause kommt, schmeckt es mir auch nicht …«

Ihre Bewegungen waren immer noch etwas grobmotorisch, aber sie gab sich unendliche Mühe, sich nichts anmerken zu lassen. Was für eine tapfere, starke Frau, dachte Röhrdanz überwältigt. Wie sehr ich sie doch liebe.

Denise war zurückhaltend und blass, auch ihr schien es nicht zu schmecken. Sie wirkte sehr bedrückt, und eines Tages war sie völlig verweint, als sie schüchtern im hinteren Teil seines Krankenzimmers stehen blieb.

»Was ist los, mein Herz? Komm, setz dich zu mir ans Bett!« Einladend klopfte Röhrdanz mit der Hand auf sein Laken. »Ich reiß dir schon nicht den Kopf ab. Die Sache mit dem Zelt ist vergessen, Schwamm drüber. Nun komm schon. Setz dich. Wie geht es in der Schule?«

Denise kniff die Lippen zusammen und wandte sich ab. Plötzlich bemerkte Röhrdanz, dass ihre schmalen Schultern zuckten. Hatte sie eine schlechte Note bekommen? Würde sie womöglich sitzenbleiben? Na, das würde die Familie auch noch verkraften.

»He, Kleines? Weinst du etwa? Ist schon gut, egal was los ist, dein alter Vater wird dir nicht böse sein.«

Da spürte Röhrdanz die kühle Hand seiner Frau auf der Stirn. Statt seiner Tochter setzte sich nun Angela zu ihm. »Du darfst dich jetzt nicht aufregen, Liebster …«

»Ich rege mich nicht auf! Hat mir der Arzt strengstens verboten!« Er versuchte ein Lächeln.

»Es gibt da was, das wir dir sagen müssen …«

Röhrdanz spürte, wie sein Blutdruck stieg. Er versuchte, ganz ruhig zu bleiben, und wandte die Atemtechnik an, die er hier in der Rehaklinik gelernt hatte. Einatmen, ausatmen. Fünfmal ganz langsam und bewusst. Sein Herzschlag beruhigte sich. Was sollten jetzt noch für Stürme kommen? Hatte die Familie Röhrdanz durch ihre Liebe und ihren Zusammenhalt nicht alle Orkane überlebt?

»Denise, komm her und sag es dem Papa selbst.« Angela stand auf und machte Platz für ihre Tochter. Schon liefen ihr die Tränen über das Gesicht, sie konnte es einfach nicht verhindern.

Scheu näherte sich Denise und nahm auf seiner Bettkante Platz. Die Fünfzehnjährige sah besorgniserregend blass und mager aus. Ihr kindliches Gesicht hatte einen trotzigen Zug angenommen, der ihre Hilflosigkeit und Verzweiflung nur noch unterstrich. Als er dieses Häufchen Elend von Tochter da sitzen sah, schwor sich Röhrdanz, nicht zu schimpfen und sich nicht aufzuregen, egal was sie zu beichten hatte.

»Ich bin schwanger«, flüsterte Denise kaum hörbar.

»Das ist … das ist doch …« Röhrdanz' linker Arm schien plötzlich gelähmt zu sein. »Wer ist …, ich meine, von wem …«

Denise schluchzte inzwischen lauthals.

»Sag jetzt nicht, der Kerl aus dem Zelt …«

Mutter und Tochter nickten, aber sagen konnten sie beide nichts.

Röhrdanz fühlte sich wie skalpiert. Das Blut pulsierte ihm in den Schlafen. »Wir finden jemanden, da gibt es Möglichkeiten …«, stieß er hervor.

Ein Apparat, an den er angeschlossen war, fing an zu piepen, und gleich darauf flog die Türe auf. Noch während eine Schwester mit fliegendem Kittel zu ihm hereinstürzte, hörte er, wie Denise verzweifelt rief: »Dafür ist es schon zu spät!«

*A*ls Röhrdanz nach Monaten aus der Rehaklinik zurück nach Hause kam, rundete sich das Bäuchlein seiner Tochter bereits deutlich. Sie stand Hand in Hand mit einem etwa siebzehnjährigen Jungen am Gartenzaun und lächelte ihm scheu entgegen. Bevor er sich diesen Grünschnabel vorknöpfen konnte, der noch nicht mal Flaum auf der Oberlippe hatte, stürmte seine geliebte Angela ungestüm auf ihn zu und umarmte ihn. »Endlich! Da bist du wieder! Bitte reg dich jetzt nicht auf, sonst musst du gleich zurück ins Krankenhaus. Und noch länger halte ich es ohne dich nicht aus …«

»Ist ja gut, ich rege mich nicht auf. Meinst du, ich will wieder zurück in diesen Kasten?«

Während Angela ihn mit Küssen überschüttete, flüsterte sie ihm heiser ins Ohr: »Das ist ihre große Liebe, bitte schimpf nicht! Gönn ihr diesen Jungen, hörst du? Sie hat doch immer zurückgesteckt …«

Sanft schob Röhrdanz seine Frau von sich: »Wohnt der etwa hier?«

»Ja, er schläft mit Denise in ihrem Zimmer.«

Röhrdanz traute seinen Ohren nicht. »Mit unserem kleinen Mädchen? In einem Zimmer?«

»Er ist der Vater des Babys. Also, was soll's.« Sie war so aufgeregt, dass sie von einem Bein aufs andere trat. »Ich habe es erlaubt …«

»Du hast es ihr … erlaubt?!« Röhrdanz blieb die Spucke weg. Er kam sich vor wie das berühmte HB-Männchen aus der Werbung, das von einer Hand daran gehindert wurde, vor lauter Wut hochzugehen wie eine Rakete: »Wer wird denn gleich in die Luft gehen …« Tatsächlich hielt Angela ihn mit einer Hand fest. »Denk doch mal an Bessy!«

Röhrdanz brauchte nur wenige Sekunden, bis er sich wieder gefasst hatte. Dann ging er entschlossen zum Gartenzaun und reichte dem bartlosen Burschen die Hand. Obwohl er ihm kein bisschen sympathisch war, rang er sich von den Lippen: »Willkommen in unserer Familie.«

»Tja dann … Tach auch«, sagte der Bursche überrascht. »Denise hat mir gesagt, Sie wären schrecklich streng?!«

»Das bin ich normalerweise auch.« Röhrdanz drückte das Rückgrat durch. »Aber in diesem Fall …« Er kratzte sich kurz am Kopf, seine Gehirnzellen arbeiteten auf Hochtouren.

»… wo ihr bald Eltern werdet … Jetzt, nachdem Oliver aus seinem Dachgeschoss ausgezogen ist, könnte ich es ausbauen, fürs junge Glück!«

Denise rannte erleichtert zu ihrer Mutter, umarmte sie stürmisch. »Ich hab's gewusst, Mama! Der Papa macht es, der Papa macht es …!«

»Das finde ich echt in Ordnung von Ihnen«, ließ sich der bartlose Jüngling vernehmen. »Und ich sag Ihnen etwas, das ich sonst nie sage: Ich pack auch mit an!«

*A*ls Maurice geboren wurde, hatte sich der biologische Vater allerdings schon wieder verabschiedet.

»Den kriegen wir auch noch groß«, versicherte Angela ihrem Mann, der vor Zorn über diesen Knaben schier in die Luft gehen wollte.

»Wie willst du das denn schaffen?«, grollte Röhrdanz aufgebracht. Er trat mit dem Fuß gegen die Kellertür, so wütend war er.

»Mir geht es doch schon viel besser! Ich freue mich auf die Zeit mit dem Kleinen. Schließlich habe ich mich um meinen kleinen Patrick damals gar nicht kümmern können! Nie konnte ich mein Baby in den Armen halten, es richtig streicheln und es im Kinderwagen ausfahren. Jetzt möchte ich das mit Maurice nachholen!«

Röhrdanz konnte es nicht fassen. Was wollte sich Angela noch alles zumuten?

Sie organisierte den Haushalt längst wieder allein. Mit zwei wilden, pubertierenden Söhnen und einer ausgeflippten Tochter.

Während er in seiner Firma die Zeit wieder reinarbeitete, die er während ihres Komas versäumt hatte. Er wollte Richard, seinem Freund und Chef, beweisen, dass er nicht umsonst auf ihn gesetzt hatte. Ganz zu schweigen von dem Haus, das auf Firmenkosten gekauft worden war. Röhrdanz schuftete auch nach dem Herzinfarkt vierzehn Stunden am Tag, obwohl ihm die Ärzte zu Ruhe geraten hatten.

»Lass Denise weiter zur Schule gehen«, bettelte Angela, die den winzigen Säugling im Arm hielt und unentwegt sanft schaukelte. Röhrdanz musste schlucken. So hatte er sich seine Angela immer als Mutter vorgestellt.

Er sah seine Frau mit zusammengekniffenen Augen an: »Wird dir das nicht alles zu viel?«

Wie auf Kommando begann das arme Baby zu brüllen. So als verstünde es, worum es ging.

»Du musst immer noch alles sehr langsam angehen, darfst dich körperlich nicht belasten und stehst nach wie vor unter ärztlicher Aufsicht …« Röhrdanz regte sich leider doch auf.

»Der kleine Maurice wird mir helfen, wieder ganz gesund zu werden«, argumentierte Angela und lächelte ihn an. Auf dieses Lächeln hatte Röhrdanz viele Jahre vergeblich gewartet. Sie wirkte so glücklich, so erfüllt, so jung! Wie konnte er da böse sein!

»Eigentlich müsste Denise wissen, dass sie ihrer kranken Mutter nicht noch ein Baby aufbürden kann. Aber das Mädchen ist ja selbst noch ein Kind … wahrscheinlich haben wir es immer überfordert.« Röhrdanz blickte seine Frau schuldbewusst an.

»Wenn Denise erst ihren Schulabschluss hat, wird sie den Kleinen zu sich nehmen. Bis dahin kümmern wir uns um ihn. Außerdem hast du ihn doch selbst längst ins Herz geschlossen!«

Da hatte Angela auch wieder recht. Röhrdanz streichelte dem Kleinen vorsichtig über das Köpfchen.

Natürlich war von dem sogenannten Kindsvater, für den er erst vor Kurzem das Dachgeschoss ausgebaut hatte, kein finanzieller Unterhalt zu erwarten. Der Typ übernahm keinerlei Verantwortung.

»Schwamm drüber«, beruhigte ihn Angela, die das Baby behutsam in sein Bettchen getragen hatte. »Maurice gehört zu uns! Er ist ein Röhrdanz! Und Denise wird nie wieder solche Dummheiten machen!«

36

Nach zwei Jahren bekam Denise wieder ein Baby, Leon. Auch dieser Kindsvater war so schnell wieder weg, wie er aufgetaucht war.

Röhrdanz, der inzwischen über sechzig war, bekam erneut schwere Herzprobleme und musste für mehrere Wochen in die Klinik. Er machte sich große Sorgen um Angela, die den großen, kinderreichen Haushalt allein schmeißen musste. Diesmal wollte sein Herz sich so gar nicht erholen.

Angela besuchte ihn täglich in der Klinik. Die frisch gebackene zweifache Großmutter schob tatkräftig einen Zwillingskinderwagen durch die Krankenhausflure, während er, an Schläuche angeschlossen, neben ihr herwankte. »Mach dir um mich keine Sorgen, Liebster. Ich schaffe das. Leon ist bezaubernd, er macht mir fast keine Arbeit! Und Maurice kommt bald in den Kindergarten …«

Ihre Behinderungen waren inzwischen nur noch für Eingeweihte sichtbar, kaum jemand wusste etwas von ihrem Schicksalsschlag. Vom »Locked-in-Syndrom«, dem Eingeschlossensein im eigenen Körper.

Sie war eine ganz normale Hausfrau, Mutter und Großmutter, die zwar ein bisschen linkisch wirkte, wenn sie Auto fuhr oder neben dem Kinderdreirad herrannte, aber alle mochten und respektierten sie.

Manchmal erzählte sie ihm abends, wenn sie endlich allein waren, von ihrer Zeit im Wachkoma. Sie erinnerte sich an viele Dinge, die um sie herum passiert waren. Zu seinem Entsetzen musste Röhrdanz erfahren, dass sie alles mit angehört hatte, was die Ärzte gesagt hatten:

»Sie wird keine drei Wochen überleben.«

»Wir verlegen sie zum Sterben zurück nach Leverkusen.«

»Sie müssen ihr sagen, dass sie und das Baby nicht überleben werden.«

Und später: »Ihr Gehirn ist komplett zerstört. Wenn sie jemals wieder aufwacht, wird sie ein schwerer Pflegefall bleiben. Sie wird sich nicht mehr an ihren Mann und ihre Kinder erinnern. Der Junge wird schwerstbehindert zur Welt kommen.«

Sie hatte innerlich protestiert und geschrien: »Ich erinnere mich genau! Ich weiß, wer ihr seid! Ich bin nicht verblödet!«

Um nicht wahnsinnig zu werden, hatte sie eine Zeit lang das Alphabet rückwärts aufgesagt. Sie konnte es bald schneller buchstabieren als vorwärts. Dann nahm sie sich Gebete vor. Erst rückwärts, dann vorwärts. Gedichte, an die sie sich erinnerte. Kinderlieder. Sie zwang ihr Gehirn zu komplizierten Rechnungen. Sie zwang sich während der Schwangerschaft, auf Beruhigungsmittel zu verzichten. Sie redete innerlich pausenlos mit Patrick, ihrem Ungeborenen. Als die Geburt eingeleitet worden war, hatte ihr der Gynäkologe mit einer dicken langen Nadel bei vollem Bewusstsein in den Bauch gestochen. Dabei hatte er spöttisch zu seinem Kollegen gesagt: »Wenn das Kind überlebt, fress ich einen Besen.«

»Ich habe vor Schmerzen und Angst geschrien wie am Spieß«, erzählte Angela ihrem Mann unter Tränen. »Aber niemand konnte mich hören.«

Das Baby war gesund. Röhrdanz hatte Angela zu ihm gefahren. Das Bewusstsein, es gegen alle Vorhersagen geschafft zu haben, seine täglichen Besuche bei ihr, das Spielen ihrer Lieblingslieder von Udo Jürgens, das nächtliche Vorlesen aus ihren Lieblingsromanen – all das hatte sie aufgesogen wie ein Schwamm.

»Das Schlimmste waren meine Panikattacken, wenn du nachts gegangen bist«, berichtete Angela. »Manchmal war das Fenster nicht richtig zu. Oder jemand hatte vergessen, das Notlicht anzulassen. Diese rabenschwarze Finsternis war furchtbar.«

Letzteres erzählte sie Röhrdanz während einer finsteren, mondlosen Nacht. Der kleine Leon hatte gejammert, weil er nicht allein im Dunkeln gelassen werden wollte. Er konnte nicht einschlafen und weinte, bis seine Großeltern aufstanden und zu seinem Bettchen gingen. »Genauso ist es mir ergangen. Ich weiß, wie sich so ein hilfloses Menschlein fühlt. Er ist in seinem Schlafsack und seinem Gitterbett gefangen, vollkommen auf uns angewiesen. Dass wir hereinkommen, Licht anmachen, ihn streicheln und trösten. Mein Gott, wie grausam solche Verlassensängste sein können …«

Mit diesen Worten nahm sie den tränenüberströmten Leon hoch, setzte ihn liebevoll auf ihren Schoß und strich ihm die schweißverklebten Haare aus der Stirn. »Ich kenne deine Ängste und Albträume. Ich werde dich niemals im Dunkeln allein lassen, versprochen.«

In solchen Momenten wurde Röhrdanz noch einmal mit aller Macht klar, was seine Frau durchgemacht hatte. Vollkommen auf andere Menschen angewiesen zu sein, sich nicht rühren zu können, aber alles bei vollem Bewusstsein mitzuerleben, muss die allergrößte Qual für einen Menschen sein.

»Du hast mich nie vergessen und nie verlassen«, murmelte Angela unter Tränen. »Du hast nie aufgehört, an mich zu glauben. Und deshalb habe ich auch nie aufgehört, an dich zu glauben.«

Die beiden nahmen sich zärtlich in die Arme, und bei dieser Umarmung seiner Großeltern beruhigte sich auch Leon wieder. Er legte sein Köpfchen an Angelas Schulter und schlief ein.

*N*ur Denise machte ihnen Kummer. Drei Jahre waren nach Leons Geburt inzwischen vergangen und Denise hatte ihre beiden Söhne vollständig ihrer Mutter überlassen und war endgültig ausgezogen. Sie hatte die Schule nicht abgeschlossen und keine Lehrstelle gefunden.

Röhrdanz war hin- und hergerissen zwischen Mitleid, Selbstvorwürfen, Zornesausbrüchen und dem verzweifelten Wunsch, das Mädchen »auf den rechten Weg« zurückzuholen.

Angela hatte geschlichtet, geweint und gebettelt, er möge sich nicht aufregen. Die Angst vor einem weiteren Herzinfarkt, vor einem völligen Zusammenbruch, nahmen ihr die Luft zum Atmen. Was sollte sie, Angela, eine behinderte Frau ohne eigenes Einkommen, aber dafür mit fünf Kindern, nur ohne ihren Mann anfangen? Sie waren auf sein Funktionieren angewiesen.

Immer öfter stand Angela mit ihren Enkeln besorgt am Gartenzaun und wartete auf ihn.

Im Winter pflegte sie hinter dem Wohnzimmerfenster zu stehen. Wenn er sich verspätete, weil er in der Firma Überstunden machte, konnte sie richtig in Panik geraten.

Doch die Sorge um ihre einzige Tochter zehrte am meisten an ihren Kräften.

Angela wusste, dass Denise keine glückliche Kindheit gehabt hatte. Sie gab sich selbst die Schuld dafür.

Auch machten ihre Nerven häufiger nicht mehr mit, und sie brach in Tränen aus. Wieder einmal musste sich Röhrdanz an seine Schwiegermutter Helga wenden:

»Kannst du heute die Kleinen aus dem Kindergarten holen? Angela fühlt sich nicht so gut. Ich habe sie zum Arzt gebracht.«

Helga half zwar aus, machte sich aber auch Sorgen. »Angela ist nach allem, was sie durchmachen musste, mit den Enkelkindern überfordert, du darfst das nicht zulassen, Michael!«

Helga hatte recht, aber was sollte er tun? Schweigend legte er auf.

Das alles warf Angela um Jahre zurück. Der Optimismus, die Kraft und Fröhlichkeit der inzwischen Vierundvierzigjährigen schwanden dahin.

Röhrdanz brach es fast das Herz. Ein Herz, das ohnehin schon einen gewaltigen Sprung hatte. Irgendetwas musste passieren. So konnte es jedenfalls nicht weitergehen.

37

Ein purer Zufall brachte die Wende.

Die Krankenkasse hatte geschrieben, dass noch im laufenden Jahr eine Mütter-Kur in Anspruch genommen werden könne.

Achtzehn Jahre waren vergangen, seit Angela plötzliche ins Koma gefallen war, als Röhrdanz beschloss, seine Frau über Weihnachten und Neujahr in ein Müttergenesungsheim zu schicken.

Bei einem winterlichen Spaziergang durch den Stadtpark brachte er ihr schonend bei, dass sie gut daran täte, dieses Angebot anzunehmen.

Arm in Arm stapften die beiden in ihren Wintermänteln nebeneinanderher. Jeder von ihnen schob einen Kinderwagen. Beide Enkelsöhne schliefen, dick eingepackt. Nur ihre rosigen Wangen und Nasenspitzen schauten heraus.

»Du wirst zwar Weihnachten nicht bei uns sein, aber dafür kommst du im neuen Jahr erholt zurück.«

Wie von unsichtbarer Hand gelenkt, gingen die beiden in Richtung Friedhof. Vielleicht wegen der tröstlichen Ruhe, die von diesem Gottesacker ausging.

Die Grabsteine lagen unter einer dünnen Schneeschicht. Weit und breit war kein Mensch zu sehen. Röhrdanz hörte nur das Knirschen ihrer Stiefel und der

Kinderwagenreifen auf dem mit Raureif bedeckten Boden. Sie hatte ihre Hand in seine Manteltasche geschoben, als sie kurz stehen blieb, um zu verschnaufen.

»Was sind denn das hier für Denkmäler? Die sehen aus wie Schubladen. Kann man da sein Grabschäufelchen reintun …?«

»Keine Ahnung. Ach so, warte mal: Da sind die Urnen drin. Schau: Überall stehen Namen drauf.«

»Die zweite Schublade von oben links ist offensichtlich noch zu haben«, scherzte Angela. »Die gefällt mir. Wenn ich mal tot bin, kannst du meine Urne hier reinschieben.«

»Hör auf, Schatz. Mach keine solchen makabren Scherze. Da bekomme ich ja Angst!« Röhrdanz zog Angela weiter. »Raff dich auf, Liebes. Die Kur wird dir guttun. Du brauchst Abstand.«

Zu Hause angekommen, hatte er sie zu dem Erholungsurlaub im Müttergenesungswerk überredet. Angela packte resigniert die Koffer: »Da Denise uns für Weihnachten abgesagt hat, wäre es ohnehin kein richtiges Familienfest geworden.«

»Ich weiß. Aber Denise feiert Weihnachten eben auf ihre Art. Du sagst doch immer, man soll ihr Zeit geben.«

Angela seufzte und blinzelte ihre aufsteigenden Tränen weg. »Bin ich froh, dass du das endlich auch so siehst …«

»Ja, das tue ich. Weißt du was? Dieses Weihnachten wird eine reine Männerpartie: Oliver, Philip, Patrick, Maurice, Leon und ihr alter Oberindianer werden einen Ochsen überm Lagerfeuer grillen.«

Angela lachte. Aber gern ließ sie ihre Lieben nicht zurück.

*B*ald darauf saß Angela schweren Herzens im Wagen neben ihrem Mann und tröstete sich mit dem Gedanken, dass sie Kraft tanken würde.

»Wart's nur ab, mein Schatz«, sagte Röhrdanz betont fröhlich, »du wirst richtig Spaß haben mit den anderen Müttern! Ich wette, du wirst deine Dreck und Krach machenden Männer gar nicht vermissen.«

Angela war so nah am Wasser gebaut, dass sie auch jetzt wieder weinen musste: »Danke, dass du mir diese Verschnaufpause gönnst und unseren Jungs ein schönes Weihnachtsfest bereiten willst.« Sie putzte sich die Nase und fügte dann schelmisch hinzu: »Und danke für die neue Udo-Jürgens-CD und das Überspielen sämtlicher Songs auf den iPod, den ich zu Weihnachten bekomme.«

»Das sollte eigentlich eine Überraschung sein«, knurrte Röhrdanz gerührt, als er den Blinker setzte und auf die Autobahn fuhr.

*F*ünf Wochen später holte Röhrdanz seine Angela wieder ab. Er hatte die Stunden gezählt.

Jeden Tag hatte Angela ihm einen wunderschönen Liebesbrief geschrieben, und er hatte sie abends zur vereinbarten Zeit angerufen. Sie erholte sich allem Anschein nach prächtig, und er hatte seinen Job als alleinerziehender Vater und Opa brillant hinter sich gebracht.

Als er die Halle des Erholungsheimes betrat, saß sie bereits auf gepackten Koffern.

Stürmisch umarmte sie ihn und konnte gar nicht damit aufhören, ihn mit Küssen und Tränen der Wiedersehensfreude zu überschütten.

»Wie lange sitzt du denn schon hier?« Röhrdanz hielt seine Frau gerührt auf Armeslänge von sich weg und wischte ihr eine Träne von der Nasenspitze.

»Seit heute früh um sieben.« Angela schluchzte und lachte gleichzeitig. »Ich habe nicht mal mehr gefrühstückt. Aber ich konnte es kaum erwarten, dich zu sehen!«

»Hast du eine schöne Zeit gehabt?«

»Ja, es war fantastisch! Ich muss dir unbedingt meine neuen Freundinnen vorstellen. Komm her, also das hier ist die Beate aus Hagen, die nenne ich nur noch Schätzchen, weil sie so süß ist. Und das ist Maren aus Düren, die wunderbar singen kann. Die Resi ist aus Bayern und eine super Skifahrerin, aber die kann ich kaum verstehen, und die Anja aus Salzburg hat vier Kinder. Die hat sie mit neun Jahren alle schon ins Ausland geschickt, aber dafür ungefähr zwanzig Pflegekinder aufgenommen. Deswegen hatte sie diese Mutterkur auch dringend nötig …«

Angela plauderte und war so aufgedreht, dass Röhrdanz ihr kaum folgen konnte. Er schüttelte Hände, versuchte sich Namen zu merken und sah überall in lachende Frauengesichter.

»Wir schreiben uns!«

»Ich ruf dich an!«

»Hast du meine E-Mail-Adresse?!«

»Wir besuchen uns!«

Endlich gelang es Röhrdanz, Angela zum Auto zu lotsen. Aufatmend ließ sie sich in den Beifahrersitz fallen. Sie zitterte. Er nahm ihre Hand. Sie war glühend heiß.

»Aber Liebes, hast du dich so aufgeregt?«

»Ich weiß auch nicht …« Angelas Zähne schlugen aufeinander.

»Du hast ja Schüttelfrost!«

»Ach, es ist nichts weiter …«, sagte sie bibbernd. »Ich bin so glücklich, dass ich dich wiederhabe … Wie geht es Philip, Patrick, Maurice und meinem Knuddel, Leon?«

»Allen großartig. Aber dir scheint es gar nicht gut zu gehen.«

Besorgt strich Röhrdanz seiner Frau eine Haarsträhne aus dem Gesicht. Es war schweißnass. »Ich hätte dich wohl doch nicht in dieses Mädchenpensionat stecken sollen.«

Angela kicherte aufgeregt. »Ich muss dir so viel erzählen, ich weiß gar nicht, wo ich anfangen soll … Also morgens haben wir immer Gymnastik gemacht, und dann gab es Frühstück …«

Röhrdanz legte beruhigt den ersten Gang ein. Wenn seine Frau ihm von ihrer »Klassenfahrt« erzählen wollte, konnte er schon mal in Richtung Heimat losdüsen.

»Eine ganz tolle Frau, die habe ich dir doch eben vorgestellt. Du kannst dir nicht vorstellen, was die hinter sich hat …«

Röhrdanz hörte nur mit halbem Ohr zu und versuchte, sich auf den Straßenverkehr zu konzentrieren. In dieser Gegend kannte er sich nicht gut aus, und die Straßen waren glatt. Es war der achte Januar.

»… und dann kommt die vom Einkaufen nach Hause, stellt das Waschpulver neben die Waschmaschine, und als sie sich aufrichtet, sieht sie ihren Mann aus der Dachluke baumeln. Dabei hatten sie gerade erst das Haus gekauft und eingerichtet, dazu noch fünf Söhne …«

»Mein Gott«, sagte Röhrdanz kopfschüttelnd. »Was es für Schicksale gibt …«

»Oder die Martina. Ein Riesensägewerk hatte ihr Mann. Und dann stirbt er an Herzversagen, sie steht mit ihren drei Töchtern allein da und hat keine Ahnung von Tuten und Blasen …«

»Muss man ja auch nicht bei einem Sägewerk.« Röhrdanz setzte den Blinker und fuhr auf die andere Spur. »Sägen und Hämmern sollte man können …«

Angela lachte. »Ach, Liebster, bin ich froh, dass ich dich wiederhabe! Was die anderen Frauen zum Teil für Scheusale zu Hause haben!«

»Ich dachte, die sind alle tot?«

»Na ja, die anderen! Die, die noch leben!« Angela lachte wie eine Achtzehnjährige.

Aber irgendwas stimmte nicht. Immer wieder sah Röhrdanz prüfend zu seiner Frau hinüber, die aufgeregt erzählte.

»Angela, geht es dir gut?«

»Ich weiß nicht. Mir ist so kalt!«

Röhrdanz drehte das Gebläse bis zum Anschlag auf, sodass die Scheiben beschlugen und er kaum noch etwas sehen konnte.

»Ich habe noch ein wunderschönes Weihnachtsgeschenk für dich …«, kam es nun schon mit einer etwas kläglicheren Stimme vom Beifahrersitz. »Du warst doch noch niemals in New York …«

Röhrdanz schaute besorgt zu seiner Frau hinüber. »Du hast mir doch nicht etwa ein Flugticket nach New York gekauft? Willst du mich schon wieder loswerden?«

»Nein, nein«, lachte Angela zitternd unter ihrer Wolldecke, die Röhrdanz fürsorglich über sie gebreitet hatte. »Ich kann es nicht mehr für mich behalten, darf ich es sagen?«

»Natürlich. Aber warum wartest du nicht mit der Überraschung, bis wir zu Hause sind?«

»Ich weiß nicht. Vielleicht bleibt mir nicht mehr so viel Zeit!«

»Wie meinst du das?«, fragte Röhrdanz endgültig alarmiert. Seine Frau redete so seltsam. Plötzlich kam ihm dieses Gedicht in den Sinn, das Angela unlängst mit Patrick für die Schule geübt hatte: »Wer reitet so spät durch Nacht und Wind? Es ist der Vater mit seinem Kind …«

Wieso komme ich jetzt darauf?, dachte er kopfschüttelnd. Was für ein Blödsinn.

»Also, was hast du denn für ein Weihnachtsgeschenk?«

»Du erinnerst dich doch an Hamburg?« Angela schaute mit glänzenden Augen aus ihrer Wolldecke heraus. Ihre Zähne klapperten immer noch.

»Damals? Als wir zum ersten Mal wieder allein unterwegs waren? Nur du und ich?«

O ja. Röhrdanz erinnerte sich. Nur zu gern.

»Ja. Wir waren zusammen im Musical. In ›Buddy Holly‹.«

»Ich weiß.« Röhrdanz nickte gedankenverloren, wischte mit dem Ärmel den Rückspiegel frei. »Du hattest noch solche Angst vor den Stufen im Theater. Und dann konntest du nicht in den Orchestergraben schauen, weil du dich vor dem Abgrund gefürchtet hast.«

»Ja, aber wir haben das Musical doch toll gefunden! Und das Frühstück im Hotel! Und den Spaziergang um die Alster …«

»Ich erinnere mich noch viel lieber an den Spaziergang auf der Reeperbahn. Und an das Bett im Hotel. Angela?? Geht es dir besser?«

»Ich glaube schon. Jedenfalls habe ich für das allerneueste Musical von Udo Jürgens …«

»O nein! Jetzt habe ich mich verfahren. Wir sind ja fast im Sauerland!«

Röhrdanz ließ das Seitenfenster herunter. Sofort strömte eisige Luft ins Auto. Aber die brauchte er jetzt. Angestrengt suchte er nach einer Wendemöglichkeit.

»Ich konnte die Schilder kaum noch lesen«, sagte er entschuldigend. »Darf ich die Heizung jetzt ein bisschen runterdrehen?«

»Ja, natürlich. Hauptsache wir finden heim.«

»Ruh dich ein bisschen aus, ja?« Röhrdanz fand die Ausfahrt und fuhr auf der Gegenseite wieder auf die Autobahn.

»Ich habe auf einmal furchtbare Rückenschmerzen!«

Röhrdanz griff fürsorglich über sie hinweg und verstellte ihren Sitz nach hinten. »Du hast letzte Nacht vor Aufregung bestimmt kaum geschlafen. Mach ein bisschen die Augen zu!«

»Nein, in dieser Position tut es erst recht weh …« Angela richtete die Lehne wieder auf.

»Hast du den Ärzten in der Reha gesagt, dass du dich nicht wohlfühlst?«

»Ja. Ich hatte ziemlich hohes Fieber, das haben meine Freundinnen festgestellt.«

»Und das sagst du erst jetzt?« Röhrdanz versuchte, sich nicht aufzuregen. »Bist du dort untersucht worden?«

»Nein«, kam es schwach vom Beifahrersitz. »Ich wollte es irgendwie nicht an die große Glocke hängen …«

»Aber die Ärzte dort müssen euch doch beobachten! Wenn eine Fieber hat, muss sie doch untersucht werden …«

Angela antwortete nicht, und Röhrdanz drückte ärgerlich aufs Gaspedal. »Was ist denn das für ein Müttergenesungswerk, wenn die Ärzte bei Fieber nicht mal was unternehmen!«

Besorgt warf er einen Blick auf seine erkältete Frau. »Möchtest du etwas trinken? Kann ich irgendwas für dich tun?«

»Du hast schon so viel für mich getan«, kam es krächzend von rechts. »Bring mich bitte nach Hause.«

Mit zusammengepressten Lippen gab Röhrdanz Vollgas. »Du brauchst wohl einfach Ruhe.«

»Ja«, sagte Angela mit leiser Stimme. Dann sagte sie nichts mehr. Sie machte die Augen zu und lächelte ein bisschen.

Trotz überfrierender Nässe auf der Sauerlandautobahn, auf die er versehentlich geraten war, fuhr Röhrdanz so schnell er konnte in Richtung Heimat. Die Reifen brummten über den Asphalt.

Er hält den Knaben fest in dem Arm, er hält ihn sicher, er hält ihn warm …

Was ging ihm denn da ständig durch den Kopf? Wieso kam ihm dieses Gedicht in den Sinn?

Eigenartig, dachte er. Automatisch machte er das Autoradio an, um ein fetziges Lied zu hören, irgendetwas, das ihn auf andere Gedanken bringen würde. Er warf einen Blick auf seine Frau. Ob sie das störte?

Angela saß ganz ruhig auf dem Beifahrersitz. Sie hatte die Augen geschlossen.

Er entschied, das Radio wieder auszuschalten. Wenn sie schlief, würde es ihr zu Hause besser gehen.

So ein Blödsinn, ärgerte er sich während der restlichen Heimfahrt. Da ist sie fünf Wochen lang unter ärztlicher Aufsicht in einem Müttergenesungswerk, und kein Arzt untersucht sie. Na toll! Zu Hause werde ich sie gleich in die warme Badewanne stecken. Und ihr einen heißen Tee mit viel Zitrone ans Bett bringen. Die Kinder sollen sie heute Abend alle erst mal in Ruhe lassen.

Er schaute immer wieder prüfend zu ihr hinüber: Das feine Lächeln spielte nach wie vor um ihre Mundwinkel. Hoffentlich träumt sie was Schönes, dachte er.

Während es draußen bereits dämmerte, ging ihm eine Bemerkung Angelas wieder durch den Kopf. Er wusste auch nicht, wieso er ausgerechnet jetzt daran denken musste. Sie hatte schon das weiße Licht gesehen. Am Ende des Tunnels. Und es war schön gewesen. Sie hatte sich dort drüben schon richtig wohlgefühlt. Nur seinet- und der Kinder wegen war sie noch mal zurückgekommen.

Es hatte angefangen, leise zu schneien. Röhrdanz machte die Scheibenwischer an, die gleichmäßig über die Scheiben knirschten. Matschige Schlieren nahmen ihm die Sicht. Jetzt kam noch der lange dunkle Acker, und dann müsste es geschafft sein.

Als die Straßenlaternen seiner Siedlung am Horizont zu sehen waren, seufzte er erleichtert auf. Na endlich, ging es ihm durch den Kopf. Das war eine lange Heimreise.

Erreicht den Hof mit Mühe und Not …

Was für ein Blödsinn, ärgerte er sich, während er in seine Straße einbog. Hinter den Fenstern seines Hauses brannte Licht. Dort warteten sie, seine Männer. Sie hatten alles festlich geschmückt. Sie freuten sich auf Angela, ihren Sonnenschein.

Röhrdanz fuhr rückwärts in die Garage. Automatisch ging das Außenlicht der Haustür an. Im Schein der Lampe wirkte Angela blass. Sie lächelte immer noch.

Wie schön sie ist, dachte Röhrdanz. Wie entspannt sie aussieht. Wie sehr ich sie liebe.

Mit der rechten Hand berührte er vorsichtig ihre Wange und Stirn.

Sie waren eiskalt.

Er nahm ihre Hand, die reglos auf der Wolldecke lag.

»Liebes, wir sind daheim! Mach die Augen auf!«

Er fühlte einen ganz schwachen Druck ihres Daumens. Oder bildete er sich das nur ein?

Sie lächelte noch genauso wie vorhin.

»Angela, bitte mach die Augen auf. Wir sind zu Hause!«

Doch ihre Augen blieben geschlossen.

In plötzlicher Gewissheit warf sich Röhrdanz über seine Frau, nahm Angela verzweifelt in den Arm.

Die Haustür wurde aufgerissen, warmes Flurlicht fiel auf sie beide, und fünf männliche Wesen unterschiedlichen Alters sprangen ihnen erwartungsvoll entgegen. »Sie sind da, sie sind da!«

»Kinder«, hörte er Helga von drinnen rufen. »Kinder, kommt rein! Ihr holt euch ja den Tod!«

In seinen Armen das Kind …

»Nein«, schrie Röhrdanz fassungslos. Aber er schrie es gar nicht. Kein Laut drang aus seinem Mund. Er schaute auf seine Frau herunter, die lächelnd und friedlich in seinen Armen lag.

Angela öffnete die Augen nicht mehr.

Angela Röhrdanz war tot.

EPILOG

Januar 2009

Ein älterer Mann im verknitterten Mantel geht langsam durch den winterlich grauen Stadtpark. Von den sich heftig im Wind biegenden Bäumen fallen vereinzelt braune Blätter. Eine dünne Eisschicht bedeckt den harten Boden, auf den plötzlich einzelne Kastanien kullern. Hinter ihm rennen lachend zwei kleine Jungs her, die begeistert Kastanien einsammeln. Nur wer genau hinsieht, bemerkt, dass der grauhaarige Mann die Kastanien unauffällig aus seiner Manteltasche fallen lässt. Es ist Januar. Die Kastanienzeit ist vorbei.

*A*m Kolumbarium, der Urnennischenwand, bleibt er stehen.

Seine Hand streicht über das zweite Fach von links, in der obersten Reihe.

»Angela Röhrdanz«, steht dort, halb verdeckt von einer einzelnen roten Rose, die dem kalten Wind zitternd trotzt. »Geboren am 23. Mai 1960 – gestorben am 13. Januar 2008.« Seine Finger berühren die Rose, wandern dann langsam nach unten. »Die Hoffnung stirbt zuletzt.«

Röhrdanz schaut versonnen auf das Fach, das Gelächter seiner Enkelsöhne verebbt.

Müde gehen die drei nach Hause.

*E*s ist drei Uhr nachts. Röhrdanz weckt seine beiden Söhne Philip und Patrick, schiebt jedem von ihnen ein dickes Lunchpaket zu und schleicht dann mit ihnen zur Haustür hinaus.

Schweigend werfen die verschlafenen jungen Männer sich auf die Rückbank.

Röhrdanz lässt den Wagen aus der Garage gleiten. Dann fährt er seine Söhne zu ihrem Ausbildungsbetrieb, eine Bäckerei.

Der Geselle und der Praktikant steigen schweigend in der Dunkelheit aus, werfen die Türen zu, klopfen einmal dankend aufs Autodach und verschwinden in ihrem Betrieb. Es ist drei Uhr dreißig.

*E*s ist sechs Uhr fünfzehn. Röhrdanz steht fröstelnd in seinem Mantel an einer S-Bahn-Station.

Die Bahn rollt ein, die Tür des letzten Wagens geht auf, und eine junge Frau, vermummt in Mantel und Kapuze, streckt ihre behandschuhten Hände aus.

Röhrdanz reicht ihr ein Lunch-Paket, Obst und Getränke. Die junge Frau drückt dem Mann einen Kuss auf die unrasierte Wange und zieht sich schnell wieder in das Innere des Waggons zurück. Automatisch schließen sich die Türen. Röhrdanz geht zum Ausgang. Es ist sechs Uhr sechzehn.

*E*s ist sieben Uhr dreißig. Röhrdanz sitzt mit seinen Enkeln Maurice und Leon am Frühstückstisch. Er streicht ihnen Honigbrote, sie trinken warmen Kakao. Er wischt dem Siebenjährigen den Kakaobart ab, nimmt den

Fünfjährigen an die Hand und führt ihn ins Bad. Die Klospülung rauscht. Röhrdanz zieht die beiden kleinen Jungen an und verlässt Hand in Hand mit ihnen das Haus. Die drei marschieren in der Morgendämmerung in Richtung Kindergarten.

*E*s ist acht Uhr fünfundvierzig. Röhrdanz betritt sein Büro. Er legt den Mantel ab, hängt ihn an den Haken, setzt sich an seinen Schreibtisch und betrachtet lange das Foto seiner Frau. Nebenan klingelt das Telefon. Die Vorzimmerdame steckt ihren Kopf zur Tür herein. Ein kalter Windzug streift seinen Nacken.

Anmerkung

Dieses Buch erhebt keinen Faktizitätsanspruch. Es basiert zwar zum Teil auf wahren Begebenheiten und behandelt typisierte Personen, die es so oder so ähnlich gegeben haben könnte. Diese Urbilder wurden jedoch durch künstlerische Gestaltung des Stoffs und dessen Ein- und Unterordnung in den Gesamtorganismus dieses Kunstwerks gegenüber den im Text beschriebenen Abbildern so stark verselbstständigt, dass das Individuelle, Persönlich-Intime zugunsten des Allgemeinen, Zeichenhaften der Figuren objektiviert ist.
Für alle Leser erkennbar erschöpft sich der Text nicht in einer reportagehaften Schilderung von realen Personen und Ereignissen, sondern besitzt eine zweite Ebene hinter der realistischen Ebene. Es findet ein Spiel der Autorin mit der Verschränkung von Wahrheit und Fiktion statt. Sie lässt bewusst Grenzen verschwimmen.

NACHWORT DER AUTORIN

Michael Röhrdanz schrieb mir im Sommer 2008 einen Brief, in dem er mich bat, seine Geschichte aufzuschreiben. Er erwähnte darin, dass seine Frau Angela Röhrdanz ein großer Fan von Udo Jürgens war. Sie hat auch meine Bücher gemocht und sich in ihren dunkelsten Stunden daraus vorlesen lassen. Angela Röhrdanz hat ihrem Mann kurz vor ihrem Tod zwei Karten für das Musical »Ich war noch niemals in New York« geschenkt, in das die beiden nicht mehr zusammen gegangen sind.

*I*ch danke Michael Röhrdanz für sein Vertrauen. Ich habe alle Informationen gewissenhaft verarbeitet, die er mir gegeben hat. Wir beide erheben keinen Anspruch auf medizinische Richtigkeit. Wir haben die Namen aller Personen geändert, die in dieser Geschichte eine Rolle spielen – nur die Namen der Kinder und die von Angela und Michael Röhrdanz nicht. Sämtliche Szenen und Dialoge sind frei erfunden.

*A*ußerdem danke ich Ulrich Genzler und Britta Hansen vom Diana Verlag, dass sie an dieses Projekt geglaubt haben.